Barbara Minto

Das Pyramiden-Prinzip

Barbara Minto

Das Pyramiden-Prinzip

Logisches Denken und Formulieren

ECON Verlag
Düsseldorf · Wien · New York · Moskau

Inhaltsverzeichnis

»Es gibt nichts Nützlicheres
als eine gute Theorie.«

Kurt Lewin

Vorwort

Dieses Buch will Ihnen die Anwendung des Pyramiden-Prinzips für die Abfassung klarer Geschäftstexte erläutern. Das Verfassen eines Textes besteht aus zwei Schritten: Erstens muß man wissen, was man aussagen will, zweitens muß man diese Aussage formulieren. Ist man sich über die Aussage im klaren, bereitet es selten Schwierigkeiten, die richtigen Worte zu finden:

- Lassen Sie uns heute bitte zwei Liter Milch da!
- Wir treffen uns um 12.30 Uhr bei Mario!
- Rufen Sie bitte Ihre Frau an!

Dies sind klare, einfache Aussagen. Problematisch wird es, wenn mehrere Punkte zu bedenken sind, um zu einer klaren Gesamtaussage zu gelangen:

> Herr Becker hat angerufen. Er meinte, er könne es zu dem Treffen um 15.00 Uhr nicht schaffen. Herr Stein meinte, er hätte nichts dagegen, wenn es später oder auch erst morgen stattfände, aber nicht vor 10.30 Uhr. Und die Sekretärin von Herrn Kuhn hat mitgeteilt, daß er erst morgen im Laufe des Abends aus Frankfurt zurückkommt. Der Konferenzraum ist morgen ausgebucht, am Donnerstag sind dagegen noch Termine frei. Also scheint mir Donnerstag, 11.00 Uhr, eine gute Idee zu sein. Sind Sie damit einverstanden?

Was der Verfasser dieser Notiz hier tut, ist das, was die meisten Menschen beim Schreiben tun. Er benutzt nämlich den Prozeß des Schreibens als Mittel, um seine Gedanken zu ordnen. Als Hilfsmittel funktioniert das tatsächlich recht gut, aber für den Leser ist es eine Zumutung. Er muß sich durch mehrere unwichtige Sätze hindurcharbeiten, um zum wesentlichen Punkt zu gelangen. Wieviel einfacher wäre es, würde die obige Mitteilung einfach nur lauten:

> »Könnten wir unser Treffen auf Donnerstag, 11.00 Uhr, verschieben? Das würde Herrn Becker und Herrn Stein besser passen. Außerdem könnte dann auch Herr Kuhn dabeisein.«

Den zweiten Text anstelle des ersten zu formulieren bedeutet für den Verfasser und seine Sekretärin allerdings doppelte Arbeit. Die meisten dürften der Meinung sein, das wäre bei einer so knappen Mitteilung nicht der Mühe wert, womit sie zweifellos recht haben. Doch wie sieht es aus, wenn ein Text nicht nur wenige Zeilen, sondern zwei oder drei Seiten umfaßt? In der Regel dauert es dem Schreiber zu lange, alles zu überarbeiten, und häufig ist es ihm ohnehin zu mühsam, andere Formulierungen zu finden. Da ist es doch viel einfacher, dem Leser die Mühe zu lassen, sich zurechtzufinden und die Kernaussage der Mitteilung zu begreifen.

Und überhaupt: Wann beklagt sich ein Leser schon über eine derartige Haltung seines Kommunikationspartners? Die meisten empfinden es als Selbstverständlichkeit, daß Mitteilungen im Geschäftsleben so aussehen. Schließlich ähneln sie ja dem, was man in Nachahmung der Vorgesetzten mühsam erlernt hat. In diesem Zusammenhang erinnere ich mich daran, einem Unternehmensberater einmal gesagt zu haben, seine zweistündige Präsentation der neuen Organisationsstruktur eines Unternehmens sei langweilig gewesen. Seine Antwort:

> »Ja, aber das ist es doch, woran wir gewöhnt sind, wovon man ausgeht: daß es langweilig ist!«

Mag sein. Aber leider wird enorm viel Zeit damit vergeudet. Und wer leidet nicht unter schlechtformulierten, langweiligen Texten. So kommentierte jemand einmal mitfühlend:

> »Die Vorstellung, daß man im Geschäftsleben nicht liest, ist Humbug. Man liest eine Menge. Doch leider nur ziemlich primitives Zeug.«

Klarer formulieren bedeutet allerdings nicht einfach: bessere Worte, kürzere Sätze. Vielmehr bedeutet es, den Denkprozeß vom Schreibprozeß zu trennen - sprich: mit dem Denken fertig zu sein, *bevor* man mit dem Schreiben beginnt. Und genau das will dieses Buch Ihnen vermitteln.

Sie werden sehen, daß es von der Art, wie Sie Ihre Gedanken strukturieren, abhängt, ob Ihr Text klar oder unklar ist. Um den Leser nicht zu verwirren, muß man eine bestimmte Ordnung einhalten. Die richtige Ordnung setzt jedoch eine umfassende Gliederung voraus, in der die grundlegenden Ideen und deren Abfolge definiert und die sekundären Vorstellungen zu ihrer Unterstützung richtig organisiert sind.

Das Wichtigste ist demnach, zu erkennen, welches Ihre primären und welches Ihre sekundären Ideen sind, und im Anschluß daran die Beziehungen zwischen beiden zu strukturieren. Aus den Anforderungen der Logik sowie der begrenzten Fähigkeit des Lesers, Informationen zu verarbeiten, ergibt sich für diese Struktur zwangsläufig die Form einer Pyramide, daher die Bezeichnung »Pyramiden-Prinzip«.

Im ersten Teil dieses Buchs lernen Sie dieses Prinzip kennen. Und es wird beschrieben, wie man es zum Aufbau einer Pyramide einsetzen kann. Der zweite Teil zeigt, wie Sie die Kenntnisse aus Teil I nutzen können, um Ihre Textgliederung kritisch zu untersuchen, logische Brüche zu entdecken und Ihr kreatives Denken zu fördern, so daß Ihre Aussage letztlich genau dem entspricht, was Sie sagen wollen.

Diese Methode läßt sich für jeden Text verwenden, in dem Sie Ihre Gedanken klar und deutlich vermitteln wollen. Allerdings: Nichts geht ohne Disziplin! Aber nichtsdestotrotz: Nehmen Sie sich Zeit zum Nachdenken, bevor Sie anfangen zu schreiben, und Sie werden sehen, daß Sie

1. weniger Zeit als bisher für die endgültige Version Ihrer Texte benötigen,
2. bessere Texte erstellen und
3. die Länge Ihrer Texte reduzieren.

Teil I

Logik im Schreiben

Einführung in Teil I

Einer der unangenehmsten Aspekte im Berufsleben ist die Notwendigkeit, etwas schriftlich festhalten zu müssen. Fast jeder empfindet dies als lästiges Übel. Und für manch einen ist die mangelhafte Fähigkeit, sich klar auszudrücken, schon zum Stolperstein auf dem Karriereweg geworden.

Die meisten Menschen glauben, besseres beziehungsweise deutlicheres Schreiben bedeute, klarere und kürzere Sätze zu verwenden. Tatsächlich sind die in Geschäftstexten verwendeten Sätze häufig zu lang und schwerfällig. Ferner ist die Sprache oft zu technisch oder zu abstrakt, und die einzelnen Absätze sind unbeholfen formuliert.

Das sind jedoch *stilistische* Schwächen, und bekanntermaßen ist es für jemanden, der seine formelle Schul- und Berufsausbildung abgeschlossen hat, schwierig, seinen Schreibstil noch zu ändern. Nicht, daß dies nicht möglich wäre: Es ist so, als lerne man Schreibmaschine schreiben. Es gehört allerdings viel Übung dazu, und die meisten haben im Berufsalltag einfach keine Zeit dazu.

Der weitaus häufigere Grund für unklare Texte ist dagegen wesentlich einfacher zu korrigieren. Er betrifft den *Aufbau* eines Textes, das heißt die Anordnung der Sätze. Dabei ist zunächst weniger wichtig, ob sie gut oder schlecht formuliert sind. Wenn ein Text unklar ist, dann liegt das fast immer daran, daß die Anordnung der Aussagen nicht im Einklang steht mit der Fähigkeit des Lesers, diese zu verarbeiten.

Diese Aufnahmefähigkeit spielt bei jedem eine Rolle, egal, ob er nun selbst schreibt oder liest. Deshalb ist es relativ einfach, zu lernen, sich auf die Aufnahmefähigkeit des Partners einzustellen. Und immer wird derjenige, der sich beim Schreiben zwingt, die

Struktur seines Textes an die Aufnahmefähigkeit des Lesers anzupassen, feststellen, daß er weniger umständlich formuliert.

Der erste Teil dieses Buches erklärt, warum die Aufnahmefähigkeit des Lesers immer die Struktur einer Pyramide besitzt. Gleichzeitig wird erläutert, aus welchen logischen Unterstrukturen diese Pyramide besteht. Sie erfahren, wie Sie diese Kenntnisse einsetzen können, um Ihre Ideen für einen Text zu identifizieren und zueinander in klare Beziehung zu setzen. Außerdem erfahren Sie, wie Sie Ihre Texte visuell so gestalten können, daß Ihre Ideen und deren Beziehungsgefüge leicht auf einen Blick zu erkennen sind.

Kapitel 1:

Warum eine Pyramidenstruktur?

Wer feststellen möchte, was Sie zu einem bestimmten Thema denken, indem er liest, was Sie darüber schreiben, steht vor einer schwierigen Aufgabe. Selbst wenn Ihr Text nur kurz ist - sagen wir zwei Seiten, engzeilig geschrieben -, enthält er rund hundert Sätze. Der Leser muß nun jeden dieser Sätze aufnehmen, ihn begreifen, den Zusammenhang der Sätze untereinander herstellen und den Gesamtzusammenhang erkennen. Diese Aufgabe wird für ihn leichter, wenn Ihre Sätze pyramidenartig, das heißt von oben nach unten, geordnet sind. Diese Schlußfolgerung basiert auf einigen grundlegenden Erkenntnissen darüber, wie der menschliche Geist arbeitet. Dazu gehören insbesondere folgende Punkte:

- Der menschliche Geist ordnet Informationen automatisch in unterschiedliche Pyramiden-Gruppierungen ein, um sie besser verstehen zu können.
- Jede Ideengruppierung ist leichter zu verstehen, wenn sie schon vorsortiert in Pyramiden-Form beim Empfänger ankommt.
- Daraus folgt, daß jeder Text bewußt so strukturiert sein sollte, daß er Ideen in Form einer Pyramide präsentiert.

Im folgenden werde ich erklären, was ich unter einer Ideen-Pyramide verstehe.

Einordnen in Pyramiden

Seit langem ist den Forschern bekannt, daß der menschliche Geist automatisch alles um ihn herum in eine gewisse Ordnung bringt.

Im wesentlichen neigt er dazu, Dinge, die zusammen auftreten, als zueinandergehörig anzusehen. Aus diesem Grund versucht er, ihnen ein logisches Muster zuzuweisen. So haben zum Beispiel bereits die Griechen der Antike die Sterne beim Betrachten gedanklich miteinander verknüpft und so die verschiedenen Sternzeichen gebildet.
Der menschliche Geist bildet aus jeder Reihe von Dingen, von denen er meint, sie hätten Ähnlichkeit miteinander, eine Gruppe. Schauen Sie sich zum Beispiel die folgenden schwarzen Punkte an:

Abbildung 1.1

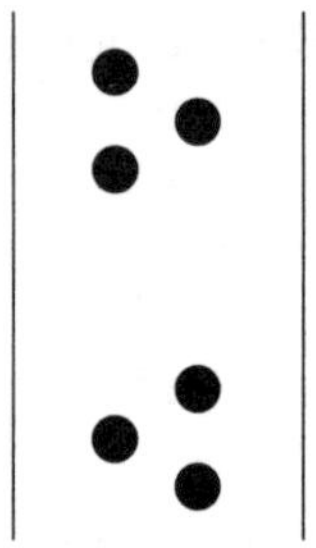

Sieht man nur flüchtig hin, erkennt man zwei Gruppen mit jeweils drei schwarzen Punkten, und zwar vor allem deshalb, weil die Entfernungen zwischen den Punkten unterschiedlich sind.
Dinge in logischen Einheiten zu sehen, hat natürlich einen immensen Wert. Lesen Sie bitte die Wortpaare in Abbildung 1.2. Erkennen Sie Beziehungen innerhalb der einzelnen Wortpaare? Wahrscheinlich kaum.
Versuchen Sie nun, diese Wortpaare zu »organisieren«, indem Sie sich Situationen vorstellen, in denen die einzelnen Dinge aufeinander bezogen sein könnten. Zum Beispiel: Zucker löst sich im See auf. Der Stiefel liegt auf dem Teller. Decken Sie dann die Wortliste auf der rechten Seite ab, und versuchen Sie, sich an sie zu erinnern, indem Sie die Wörter auf der linken Seite lesen. Sie werden feststel-

Abbildung 1.2		
See	●	Zucker
Stiefel	●	Teller
Mädchen	●	Känguruh
Bleistift	●	Benzin
Palast	●	Fahrrad
Eisenbahn	●	Elefant
Buch	●	Zahnpasta

len, daß Sie sich - ohne zu zögern - an alle Wörter erinnern können.
Dasselbe Phänomen der Einordnung ergibt sich, wenn Sie etwas über bestimmte Ideen lesen oder beispielsweise in einem Vortrag davon hören. Sie nehmen an, daß die Aussagen, die zusammen auftreten, eine nach der anderen auch zusammengehören, und Sie versuchen, ihnen ein logisches Muster überzustülpen. Dieses Muster wird immer die Form einer Pyramide aufweisen, weil dies die einzige Form ist, die unserem geistigen Bedürfnis entspricht,

- bei der »Magischen Zahl Sieben« aufzuhören und
- logische Zusammenhänge zu bilden.

Die »Magische Zahl Sieben«

Die Anzahl der Ideen, die man jeweils zu einem bestimmten Zeitpunkt aufnehmen kann, ist begrenzt. Stellen Sie sich beispielsweise einmal vor, Sie hätten sich entschieden, Ihre warme, gemütliche Wohnung zu verlassen, um Zigaretten zu kaufen:

> »Ich geh' mir mal ein paar Zigaretten holen«, sagen Sie zu Ihrer Frau. »Brauchst du vielleicht auch etwas, wenn ich schon unterwegs bin?«
> »Ja doch, ich hab' nach dieser Werbung im Fernsehen so einen Appetit auf Trauben«, erwidert sie, während Sie zur Garderobe gehen, um Ihren Mantel zu holen.

»Und vielleicht bringst du auch noch etwas Milch mit.« Sie nehmen Ihren Mantel, während sie in die Küche geht.
»Laß mich mal im Schrank nachsehen, ob wir noch genug Kartoffeln haben. Ach, und Eier sind auch keine mehr da. Ja, schau, wir brauchen tatsächlich Kartoffeln.« Sie ziehen sich den Mantel an und gehen zur Wohnungstür.
»Mohrrüben«, ruft sie noch, »und vielleicht ein paar Orangen.« Sie öffnen die Wohnungstür.
»Butter.« Sie gehen die Stufen hinunter.
»Äpfel.« Sie setzen sich in Ihren Wagen.
»Und saure Sahne.«
»Ist das alles?«
»Ja, Schatz, schönen Dank.«

Können Sie sich, ohne daß Sie den Text noch einmal lesen, daran erinnern, welche neun Artikel Sie für Ihre Frau kaufen sollten? Die meisten Männer kommen in so einem Fall mit Zigaretten und Trauben zurück.

Das Hauptproblem hierbei ist, daß Sie es mit der »Magischen Zahl Sieben« zu tun haben. Dieser Begriff geht auf George A. Miller zurück, der ihn in seiner Abhandlung »The Magical Number Seven Plus or Minus Two« (in: The Psychology of Communication – Seven Essays, Basic Books) geprägt hat. Miller weist nach, daß das menschliche Kurzzeitgedächtnis ungefähr nur sieben Dinge gleichzeitig speichern kann. Manche Menschen bringen es auf neun Dinge, andere nur auf fünf (ich selbst gehöre zu letzteren). Ohne Mühe behält man drei Dinge, und am einfachsten ist es natürlich, sich nur eine Sache merken zu müssen.
Das bedeutet, daß man, sobald man mit mehr als vier oder fünf Dingen konfrontiert wird, in Gedanken anfängt, diese in logische Kategorien einzuordnen, um sie sich überhaupt merken zu können. In unserem Beispiel würde man wahrscheinlich die einzelnen Produkte in Kategorien einteilen, entsprechend den zugehörigen Abteilungen im Supermarkt, den Sie für Ihren Einkauf aufsuchen müßten.

Um Ihnen zu zeigen, wie hilfreich dies ist, lesen Sie bitte die folgende Liste, und ordnen Sie jedes Produkt der passenden Abteilung zu:

Abbildung 1.3

Trauben	Orangen	Eier
Milch	Butter	Saure Sahne
Kartoffeln	Äpfel	Mohrrüben

Sie werden mit größter Wahrscheinlichkeit feststellen, daß Sie sich an alle Dinge erinnern können.
Wenn Sie versuchen, sich diesen Prozeß bildlich vorzustellen, werden Sie feststellen, daß Sie eine Reihe von Pyramiden, bestehend aus logisch zusammenhängenden Begriffen wie in Abbildung 1.4, gebildet haben.

Abbildung 1.4

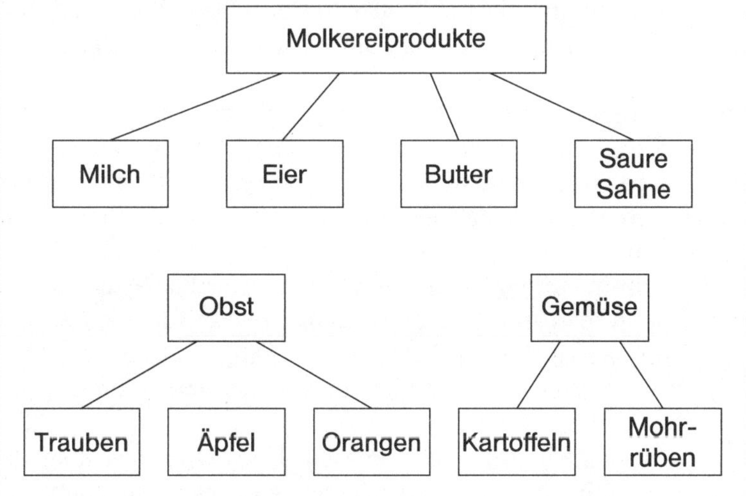

Das Bedürfnis, logische Zusammenhänge zu bilden

Nun reicht es eindeutig nicht aus, Ideen logisch einzuordnen, ohne sich gleichzeitig klar darüber zu sein, worin die Logik des Zusammenhangs besteht. Wichtig an der Einordnung ist nicht, wie in diesem Fall, von einer Zahl von neun Begriffen zu einer Einteilung in vier, zwei oder drei zu gelangen. Das sind immer noch neun Begriffe. Was wirklich gefordert ist, ist, von den neun zu *übergeordneten* drei Begriffen zu gelangen.

Das heißt, daß Sie, statt an alle neun Begriffe zu denken, nur die drei Kategorien im Gedächtnis speichern, unter denen die neun Begriffe einzuordnen sind. Sie denken damit um eine Ebene abstrakter. Aber weil Sie eben auf höherem Niveau denken, liegen die darunter eingeordneten Begriffe einfach nahe. Und da die Zusammenhänge hier nicht willkürlich konstruiert sind wie in unserem Beispiel vom Zucker im See, kann man sich viel leichter an sie erinnern.

Offensichtlich wird in allen mentalen Prozessen (etwa beim Denken, Erinnern, Problemlösen) dieser Katalogisierungsprozeß vorgenommen. So kann man sich die Informationen im Bewußtsein eines Menschen als ein riesiges organisiertes Konglomerat miteinander verbundener Pyramiden vorstellen. Wenn Sie nun mit Ihrem Bewußtsein kommunizieren wollen, müssen Sie sicherstellen, daß das, was Sie sagen, irgendwo in die vorhandenen Pyramiden hineinpaßt.

Damit kommen wir zu dem eigentlichen Problem der Kommunikation. Sie können Gruppierungen von Begriffen oder Ideen ganz deutlich erkennen. Um sie jemandem zu vermitteln, müssen Sie jedoch dafür sorgen, daß der Empfänger sie in gleicher Weise wahrnimmt. Doch wie Ihre Frau in unserem Beispiel können Sie sie nur einzeln nacheinander präsentieren. Am effektivsten wäre es daher, wenn man zunächst die Kategorie oder Gruppe benennen und dann die darunter einzuordnenden Dinge aufzählen würde. Das heißt, Dinge oder Ideen von oben nach unten zu ordnen.

Um zusammenzufassen: Der menschliche Geist kann sich im allgemeinen nicht mehr als sieben Dinge zum gleichen Zeitpunkt merken. Er ist daher stets bemüht, Zusammenhänge zwischen den einzelnen Dingen herzustellen. Diese Zusammenhänge können mit *übergeordneten* Begriffen benannt werden. Stellt man sich diesen Prozeß bildlich vor, so ergibt sich eine Pyramide beziehungsweise eine Reihe von Pyramiden. Das Pyramiden-Prinzip kann man sich gezielt zunutze machen, um

- sich über die eigenen Ideen klarzuwerden,
- dem Leser das Verständnis eines Textes zu erleichtern.

Von oben nach unten ordnen

Die Abfolge, in der Sie Ihre Ideen vorstellen, ist die wichtigste Voraussetzung für die Formulierung eines klaren Textes. Die klarste Abfolge besteht dabei immer darin, die zusammenfassende Idee zu präsentieren, bevor Sie zu den Einzelideen übergehen, die dieser Zusammenfassung zugrunde liegen. Das ist das Wichtigste. Bedenken Sie, daß der Leser (oder Zuhörer) die Sätze nur einen nach dem anderen aufnehmen kann. Sie wissen, er geht davon aus, daß Ideen, die zusammen auftreten, logisch zusammengehören. Wenn Sie ihm nicht schon vorab sagen, in welchem Verhältnis sie zueinander stehen, und ihm nur einfach eine Idee nach der anderen vorsetzen, wird er automatisch nach Ähnlichkeiten suchen, um sie einzuordnen. Basierend auf diesen Einordnungen, wird er dann versuchen, sich selbst die Bedeutung Ihrer Ausführungen zu erklären.
Doch Vorsicht: So verschieden Menschen nun einmal hinsichtlich ihrer Herkunft, Bildung und so weiter sind, so selten sehen sie die Einordnungen, die Sie vornehmen, in genau derselben Weise wie Sie. Tatsächlich stellt man häufig fest, daß man zwischen einer Reihe von Ideen im Grunde gar keinen Zusammenhang erkennen kann. Selbst wenn jemand exakt so denkt wie Sie, erschweren Sie ihm die Aufnahme Ihres Textes, wenn er selber das nachliefern muß, was unausgesprochen bleibt.
Jede Einordnung außer der vertikalen von oben nach unten ist

verwirrend. Ein Beispiel: Stellen Sie sich vor, ich treffe mich mit Ihnen zu einem Bier und erzähle:

> »Ich war letzte Woche in Zürich. Na ja, Sie wissen ja, wie konservativ Zürich ist. Mittags waren wir in einem Restaurant im Freien. Und stellen Sie sich vor: Innerhalb einer Viertelstunde muß ich mindestens fünfzehn Männer mit Bart oder Schnurrbart gesehen haben!«

Unbewußt werden Sie sich daraufhin Gedanken darüber machen, was ich Ihnen mit dieser Mitteilung eigentlich sagen will. Anders gesagt: Sie werden diese Aussage als Teil einer Gruppe von Ideen begreifen, die noch nicht ausgesprochen worden ist. Und Sie werden sich darauf einstellen, den Rest der Aussage noch zu hören, weil Sie in dieser Aussage einen Sinn vermuten. Diese Erwartungshaltung mindert den Streß, jede nachfolgende Idee auf alle ihre Attribute hin zu analysieren. Sie warten nur auf das, was das nächste mit dem Vorhergehenden verbindet.
Vielleicht denken Sie: »Sie spricht davon, wie Zürich weniger konservativ wird.« Oder: »Sie wird wohl Zürich mit anderen Städten vergleichen wollen.« Vielleicht auch: »Sie hat wahrscheinlich nichts für Männer mit Bärten übrig.« Doch unabhängig davon, was Sie denken, wichtig ist, daß Sie auf weitere Informationen warten. Ich sehe also Ihren fragenden Blick und fahre fort:

> »Und wissen Sie, was? In New Yorker Büros treffen Sie kaum noch einen Mann, der nicht zumindest einen Backen- oder Schnurrbart hat.«

Worauf will ich nun also hinaus? Ich scheine nicht etwa nur irgendwelche Städte miteinander zu vergleichen, sondern Städte, in denen wir über Büros verfügen. Und statt nur um Voll- oder Schnurrbärte scheint es mir um jede Form der Gesichtsbehaarung zu gehen. Sie denken sich: »Wahrscheinlich hat sie für diese neue Mode nichts übrig. Oder will sie die unterschiedlichen Gepflogenheiten in den einzelnen Büros vergleichen? Vielleicht wundert sie sich darüber, wie tolerant man im Beratergeschäft ist.« Wie auch immer, Sie murmeln etwas Unverbindliches, ich bin dadurch ermutigt und sage weiter:

> »Und zur Londoner Szene gehört ein Bart schon seit wenigstens zehn Jahren.«

Aha - denken Sie sich -, jetzt kapiere ich endlich, worauf sie hinauswill. Sie will sagen, daß London allen anderen Städten voraus ist. Und genau das sagen Sie mir dann auch. Vollkommen logisch, aber doch falsch. Das ist überhaupt nicht das, was ich sagen wollte. Tatsächlich wollte ich folgendes zum Ausdruck bringen:

> »Wissen Sie, ich finde es erstaunlich, wie sehr Bärte heute im Geschäftsleben akzeptiert werden.
> In Zürich ...
> In New York ...
> Und natürlich in London ...«

Was war das Problem? Warum haben Sie die Kernaussage meiner Äußerungen nicht von sich aus verstanden? Wahrscheinlich deshalb, weil Ihnen der Rahmen für meine Mitteilungen fehlte. Sie hätten mich nicht mißverstanden, wenn ich wie folgt begonnen hätte:

> »Erstaunlich, wie sehr Bärte im heutigen Geschäftsleben akzeptiert werden. Zuerst ist es mir bei einem Besuch in Zürich aufgefallen. Als wir mittags in einem kleinen Restaurant im Freien saßen ...«

Sie erkennen, wieviel einfacher die unterschiedlichen Aussagen zu begreifen sind, sobald der Rahmen, innerhalb dessen Sie die Zusammenhänge sehen sollen, erst einmal vorgegeben ist. Ansonsten geht der Leser hin und sucht - in einer Art und Weise, die jeder Kontrolle von außen entzogen ist - nach einer Struktur für die Ideen, die an ihn herangetragen werden. Will man sichergehen, daß man nicht falsch verstanden wird, muß man seinem Gegenüber also den Kernpunkt der eigenen Gedanken vorab mitteilen. Andernfalls wird er entweder ungewünschte oder gar keine Zusammenhänge zwischen den einzelnen Aussagen herstellen. Als Beispiel für letztere Situation schauen Sie sich bitte die Hauptpunkte im ersten Absatz eines Artikels an, in dem es um gleiche Entlohnung für Frauen geht:

> »Bei gleicher Entlohnung könnte es Frauen letzten Endes schlechter gehen als bisher – das heißt, zwischen dem Durchschnittseinkommen von Frauen und Männern könnte eine noch größere als die derzeit vorhandene Kluft entstehen.«

Aus dem Artikel lassen sich nun folgende Erkenntnisse ziehen.

- Gleiche Entlohnung heißt:
  - gleiche Bezahlung für gleiche Arbeit,
  - gleiche Bezahlung für Männer und Frauen.
- Das bedeutet für die Arbeitgeber:
  - Sie müssen für eine Gleichstellung von Frau und Mann in ihren Unternehmen sorgen.
  - Sie müssen nun verstärkt im eigenen wirtschaftlichen Interesse handeln.

Hier haben Sie Ideen, für die der Zusammenhang nicht klar ist, und dies, obwohl der Autor »oben angefangen hat« – zumindest seiner Vorstellung nach. Merken Sie, wie kribbelig man wird bei dem Versuch, einen Zusammenhang herzustellen? Und schließlich verärgert ist, wenn einem das nicht gelingt? Der mentale Anspruch ist einfach zu groß.
Sie müssen bedenken, daß ein Leser – unabhängig von seiner Intelligenz – nur über eine begrenzte Menge mentaler Energie verfügt. Davon wird ein Teil allein für die Wahrnehmung und Interpretation der Wörter verwendet, ein weiterer Teil dafür, den Zusammenhang zwischen den einzelnen Ideen zu erkennen. Und wenn dann noch etwas übrig ist, dafür, deren Bedeutung zu verstehen.

Sie können den zeitlichen Aufwand des Lesers für die beiden ersten Aktivitäten reduzieren, wenn Sie Ihre Ideen so präsentieren, daß er sie mit minimalem mentalem Aufwand begreift. Sie hingegen so zu ordnen, daß er gedanklich hin und her springen muß, um Zusammenhänge zu erkennen, ist schlichtweg unhöflich. Die meisten Leser reagieren darauf mit Ablehnung.

Um zusammenzufassen: Natürlich liest der Leser von oben nach unten. Und so versteht er eine Aussage leichter, wenn ihm die Ideen von oben nach unten präsentiert werden. Das heißt, die klarsten Texte sind diejenigen, in denen Informationen konsequent von oben nach unten - in Form einer Pyramide - vorgestellt werden.

Von unten nach oben denken

Wenn Sie alle Ihre Informationen in Gruppen ordnen und zusammenfassen und sie in einer von oben nach unten gerichteten Abfolge darstellen, dürfte Ihr Text eine Struktur wie das Diagramm in Abbildung 1.5 aufweisen.

Die Kästchen stehen für die einzelnen Ideen, die Sie vorstellen möchten. Gedanklich beginnen Sie auf der untersten Ebene mit der Formulierung, die Sie dann logisch in Absätze einordnen. Danach ordnen Sie die Absätze zu Abschnitten und die Abschnitte zum Gesamttext, der durch einen einzigen Gedanken an der Spitze der Pyramide dargestellt wird.

Denken Sie einen Augenblick darüber nach, was Sie beim Schreiben wirklich tun. Sie werden erkennen, daß Sie Ihre wichtigsten Ideen in dieser von unten nach oben gerichteten Abfolge entwikkeln.

Auf der untersten Ebene der Pyramide ordnen Sie Ihre Sätze, von denen jeder eine Idee enthält, zu Absätzen. Nehmen wir an, Sie ordnen sechs Sätze zu einem Absatz. Der Grund, warum Sie gerade diese sechs Sätze und keine anderen bündeln, besteht ein-

Abbildung 1.5
Schriftlich festzuhaltende Ideen sollten immer unter dem Hauptgedanken zu einer Pyramide geordnet werden

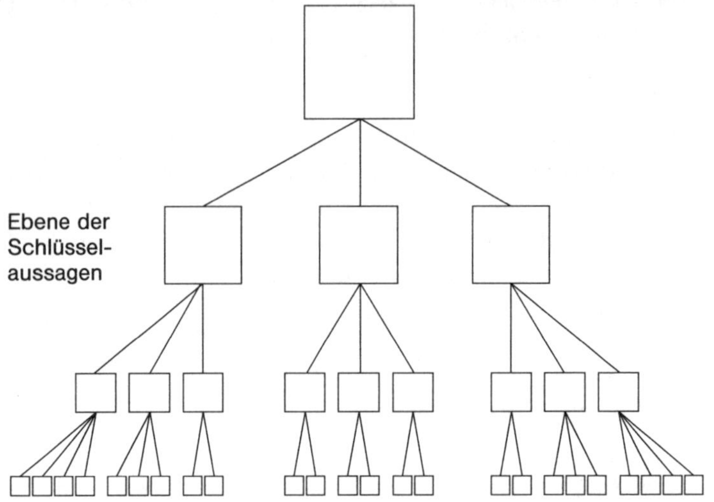

deutig darin, daß Sie zwischen ihnen einen logischen Zusammenhang sehen. Dieser logische Zusammenhang besteht immer darin, daß die einzelnen Sätze erforderlich sind, um die übergreifende Idee des Absatzes zum Ausdruck zu bringen. Deshalb würden Sie wohl kaum fünf Sätze über Finanzen mit einem Satz über Tennis kombinieren. Zumindest wäre es wohl kaum möglich, den Zusammenhang in einem zusammenfassenden Satz zum Ausdruck zu bringen.

Mit der Formulierung eines zusammenfassenden Satzes begeben Sie sich auf eine um eine Stufe höhere Ebene der Abstraktion. Ihr Absatz ist nun zu verstehen als Ausdruck einer einzigen Idee, nicht als Ausdruck von sechs Ideen.

Auf diese Art und Weise formen Sie dann, sagen wir, drei Absätze, von denen jeder einen einzelnen Gedanken auf einer Abstraktions-

ebene repräsentiert, die eine Stufe höher liegt als die der einzelnen Sätze. Aus diesen drei Absätzen - zwischen denen ja auch wieder ein logischer Zusammenhang besteht - bilden Sie dann einen Abschnitt. Und ebenso, wie die einzelnen Sätze erforderlich sind, um die tragende Idee des Absatzes zu formulieren, dienen die zusammengefaßten Absätze dazu, die übergreifende Idee des Abschnitts zum Ausdruck zu bringen.
Exakt dieselbe Gedankenfolge gilt schließlich für das Bündeln von Abschnitten zur Bildung des Gesamttextes. Sie bringen drei Abschnitte zusammen, von denen sich ein jeder aus einer Reihe von Absätzen zusammensetzt, die wiederum auf einer Reihe von Sätzen basieren. Und auch für die entsprechenden Abschnitte gilt, daß sie alle erforderlich sind, um die Hauptidee des Textes zum Ausdruck zu bringen.
So können Sie mit Ihrer Einordnung und Zusammenfassung fortfahren, bis keine weiteren Zusammenhänge mehr gegeben sind. Ihr Text wäre dann am Ende so strukturiert, daß er nur eine einzige Idee stützt, nämlich diejenige, die einer Zusammenfassung Ihrer letzten Reihe von Gruppierungen entspricht. Diese Idee sollte die Kernaussage Ihres Textes sein. Und alle Ideen, die darunter subsumiert sind, dienen einzig dazu, Ihre Aussage zu erklären und zu rechtfertigen.
Um festzustellen, ob Ihre Gliederung stimmt, prüfen Sie einfach, ob Ihre einzelnen Ideen immer so miteinander verbunden sind, daß sie gemeinsam eine Gruppe innerhalb der Pyramide bilden. Insbesondere sind dabei drei Regeln zu beachten:

- Alle Ideen auf jeder Ebene der Pyramide müssen immer die Zusammenfassung der unter ihnen eingeordneten Ideen darstellen.
- Alle Ideen in jeder Gruppierung müssen immer dieselbe Art von Idee darstellen.
- Alle Ideen in jeder Gruppierung müssen logisch geordnet sein.

Lassen Sie mich erläutern, warum es »immer ein Muß« ist, diese Regeln einzuhalten.

Regel 1:

Alle Ideen auf jeder Ebene der Pyramide müssen immer die Zusammenfassung der unter ihnen eingeordneten Ideen darstellen
Diese erste Regel bezieht sich auf die Tatsache, daß Ihre Hauptaufgabe im Denken und Schreiben in der Abstraktion besteht, das heißt, eine neue Idee aus den unter ihr eingeordneten Ideen zu schaffen. Wie wir oben gesehen haben, ist das Thema eines Absatzes die Zusammenfassung der ihn bildenden Sätze, genauso wie das Thema eines Abschnittes die Zusammenfassung der Themen der ihn bildenden Absätze ist und so weiter. Wenn Sie allerdings in der Lage sein wollen, den wichtigsten Punkt (das Thema) aus den nachgeordneten Sätzen oder Absätzen herauszufiltern, müssen diese Gruppierungen zunächst einmal in richtiger Weise gebildet worden sein. Damit kommen wir zu den Regeln 2 und 3.

Regel 2:

Alle Ideen in jeder Gruppierung müssen immer dieselbe Art von Ideen darstellen
Wenn Sie Ihr Denken nur eine Abstraktionsstufe über eine Ideengruppierung hinweg anheben wollen, dann müssen die Ideen in dieser Gruppierung eine gemeinsame Logik haben. Beispielsweise können Sie Äpfel und Birnen logisch eine Stufe höher als Früchte einordnen oder auch Tische und Stühle als Möbel. Doch was geschieht, wenn Sie Äpfel und Stühle zusammen einordnen wollen? Dazu haben Sie auf der nächsthöheren Abstraktionsstufe keine Möglichkeit, denn die ist bereits durch Früchte und Möbel besetzt. Sie müßten also auf eine weit höhere Ebene zurückgreifen und von »Dingen« oder auch »unbelebten Objekten« sprechen. Beide Bezeichnungen sind jedoch so weit gefaßt, daß die Logik der Einordnung nicht mehr erkennbar ist.
Beim Schreiben wollen Sie die sich direkt aus der Logik der Gruppierung ergebende Idee zum Ausdruck bringen. Deshalb müssen die Ideen in dieser Gruppierung alle derselben logischen Kategorie angehören. Wenn daher die erste Idee in einer Gruppierung ein

Grund ist, etwas zu tun, dann müssen die anderen Ideen in derselben Gruppierung Gründe sein, dasselbe zu tun. Wenn die erste Idee eine Phase in einem Prozeß ist, dann müssen die übrigen Ideen ebenfalls Phasen in demselben Prozeß sein. Ist die erste Idee ein Problem in einem Unternehmen, müssen die anderen Ideen in dieser Gruppierung verwandte Probleme sein und so weiter.
Sie können Ihre Gruppierungen schnell überprüfen, wenn Sie sicher sind, daß Sie Ihre Ideen ganz eindeutig mit einem Substantiv im Plural bezeichnen können. Sie werden dabei natürlich feststellen, daß sich alle Ideen in einer Gruppierung etwa als Empfehlungen, Gründe, Probleme oder auch Änderungen darstellen. Die Zahl der Ideenarten, die zusammen eingeordnet werden können, kennt keine Grenze, aber die Ideen in jeder Gruppierung müssen von gleicher Art sein. Sie müssen sich durch ein Hauptwort in der Pluralform beschreiben lassen. Wie dies im einzelnen sicherzustellen ist, wird in Teil II dieses Buches näher erläutert.

Regel 3:

Alle Ideen in jeder Gruppierung müssen immer logisch geordnet sein
Das heißt, es muß ein spezifischer Grund vorliegen, warum die zweite Idee an zweiter Stelle genannt wird und nicht an erster oder dritter. Wie die richtige Ordnung hierbei eingehalten werden kann, wird im ersten Kapitel des zweiten Teils im einzelnen erläutert. Die wesentliche Aussage zu diesem Punkt ist, daß es nur vier logische Möglichkeiten gibt, eine Reihe von Ideen zu ordnen:

- deduktiv (Haupt-Voraussetzung, Neben-Voraussetzung, Schlußfolgerung),
- chronologisch (erster, zweiter, dritter),
- strukturell (München, Frankfurt, Berlin),
- vergleichend (am wichtigsten, am zweitwichtigsten und so weiter).

Die von Ihnen gewählte Ordnung ist Ausdruck des analytischen Prozesses, aufgrund dessen Sie Ihre Gruppierung gebildet haben.

Wenn dies auf deduktivem Weg geschehen ist, werden Ihre Ideen nach Argumenten geordnet. Wenn Sie Ursache-Wirkung-Zusammenhänge herausarbeiten, werden sie chronologisch geordnet. Bei Kommentaren zu einer vorhandenen Struktur nach der Ordnung, die von der Struktur diktiert wird. Und wenn Sie in Kategorien denken, dann nach Bedeutung. Weil diese vier Tätigkeiten - das deduktive Argumentieren, die Erarbeitung von Ursache-Wirkung-Zusammenhängen, die Unterteilung eines Ganzen in seine Teile und die Kategorisierung - die einzigen analytischen Fähigkeiten darstellen, die dem menschlichen Geist möglich sind, stellen sie auch die einzigen uns möglichen Ordnungssysteme dar.

Um zusammenzufassen: Die wesentliche Voraussetzung für klares Schreiben ist die Einordnung Ihrer Ideen in eine Pyramide sowie deren Überprüfung anhand der genannten Regeln, bevor Sie mit dem Schreiben beginnen. Wenn eine der Regeln nicht eingehalten wird, ist dies ein Indiz dafür, daß ein Fehler in Ihrem Denken vorliegt. Das heißt, Ihre Ideen sind noch nicht voll ausgereift, oder es fehlt der Zusammenhang, der Ihre Botschaft dem Leser unmittelbar klarwerden ließe. In diesem Stadium können Sie dann immer noch an Ihrem Text feilen, bis er den Regeln wirklich entspricht. Damit ersparen Sie sich die Mühe, später lange Zeit nach Neuformulierungen suchen zu müssen.

Kapitel 2:

Unterstrukturen innerhalb der Pyramide

Wie in Kapitel 1 erläutert, muß ein Text mit eindeutiger Aussage eine strenge Reihe von Zusammenhängen zwischen den enthaltenen Ideen aufweisen. Das heißt, Ihr Text muß im Endeffekt über eine umfassende Pyramiden-Struktur verfügen (wie in Abbildung 1.5 dargestellt). Im Anschluß daran werden dem Leser die Ideen vorgestellt, beginnend am Kopf der Pyramide bis hinunter zur letzten Verzweigung.

Die Pyramiden-Regeln sind sehr spezifisch. Wenn Sie sich vor dem Schreiben über Ihre Ideen im klaren sind, können Sie diese relativ einfach zu einer richtigen Pyramide ausbauen. Oft hat man jedoch, wenn man mit dem Schreiben beginnt, nur eine recht vage Vorstellung von den eigenen Ideen. Viel mehr sollte man auch nicht von sich selbst erwarten. Niemand kann seine Gedanken ganz präzise bestimmen, bevor er nicht gezwungen ist, sie systematisch darzustellen - indem er sie ausspricht oder niederschreibt. Und selbst wenn man seine Idee vermeintlich »klar im Kopf hat«, ist die erste Aussage darüber wahrscheinlich wenig präzise.

Folglich kann man sich nicht einfach hinsetzen und seine Ideen sofort in Form einer Pyramide zusammenstellen. Zunächst einmal müssen die einzelnen Ideen gefunden werden. Allerdings: Die Pyramide gibt eine genau festgelegte Reihe von Unterstrukturen vor, die diesen Suchprozeß beschleunigen helfen. Diese Unterstrukturen sind:

- das vertikale Verhältnis zwischen Punkten und Unterpunkten,
- das horizontale Verhältnis innerhalb einer Reihe von Unterpunkten,
- der narrative Aufbau der Einleitung.

Im folgenden werde ich Ihnen diese drei Zusammenhänge genau erklären. In Kapitel 3 erfahren Sie dann, wie Sie anhand dieser Zusammenhänge Ihre Ideen so ordnen können, daß sie zunächst Ihnen selbst und anschließend dem Leser klar sein werden.

Die vertikale Beziehung

Viele Dinge im Leben macht man ganz automatisch und selbstverständlich, ohne sich jemals darüber bewußt zu werden. Ein gutes Beispiel dafür ist der Prozeß des Lesens. Im allgemeinen schreiben wir eindimensional, das heißt einen Satz nach dem anderen, und zwar mehr oder weniger vertikal, also von oben nach unten. Doch diese vertikale Abfolge verdeckt die Tatsache, daß die Ideen auf verschiedenen Abstraktionsebenen auftreten. Jede Idee unterhalb des Hauptpunkts verfügt immer sowohl über eine vertikale als auch eine horizontale Beziehung zu den anderen Ideen in einem Text. Die vertikale Beziehung ist ausgezeichnet geeignet, die Aufmerksamkeit des Lesers zu erregen. Sie gestattet dem Verfasser des Textes, einen Frage-Antwort-Dialog zu führen, der den Leser zwingt, der Argumentation mit Interesse zu folgen. Das heißt, man kann sich des Interesses des Lesers sicher sein, weil er einfach gezwungen ist, logisch auf die ihm dargebotene Ideenabfolge zu reagieren.

Das, was Sie in jedes Kästchen der Pyramide schreiben, ist eine Idee. Eine Idee definiere ich als eine Aussage, die im Leser eine Frage erzeugt: weil Sie ihm etwas sagen, was er noch nicht weiß. Da man im allgemeinen nicht liest, um herauszufinden, was man schon weiß, kann man wohl ohne Bedenken behaupten: Jemand, der etwas schreibt, tut es primär in der Absicht, etwas mitzuteilen, was andere noch nicht wissen.

Eine Aussage, die einem Leser etwas mitteilt, was er noch nicht weiß, erzeugt automatisch bei ihm eine logische Frage: »Warum?« – »Wie?« – »Warum sagen Sie das?« Der Autor ist nun verpflichtet, diese Frage horizontal auf der nächstunteren Ebene zu beantworten. Mit dieser Antwort wird er dem Leser aber wiederum Dinge

mitteilen, die dieser nicht kennt, so daß sich bei ihm neue Fragen ergeben, die wiederum auf der nächstunteren Ebene zu beantworten sind.
Der Schreiber wird schreiben, Fragen aufwerfen und beantworten, bis der Punkt erreicht ist, an dem – seiner Meinung nach – der Leser

Abbildung 2.1
Die Pyramiden-Struktur läßt einen Frage-Antwort-Dialog entstehen

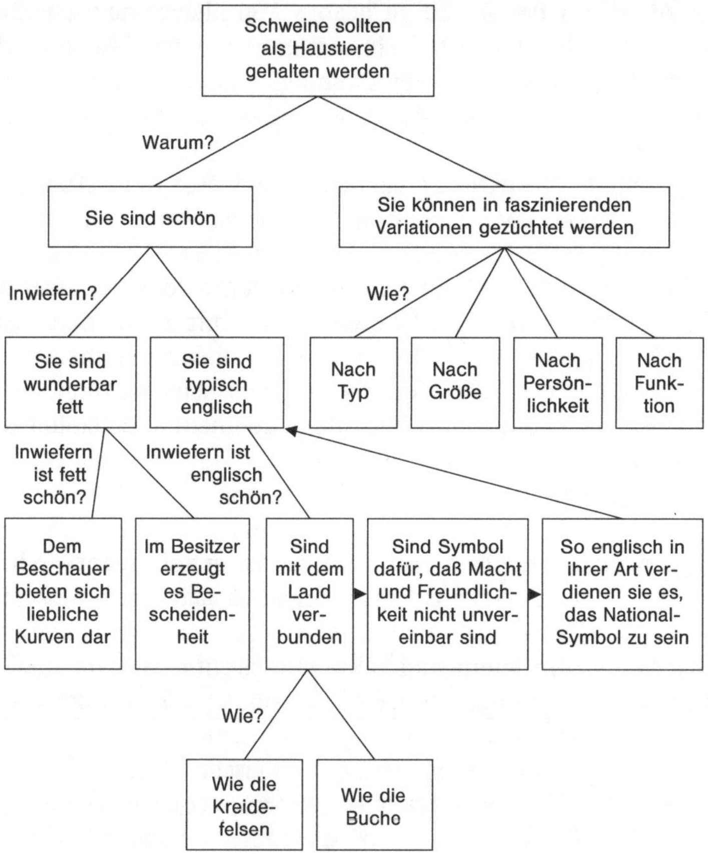

keine weiteren logisch begründeten Fragen mehr haben kann. Der Leser wird, wenn er diesen Punkt erreicht hat, nicht unbedingt mit der Argumentation des Schreibers übereinstimmen. Aber er wird dessen Argumenten gefolgt sein. Und das ist das Beste, was sich ein Autor überhaupt wünschen kann. Der Autor kann nun die erste Verzweigung der Pyramide verlassen, zur Ebene der Schlüsselaussagen zurückkehren und die ursprünglich gestellte Frage, die zum Thema im obersten Kästchen, beantworten.

Um die volle Aufmerksamkeit des Lesers zu erwecken, muß man vermeiden, dem Leser Fragen zu suggerieren, bevor man sie beantworten kann. Oder sie gar zu beantworten, bevor man sie überhaupt gestellt hat. Denn wenn Informationen an der falschen Stelle innerhalb eines Textes gegeben werden, müssen sie zum richtigen Zeitpunkt innerhalb des Dialogs wiederholt (oder nochmals gelesen) werden.

Die Pyramiden-Struktur zwingt in fast magischer Weise dazu, dem Leser erst dann Informationen zu präsentieren, wenn er sie braucht.

Einige Beispiele: Abbildung 2.1 ist ein humorvolles Beispiel aus einem Artikel von G. K. Chesterton. Es vermittelt Ihnen eine Vorstellung davon, wie der Frage-Antwort-Dialog funktioniert und wie man damit die Aufmerksamkeit des Lesers halten kann. Dabei brauchen Sie nicht über die Bedeutung des Inhalts nachzudenken. Chesterton sagt, man solle Schweine als Haustiere halten. Der Leser fragt sich: »Warum?«

Chesterton:	»Aus zwei Gründen. Erstens sind sie äußerst schön, und zweitens kann man sie in den faszinierendsten Variationen züchten.«
Leser:	»Inwiefern sind Schweine schön?«
Chesterton:	»Sie sind schön, weil sie wundervoll fett und typisch englisch sind.«
Leser:	»Was ist schön daran, wenn man fett ist?«
Chesterton:	»Dem Beschauer bieten sich liebliche Kurven dar. Und im Besitzer selbst wird Bescheidenheit erzeugt.«

An diesem Punkt können Sie, auch wenn Sie ganz eindeutig nicht mit Chestertons Argumenten übereinstimmen, zumindest erkennen, wie sein Standpunkt aussieht. Es ist Ihnen klar, warum er sagt, was er sagt, und Sie haben keine weiteren Fragen. Ergebnis: Er kann zum nächsten Zweig seiner Argumentation übergehen - daß Schweine schön sind, weil sie typisch englisch sind.

Leser: »Inwiefern ist typisch englisch schön?«
Chesterton: »Schweine sind mit dem Land verbunden. Dieses Verbundensein ist ein Symbol dafür, daß Macht und Freundlichkeit nicht unvereinbar sind. Doch diese Haltung ist so englisch und so schön, daß Schweine es verdienen, das Symbol der Nation zu sein.«

Auch dieser Empfindung gegenüber mögen Sie gewisse Vorbehalte haben. Aber immer noch ist Ihnen klar, warum er sagt, was er sagt. Und es ist deswegen klar, weil die Gruppierung der Ideen so aufgebaut ist, daß die vom übergeordneten Punkt erzeugte Frage beantwortet wird. Der Parallel-Abschnitt - über die Variationen - wird vom Leser in gleicher Weise eindeutig erfaßt.
Dieselbe Technik finden Sie in dem nachfolgenden Beispiel eines Geschäftstextes (Abbildung 2.2). Sie sehen hier die Struktur eines zwanzigseitigen Berichts, in dem der Kauf eines VW-Geschäfts auf Franchise-Basis empfohlen wird. Für den Kauf sprechen drei gute Gründe.
Subsumiert unter jedem dieser Gründe, findet sich die Antwort auf die sich daraus ergebende Frage des Lesers. Die Argumentation ist so klar, daß der Leser entscheiden kann, ob er dieser Argumentation ablehnend gegenüberstehen oder sich logisch daraus ergebende Fragen stellen soll.
Um also zusammenzufassen: Die Pyramiden-Struktur ist unter anderem deshalb sehr wertvoll, weil sie Sie bei der Entwicklung Ihrer Gedanken dazu zwingt, die beschriebene vertikale Beziehung visuell wahrzunehmen. Jedes Argument, das Sie vortragen, muß im Leser eine Frage erzeugen, die Sie dann auf der nächstunteren Ebene horizontal beantworten müssen.

Abbildung 2.2
Alle Texte sollten im Frage-Antwort-Modus gehalten sein

Die horizontale Beziehung

Auf der nächstunteren Ebene müssen Ihre Aussagen nicht nur Fragen beantworten. Sie müssen das auch in logischer Weise tun. Das heißt, Sie müssen eindeutig argumentieren. Dabei können Sie vom Einzelnen auf Allgemeines schließen oder umgekehrt, jedoch nicht beides gleichzeitig. Die induktive und die deduktive Argumentation sind die beiden einzigen Arten logischer Beziehung, die innerhalb einer Gruppierung möglich sind.
Eine deduktiv aufgebaute Gruppierung stellt ein Argument in aufeinanderfolgenden Schritten vor. Das heißt, die erste Idee ist eine Aussage über eine allgemeine Situation. Die zweite Idee bezieht sich auf das Subjekt oder Prädikat dieser Aussage. Und die dritte Idee liefert die sich aus den ersten beiden Aussagen erge-

bende Schlußfolgerung. Eine solche Gruppierung sähe folgendermaßen aus:

- Menschen sind sterblich.
- Sokrates ist ein Mensch.
- Also ist Sokrates sterblich.

Um von einer deduktiven Gruppierung eine Abstraktionsebene höher zu steigen, fassen Sie die Argumentation zusammen. Dabei wird der letzte Punkt am meisten betont: Weil Sokrates ein Mensch ist, ist er sterblich.
Eine induktive Gruppierung geht im Gegensatz dazu von mehreren parallelen Ideen aus, deren Gemeinsamkeit darin besteht, daß ihre Funktion mit einem Substantiv in Pluralform beschrieben werden kann (Gründe für/gegen, Phasen, Probleme und so weiter). Die Form dieser Argumentation sähe folgendermaßen aus:

- Wenn ich morgens mit dem Auto zur Arbeit fahre, stehe ich im Stau.
- Wenn ich am Wochenende mit dem Auto in die Stadt fahre, stehe ich im Stau.
- Wenn ich im Sommer mit dem Auto in den Urlaub fahre, stehe ich im Stau.

Um hier zu einer höheren Abstraktionsebene zu gelangen, ziehen Sie eine Schlußfolgerung aufgrund Ihrer Beurteilung des Verbindenden unter den einzelnen Punkten. Die obengenannten Punkte könnten für Sie *Gründe* sein, auf öffentliche Verkehrsmittel umzusteigen. Oder Sie sehen darin *Phänomene* einer fehlgelaufenen Verkehrspolitik.
Wenn Ihre Antwort deduktiv erfolgt, müssen Sie von einer Argumentationskette ausgehen, bei der der zweite Punkt das Subjekt oder Prädikat des ersten kommentiert und der dritte Punkt eine Schlußfolgerung aus den vorherigen beiden Punkten ist. Erfolgt Ihre Antwort induktiv, müssen die einzelnen Punkte innerhalb einer Gruppierung in ihrer Logik - das heißt ihrer Funktion nach - gleichwertig sein.

Sie erkennen: Jedwede Idee in unserer Pyramide beinhaltet alle anderen. Ergebnis: Sie könnten an jedem beliebigen Punkt mit dem Aufbau Ihrer Pyramide beginnen, und zwar mit einer einzigen Idee, und dann andere Ideen je nach Bedarf hinzufügen - entweder auf höherer, niedrigerer oder auch gleicher Ebene. Eins müssen Sie jedoch auf alle Fälle wissen, bevor Sie mit dem Aufbau einer eigenen Pyramide beginnen: Sie müssen sich im klaren sein über die zentrale Frage, auf die ihr Text eine Antwort geben soll. In engem Zusammenhang mit dieser Frage steht der Aufbau der Einleitung, worauf ich im folgenden Abschnitt eingehen werde.

Aufbau der Einleitung

Wie wir bereits erfahren haben, gestattet Ihnen die Pyramiden-Struktur, mit dem Leser einen Dialog auf Frage-Antwort-Basis zu führen. Sie können jedoch nicht erwarten, daß dieser Dialog Interesse beim Leser erweckt, wenn die Anfangsaussage für ihn keine Relevanz besitzt. Nur wenn Ihre Aussage eine Antwort auf eine Frage bereitstellt, die Ihren Leser bereits beschäftigt, können Sie fast hundertprozentig sicher sein, daß Ihre Aussage für ihn von Bedeutung ist.
Wie schon weiter oben erwähnt, schreibt man vor allen Dingen in der Absicht, anderen etwas mitzuteilen, was sie noch nicht wissen. Andererseits hat der Leser nur dann das Bedürfnis, etwas Neues zu erfahren, wenn es für ihn von Vorteil ist. Fehlt dieser Antrieb, wird er auch keine Frage haben und umgekehrt.
Stellen Sie daher sicher, daß Ihr Text Interesse weckt, indem er eine Frage behandelt, die den Leser mit großer Wahrscheinlichkeit etwas angeht. Es ist daher notwendig, Ihrem Leser in der Einleitung zu erklären:

- auf welche Frage Sie eine Antwort geben möchten,
- welche Situation zur Entstehung dieser Frage geführt hat.

Dabei sollte Ihrer Ausführung folgende Struktur zugrunde liegen:

- Beschreibung der Ausgangssituation mit Angabe von Zeit und Ort,
- Beschreibung des Problemverhalts in dieser Situation (Komplikation),
- Beschreibung der daraus resultierenden Frage,
- Beschreibung beziehungsweise Andeutung Ihrer Antwort auf diese Frage.

Anhand dieses klassischen Musters - Ausgangssituation, Komplikation, Frage, Antwort - können Sie sicherstellen, daß der Leser denselben Standpunkt einnimmt wie Sie. Erst dann können Sie ihn an der Hand nehmen und ihn mit Ihren Gedanken bekannt machen. Dabei können Sie sich eindeutig auf das Hauptthema Ihres Textes konzentrieren. Außerdem besitzen Sie so ein Hilfsmittel, um zu überprüfen, ob Sie die richtige Botschaft in der direktesten Weise vermitteln.
Zur Illustration im folgenden eine Einleitung, wie man sie häufig in geschäftlichen Mitteilungen antrifft. Die Zielsetzung dieser Aktennotiz besteht darin, einige Ideen zwecks weiterer Überlegung und Diskussion aufzulisten:

1. Zusammensetzung des Aufsichtsrats und optimale Mitgliederzahl.
2. Konzept der übergreifenden Rolle des Aufsichtsrats und Vorstands, jeweilige spezifische Zuständigkeiten, Verhältnis zueinander.
3. Wie wird ein nicht dem Unternehmen angehörendes Aufsichtsratsmitglied zu einem effektiven Mitarbeiter?
4. Einige Prinzipien hinsichtlich Auswahl von Aufsichtsratsmitgliedern und deren Amtszeit.
5. Alternativmöglichkeiten des Unternehmens, von dort, wo es ist, nach dort zu gelangen, wo es hinwill, im Hinblick auf Tätigkeiten des Aufsichtsrats und des Vorstands.

Beachten Sie, wieviel leichter Zielsetzung und Botschaft verstanden werden, wenn diese Programmpunkte im narrativen Stil gefaßt sind.

Im Rahmen der im Oktober eingeführten neuen Organisation sind Autorität und Zuständigkeit für die Abwicklung des Tagesgeschäfts der zwei Unternehmensbereiche voll dem Management dieser Bereiche zugewiesen worden. Damit ist der Aufsichtsrat frei dafür, sich ausschließlich mit übergreifenden Fragen der Unternehmenspolitik und -planung zu beschäftigen, die zudem in seine ausschließliche Zuständigkeit fallen.

Der Aufsichtsrat hat sich jedoch seit so langer Zeit auf die Lösung kurzfristiger Betriebsprobleme konzentriert, daß er derzeit nicht in der Lage ist, sich ganz der langfristigen Strategie-Entwicklung zu widmen. Aus diesem Grund muß er Änderungen in Erwägung ziehen, die ihm gestatten, diese Rolle auszuüben. Insbesondere sollte er unserer Meinung nach:

- seine Zuständigkeit für das Tagesgeschäft dem Vorstand überlassen,
- zusätzlich neue Mitglieder von außerhalb des Unternehmens aufnehmen,
- politische Richtlinien und Verfahren zur Formalisierung unternehmensinterner Abläufe festlegen.

Um zusammenzufassen: Die Einleitung sagt dem Leser in normalem, fortlaufendem Text das, was er bereits weiß, beziehungsweise das, wovon man zumindest annehmen sollte, daß er es im Zusammenhang mit dem von Ihnen behandelten Thema weiß. Sie erinnert ihn damit an eine Frage, die ihn beschäftigt und auf die er in Ihrem Text eine Antwort finden soll. In der Einleitung erklären Sie zunächst die Ist-Situation, in der sich eine Komplikation ergeben hat, die wiederum zu der Frage führt, auf die Ihr Text eine Antwort geben wird. Sobald Sie die Antwort gegeben haben (der Hauptpunkt am Kopf Ihrer Pyramide), ergibt sich für den Leser eine weitere Frage, die Sie auf der nächstunteren Ebene der Pyramide beantworten.

Sie kennen nun die drei Unterstrukturen unserer Pyramide:

- vertikaler Frage-Antwort-Dialog,
- horizontale deduktive oder induktive Logik
- und die narrative Struktur der Einleitung.

Diese Unterstrukturen helfen Ihnen, die Ideen, die Sie zum Aufbau der Pyramide benötigen, zu finden und zu sortieren:

- Auf der vertikalen Ebene sammeln Sie die Ideen, die notwendig sind, um die (Ausgangs-)Frage zu beantworten.
- Die horizontale Beziehung zwischen den Ideen besteht darin, daß sie alle Teil einer induktiven oder deduktiven Argumentation sein sollten.
- Ausgehend von einer wahrscheinlichen Leserfrage, können Sie schließlich überprüfen, ob alle Ihre Ideen für den Leser Relevanz besitzen, das heißt zur Beantwortung seiner Frage beitragen.

Wie dies im Detail zu geschehen hat, erfahren Sie im nächsten Kapitel.

Kapitel 3:

Aufbau einer Pyramide

Wenn Sie mit dem Schreiben beginnen, wissen Sie zwar im allgemeinen, worüber Sie schreiben wollen, meist jedoch weniger genau, was Sie sagen oder wie Sie es sagen sollen. Dieses Gefühl der Unsicherheit verlieren Sie auch nicht, wenn Sie wissen, daß Ihr Text letztendlich die Form einer Pyramide annehmen muß.
Dennoch wissen Sie bereits zu Beginn mehr über Ihr Endprodukt, das heißt über Ihren Text, als Sie vielleicht glauben. Zunächst einmal wissen Sie, daß Sie von einem Satz mit Subjekt und Prädikat am Kopf der Pyramide ausgehen werden. Sie wissen außerdem, daß das Subjekt dieses Satzes auch das Subjekt Ihres Textes sein wird.
Weiter wissen Sie, daß dieser Satz eine Frage beantwortet, die beim Leser bereits vorhanden ist. Denn diese Frage wird sich in einer Situation ergeben haben, mit der der Leser - ebenso wie Sie selber - vertraut ist. In dieser Situation hat sich eine Komplikation ergeben und damit eine Frage, auf die Sie in Ihrem Text nun eine Antwort geben möchten. Vielleicht wissen Sie sogar ungefähr, welche Punkte Sie zur Beschreibung der Situation und der Komplikation beziehungsweise zur Beantwortung der Frage im einzelnen anführen wollen.
Damit wissen Sie schon allerhand. Dieses Wissen können Sie zum Aufbau Ihrer Pyramide nutzen, indem Sie entweder oben anfangen und sich nach unten durcharbeiten oder indem Sie unten anfangen und sich nach oben arbeiten. Die erste Möglichkeit ist in der Regel einfacher als die zweite. Deshalb sollten Sie es zuerst damit versuchen.

Der Ansatz von oben nach unten

Am Kopf der Pyramide zu beginnen und Schritt für Schritt weiter nach unten zu gehen ist meist leichter, weil Sie als erstes über die Dinge nachdenken, deren Sie sich am ehesten sicher sind: Ihres Themas und der Kenntnis des Lesers hinsichtlich dieses Themas. Doch Achtung! Setzen Sie sich nun nicht einfach hin und beginnen, den ersten Absatz Ihrer Einleitung zu schreiben. Vergegenwärtigen Sie sich zunächst Ihre einzelnen Argumente – eines nach dem anderen. Bauen Sie dann die Struktur Ihrer Einleitung auf. Am effektivsten ist dabei folgende Vorgehensweise:

① Zeichnen Sie ein Kästchen. Das ist Ihr Kästchen am Kopf der Pyramide. Schreiben Sie hierein Ihr Diskussionsthema.

② Entscheiden Sie sich hinsichtlich der Frage. Stellen Sie sich Ihren Leser vor. Für wen schreiben Sie eigentlich? Welche Frage wollen Sie ihm beantworten?

③ Notieren Sie die Antwort, soweit Sie sie kennen.

④ Definieren Sie die Situation. Anhand der Situationsbeschreibung können Sie überprüfen, ob Sie Frage und Antwort so klar wie möglich formuliert haben. Beginnen Sie dazu mit dem Thema, gehen Sie dann über zur Situation, und machen Sie darüber eine erste Aussage. Dabei muß es sich um etwas handeln, dem Ihr Leser auf alle Fälle zustimmen muß – entweder weil es ihm seit langem bekannt ist oder weil es sich dabei um eine allgemein anerkannte und überprüfbare Wahrheit handelt.

⑤ Entwickeln Sie die Komplikation. An diesem Punkt fragen Sie sich: »Und was nun?« Hier sollten Sie sich daran erinnern, welcher auslösende Faktor in Ihrer Situation zu Ihrer Frage geführt hat. Vielleicht ist etwas schiefgegangen, es hat sich ein Problem ergeben, oder es ist Ihnen etwas Unlogisches aufgefallen. Was ist in der Anfangssituation geschehen, um diese Frage auszulösen?

⑥ Überprüfen Sie nochmals Frage und Antwort. Die Aussage über die Komplikation sollte unmittelbar zurück zu der Frage führen, die Sie bereits notiert haben. Ist dies nicht der Fall, dann

Abbildung 3.1
Die einzelnen Strukturelemente überprüfen sich gegenseitig

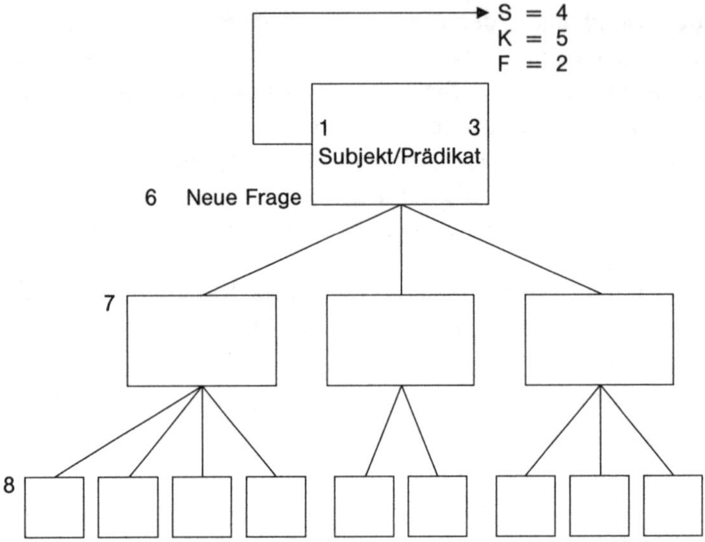

Ausfüllen des obersten Kästchens

1. Welches Thema erörtern Sie?
2. Welche beim Leser schon vorhandene Frage beantworten Sie zum Thema?
3. Wie lautet die Antwort?

Passen Sie die Antwort an die Einleitung an

4. Wie ist die Situation?
5. Wie sieht die Komplikation aus?
2. Ergeben sich hieraus immer noch dieselbe Frage und dieselbe Antwort?

Stellen Sie die Ebene der Schlüsselaussagen fest

6. Welche neue Frage ergibt sich aus der Antwort?
7. Werden Sie deduktiv oder induktiv antworten?
7. Wenn induktiv, wie heißt Ihr Substantiv im Plural?

Strukturieren Sie die Unterpunkte

8. Wiederholen Sie den Frage-Antwort-Vorgang auf dieser Ebene.

ändern Sie Ihre Aussage entsprechend. Oder vielleicht gehen Sie von der falschen Komplikation oder der falschen Frage aus – und müssen noch einmal ganz in Ruhe darüber nachdenken.

Sinn und Zweck der ganzen Übung ist es, sicherzustellen, daß Ihnen klar ist, auf welche Frage Sie eine Antwort suchen. Haben Sie erst die Frage, ergibt sich alles andere fast von selbst.
Wie würden Ihre Gedankenabläufe aussehen, wenn Sie die hier beschriebene Methode zur Neuformulierung der Aktennotiz einsetzen würden, wie Sie in Abbildung 3.2 dargestellt ist? Das Beispiel stammt aus dem Rechnungswesen eines großen Getränkeherstellers.
Der Sachverhalt ist folgender: Wenn die Fahrer des Unternehmens einem Kunden Ware geliefert haben, schicken sie ihrer Buchhaltung den Lieferschein mit der Angabe einer Reihe von Codenummern, dem Datum und Angaben zum Umfang der Lieferung. Diese Lieferscheine bilden die Grundlage des Fakturierungssystems, das ungefähr wie folgt aussieht:

Fünf Wochen

Verarbeitung Lieferscheine	►	Rechnungs-versand	►	Scheck-eingang	►	Verarbeitung Zahlung

Einer der Kunden des Unternehmens, ein »Hamburger-Imperium«, das wir hier einmal Big Boss nennen wollen, bezieht von diesem Getränkehersteller laufend umfangreiche Lieferungen. Für eigene Abrechnungszwecke will Big Boss täglich eine Übersicht über seine wachsenden Verbindlichkeiten gegenüber dem Lieferanten haben. Big Boss will wissen, ob er die Lieferscheine nicht bei jeder Lieferung behalten kann, um sie dann auf Diskette zu speichern, den Gesamtbetrag zu errechnen und dann Diskette und Zahlung einmal pro Monat an die Zentrale des Getränkeherstellers zu schikken.
Anders gesagt, Big Boss schlägt ein System vor, das folgendermaßen funktionieren würde:

Ein Tag		
Eingang Band und Scheck	▸	Verarbeitung Zahlung

Der Leiter des Rechnungswesens wurde daraufhin gefragt, ob diese Änderung machbar sei. In seiner entsprechenden Stellungnahme antwortet er darauf im wesentlichen mit der Aussage: »Hier die Erklärung, wie das neue System funktionieren würde.« Die eigentliche Frage beantwortet er nicht. Siehe dazu Abbildung 3.2.
Wenn Sie - anstelle von Jochen Schmidt - die in Abbildung 3.1 dargestellte Technik verwendet hätten, dann wäre folgendes dabei herausgekommen:

1. Sie hätten ein Kästchen gezeichnet und sich gefragt: »Was ist mein *Thema*?« - Änderungswunsch Big Boss.
2. »Welche *Frage* beantworte ich dem Leser zu diesem Thema?« - Ist es eine gute Idee?
3. »Wie sieht die *Antwort* aus?« - Ja.
4. Überprüfen Sie nun, ob dies wirklich die Frage und wirklich die Antwort ist. Überdenken Sie nochmals die Einleitung. Behalten Sie dabei das Thema im Auge, und gehen Sie weiter zur *Situation*. Der erste Satz über diese Situation muß eine Aussage zum Thema sein:
   »Was ist das nächstliegende, unanfechtbare Argument, das mir als Aussage zu diesem Thema einfällt?« Etwas, wovon ich weiß, daß der Leser es nicht in Frage stellen, sondern als Tatsache akzeptieren wird (Sie haben um eine Verfahrensänderung gebeten).
   Wenn Sie die Einleitung formulieren, werden Sie dabei selbstverständlich die Art der Änderung erklären. Um Ihre Gedanken zu ordnen, müssen Sie sich jedoch nur über das Wesentliche in Ihrer einleitenden Aussage klarwerden.
5. Jetzt betrachten Sie die Situation und fragen sich: »Was nun?« Das sollte Sie dann direkt zu Ihrer Aussage über die Komplikation führen: »Sie haben mich gefragt, ob es vernünftig ist.«

Abbildung 3.2
Original der Aktennotiz zu der Anfrage von Big Boss

An: Robert Salmon
Von: Jochen Schmidt
Thema: Big Boss — Datum: 7. März 1989

Wir sind gebeten worden, die Durchführbarkeit der Verarbeitung von Lieferscheinen der Firma Big Boss (Kundennummer 8306) mittels Diskette in unserem zentralen Rechnungswesen zu prüfen. Diese Abwicklung würde bei Big Boss und uns auf der Basis von Vorauszahlungen erfolgen. Wir haben diese Bitte geprüft und sind zu folgenden Ergebnissen gekommen:

1. Die erste Voraussetzung dafür, daß wir externe Daten in unserem Rechnungswesen akzeptieren, ist, daß wir die entsprechenden Daten in einem bestimmten Format erhalten:
   a) Kundennummer
   b) Nummer der Verkaufsstelle
   c) Nummer des Lieferscheins
   d) Rechnungsbetrag pro Lieferschein
   e) Lieferdatum

   Wenn Big Boss die Kunden- und Verkaufsstellennummern nicht zur Verfügung stehen, können wir ihm diese Daten aus unserer Kundenstammdatei liefern. Diese Informationen könnten dann anschließend zur Erleichterung der zukünftigen Abwicklung in das System von Big Boss integriert werden.
2. Big Boss installiert in seinem Computersystem ein spezielles Programm, mit dem er Abgleiche mit seiner Datei fahren kann, um so alle Lieferscheindaten, die zum Abrechnungszeitpunkt in dieser Datei gespeichert sind, herauszufiltern. Die Ausgabedatei, die dieses Programm erzeugt, muß ein Format haben, das kompatibel ist mit unserer Software. Diese Datei wird dann auf Diskette zur Abrechnung an uns geschickt. Gleichzeitig schickt Big Boss seinen Scheck und eine Übersicht über die Daten auf der Diskette an unsere zentrale Buchhaltung.

   Die Diskette wird in unserer Datenverarbeitungsabteilung dann wertmäßig entsprechend unseren derzeitigen Verfahren abgeglichen. Das Endergebnis dieses Abgleichs muß sein, daß sich die Summe auf dem Kundenscheck und die Daten auf der Diskette gegenseitig aufheben.
3. Anschließend wird die abgeglichene Diskette vom zentralen Rechnungssystem verarbeitet. Dabei wird eine Aktualisierung der Kundenhistorie nach Lieferscheinnummern vorgenommen.

Abbildung 3.3
Neue Abrechnungsstruktur Big Boss

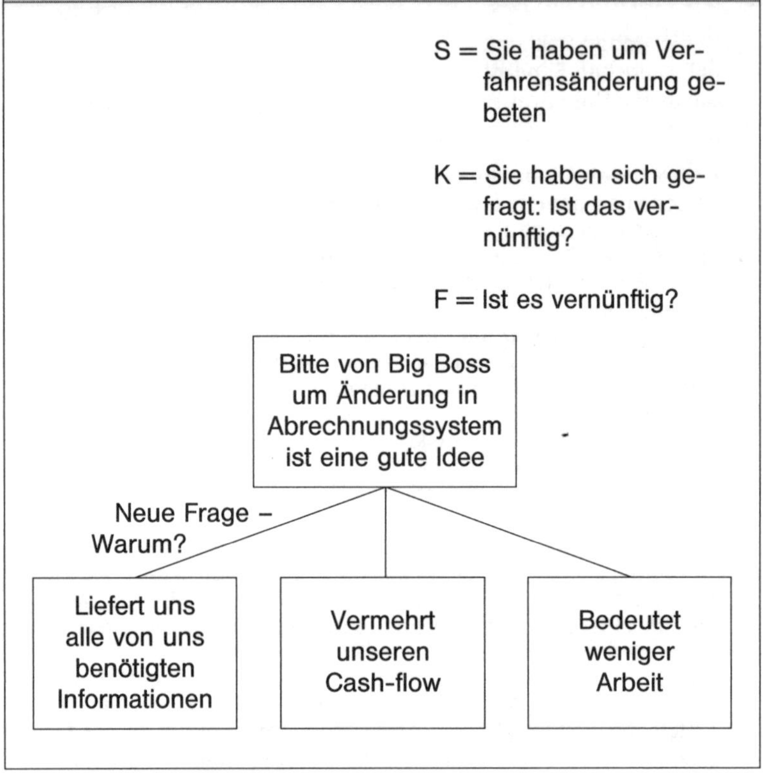

Die Frage, die sich für den Leser automatisch aus der Komplikation ergibt, sollte ungefähr die gleiche sein wie Ihre Frage von Punkt 2. In unserem Beispiel würde er wahrscheinlich denken: »Ja tatsächlich. Sagen Sie mir, ob das vernünftig ist.« Ihre Frage - »Ist das eine gute Idee?« - deckt sich damit weitestgehend mit seiner Frage. Folglich paßt auch Ihre Antwort (Punkt 3) auf seine Frage. Sie können nun sicher sein, daß Ihre Aussagen für den Leser von Bedeutung sind.

6. Lautet Ihre Aussage: »Die Änderung ist vernünftig«, so können Sie jetzt weiter in der Pyramide hinuntergehen und be-

stimmen, welche neue Frage sich beim Leser ergeben würde (Warum?).

7. Die Antwort auf jede Frage nach dem Warum muß immer eine Begründung sein. Damit wissen Sie, daß die Punkte, die Sie auf der Ebene der Schlüsselaussagen brauchen, alles Gründe sein müssen. Wie könnten diese Gründe in unserem Beispiel aussehen?
   - Wir bekommen damit die von uns benötigten Informationen.
   - Es wird unseren Cash-flow steigern.
   - Es bedeutet weniger Arbeit.
8. Nachdem Sie überprüft haben, ob diese Punkte tatsächlich richtig und logisch geordnet sind, können Sie weiter hinuntergehen und Ihre Argumente zur Stützung eines jeden Punktes vorbringen. Im Falle eines so kurzen Textes wie dem von Big Boss können Sie allerdings schon genug getan haben, wenn Sie annehmen, daß Ihnen diese Erklärungen rechtzeitig einfallen werden, wenn Sie die entsprechenden Abschnitte formulieren.

Sie erkennen: Die Vorgehensweise von oben nach unten zwingt den Schreiber, nur solche Informationen zu verwenden, die für die Beantwortung der Leserfrage von Bedeutung sind. Andererseits kann man mit Hilfe dieser Technik überprüfen, ob man nicht eventuell einen wichtigen Gedanken vergessen hat. Und selbstverständlich wird bei konsequenter Von-oben-nach-unten-Ordnung die gesamte Mitteilung für den Leser klarer und verständlicher.

Der Ansatz von unten nach oben

In vielen Situationen werden Sie feststellen, daß Sie in Ihren Gedankengängen noch nicht weit genug sind, um den obersten Teil der Pyramide zu definieren. Sie können Ihr Thema noch nicht präzise bestimmen, die Frage ist Ihnen nicht klar, oder Sie können nicht entscheiden, was der Leser bestimmt weiß oder bestimmt nicht weiß. Begeben Sie sich in solchen Fällen hinab auf die Ebene der Schlüsselaussagen.

Abbildung 3.4
DTW-Aktennotiz

An: Datum: 22. August 1978
Von: Thema: Druckerei DTW, Kirchheim

Im folgenden die Zusammenfassung der Arbeitsergebnisse der letzten zwei Wochen.

Wie bereits bekannt war, bilden die Satzkosten den wichtigsten Kostenanteil allen Neusatzes. Sie bewegen sich zwischen 40 Prozent für Hardcover-Ausgaben und 50 bis 55 Prozent für Paperbacks.

Die wichtigsten Komponenten der Satzkosten sind:

Maschinensatz	30–50 Prozent
Korrekturlesen	17–35 Prozent
Erster Korrekturabzug und Neukorrektur	10–16 Prozent
Umbruch	10–20 Prozent
Ausschießen und Seiteneinrichtung	10–15 Prozent

Ein Vergleich mit den Standards zeigt, daß die Produktivität von DTW im Satzbereich relativ niedrig ist. Im Augenblick arbeiten Kalkulatoren an einigen spezifischen Beispielen, die sie von mir bekommen haben.

Jeder Satzauftrag durchläuft grundsätzlich dieselben Phasen, um ein hohes Qualitätsniveau zu gewährleisten. Dies mag ein Grund dafür sein, daß man DTW bei kleineren Satzaufträgen für wettbewerbsunfähig hält.

In Kirchheim ist man sehr daran interessiert, festzustellen, wie es im einzelnen zu den hohen Satzkosten kommt. Ich habe mit Herrn Wegmann, Herrn Fischer und Herrn Neubauer gesprochen. Wegmann ist bereit, ein Experiment zu lancieren, um herauszufinden: erstens, ob es im Satzprozeß Phasen gibt, die gestrichen werden können, insbesondere bei bestimmten Aufträgen, und zweitens, welches die Gründe für die offensichtlich niedrige Produktivität sind – das heißt, warum sie unter den allgemeinen Standards liegt.

Die Satzabteilung ist zur Zeit überlastet. Bei den meisten Aufträgen ist der Termin überschritten. Besonders akut ist dieser momentane Überhang im Handsatz. DTW bezahlt schlechter als andere Drucke-

reien in dieser Region, und es wird für die Firma zunehmend schwieriger, Setzer zu finden und zu halten. Im Moment müssen sie sich auch noch einer neuen Forderung der Gewerkschaft stellen. Außerdem haben zwei Setzer gerade gekündigt.
Die Abteilung verfügt über weniger Mitarbeiter als im Budget vorgesehen, die anfallenden Überstunden gehen zu mehr als 50 Prozent über den vorgesehenen Betrag hinaus.

Schlußfolgerungen

1. Es scheint möglich, die Satzkosten wie folgt zu senken:
   a. Vereinfachung des Prozesses bei einfachen Aufträgen,
   b. Produktivitätssteigerung durch Einführung neuer Methoden.
2. Um ersteres zu erreichen, wäre eine Reihe von Experimenten mit bestimmten Aufträgen erforderlich, wobei der gesamte Prozeß zu beobachten und der Grenzeffekt hinsichtlich der Qualität im Zusammenhang mit den Änderungen in Anzahl und Terminierung der Überprüfungen sowie der entsprechenden Reaktion des Kunden zu kontrollieren wären. Die dabei zu erzielenden Einsparungen könnten bis zu 10 Prozent der gesamten Satzkosten ausmachen. Die zweite Möglichkeit zur Kostenreduzierung erfordert meiner Meinung nach detaillierte Methodenuntersuchungen. DTW liegt bei Maschinen- und Handsatz 20 bis 50 Prozent unter den Standards, und es scheint die Möglichkeit zu bestehen, diese Situation zu verbessern.
3. Ein Vergleich zwischen DTW und Schmitt-Druck, OFF oder Hegner kann hier vielleicht weiterhelfen. Herr Fischer und Herr Neubauer schienen sehr an einer vergleichenden Studie interessiert zu sein. Ich habe ihnen allerdings gesagt, daß diese Studie, alles in allem betrachtet, wohl nicht sehr ergiebig wäre.
4. Die Einstellung gegenüber den Satzkosten ist in Kirchheim sehr gemischt. Herr Fischer meint, daß sie definitiv hoch seien, Herr Schmidt behauptet, dafür gäbe es keine wirklichen Beweise, und Herr Wegmann gibt zu, daß sie für ihn ein einziges Rätsel darstellen. Sie alle scheinen sehr von der Idee einer Überprüfung dieser Kosten angetan zu sein.

Wahrscheinlich fallen Ihnen auf dieser Ebene schon eher Argumente ein. Vielleicht aber auch nicht. Verzweifeln Sie nicht! Sie können diese Argumente von unten her entwickeln, wenn Sie sich dabei an einen 3-Phasen-Prozeß halten:

1. Listen Sie alle Punkte auf, die Sie anführen wollen.
2. Erarbeiten Sie die Beziehungen zwischen den einzelnen Punkten.
3. Ziehen Sie Ihre Schlußfolgerungen.

Anhand eines Textbeispiels werde ich Ihnen im folgenden erklären, wie diese Technik funktioniert. Betrachten Sie zunächst Abbildung 3.4. Bei dem Text handelt es sich um die Aktennotiz eines jungen Unternehmensberaters für seinen Motivationsmanager nach zweiwöchiger Arbeit an seinem ersten Auftrag. Bei dem Kunden handelt es sich um ein Druckereiunternehmen namens DTW. Dieses Beispiel aus meinem Archiv ist schon ein wenig älter, verdeutlicht aber recht gut, wie man es nicht machen sollte.
Es geht hier allerdings darum, herauszufinden, ob die Aussagen

Abbildung 3.5
Stufe 1: Auflistung der einzelnen Punkte

Probleme	Lösungen
1. Niedrigere Produktivität im Satz	1. Vereinfachung des Prozesses bei einfachen Aufträgen
2. Derselbe Ablauf bei jedem Auftrag	2. Produktivitätssteigerung dank neuer Methoden
3. Nicht wettbewerbsfähige Preise bei einfachen Aufträgen	
4. Nicht termingerecht	
5. Zu niedrige Löhne/Gehälter	
6. Personalmangel	
7. Viele Überstunden	
8. Bei Maschinen- und Handsatz unter den allgemeinen Standards	

des jungen Unternehmensberaters der Wahrheit entsprechen. Wir wollen nur herausarbeiten, welches die (Kern-)Aussage des Textes ist. Die vom Schreiber genannten Punkte sind in der Abbildung 3.5 aufgelistet.
Nun gilt es, die Beziehung zwischen den einzelnen Punkten zu bestimmen. Vergleichen Sie dazu Abbildung 3.6.

Abbildung 3.6
Stufe 2: Beziehungen zwischen den einzelnen Punkten

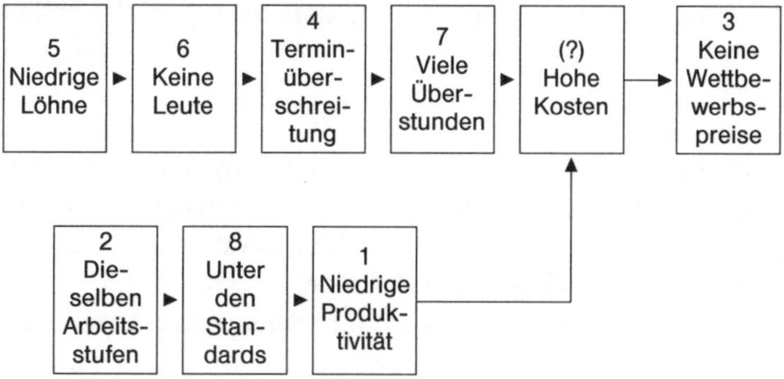

Im Anschluß an diese Aufstellung lassen sich die Schlußfolgerungen dazu ziehen. Schauen Sie sich Abbildung 3.6 an.
Halten Sie sich nun zuerst an die Lösungen, denn es ist immer einfacher, Handlungsideen zu bestimmen als Situationsideen (mehr dazu in Kapitel 9). Wie sieht das Verhältnis zwischen der Vereinfachung des Arbeitsablaufs und der Anwendung neuer Methoden aus? Es besteht kein besonderes Verhältnis: Beide Lösungen sagen dasselbe aus. Folglich bringt es nichts, diese beiden Punkte zu analysieren.
Gehen wir also weiter zu den Problemen. Wenn wir einen Moment über sie nachdenken, wird klar, daß hier einige Ursache-Wirkung-

Abbildung 3.7
Stufe 3: Schlußfolgerungen

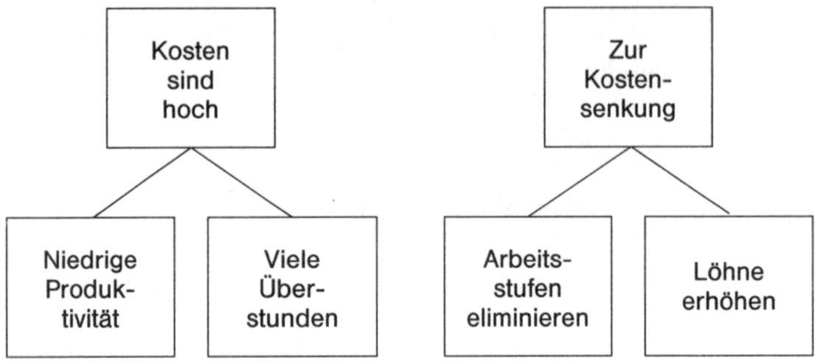

Beziehungen vorliegen. Diese sollte man visuell so übersichtlich wie möglich darstellen (Stufe 2). Bei dieser Übersicht werden zwei getrennte Argumentationslinien sichtbar. Natürlich ist denkbar, daß noch einige wichtige Punkte fehlen.

Jetzt können Sie dazu übergehen, Ihre Schlußfolgerungen zu ziehen. Entweder wird hier gesagt, daß die Kosten aufgrund niedriger Produktivität und vieler Überstunden hoch sind. Oder es wird gesagt, daß man, um die Kosten zu senken, die Methoden vereinfachen und die Gehälter anheben müßte. Um darüber eine Entscheidung zu treffen, denken Sie noch einmal über die Einleitung nach. Wovon geht der Verfasser der Aktennotiz aus? Was ist, seiner Meinung nach, dem Leser bereits bekannt?

Offensichtlich weiß er, daß Kosten ein wichtiger Faktor sind, daß DTW bei der Preisstellung für einfache Aufträge nicht wettbewerbsfähig ist und daß wahrscheinlich niemand bei DTW weiß, ob die Kosten nun zu hoch sind oder nicht. Auf dieser Basis könnte Ihr Gedankenablauf ungefähr wie folgt aussehen:

1. *Thema*	• Satzkosten
2. *Frage*	• Sind sie zu hoch?
3. *Antwort*	• Ja.

4. *Situation*	• Die Satzkosten stellen den wichtigsten Teil der Gesamtkosten dar.
5. *Komplikation*	• Wissen nicht, ob ihr Anteil zu hoch ist, doch mangelnde Wettbewerbsfähigkeit scheint darauf hinzuweisen.
Frage (siehe Punkt 2)	• Sind sie zu hoch?
Antwort (siehe Punkt 3)	• Ja.
6. *Neue Frage*	• Wie lassen sie sich senken?
7. *Ebene der Schlüsselaussagen*	• Unnötige Arbeitsstufen im Satzprozeß ausschalten und Löhne/Gehälter auf Wettbewerbsniveau anheben.

Abbildung 3.8 zeigt, in welcher Form die Aktennotiz akzeptabel und die Ideen des Unternehmensberaters klar verständlich gewesen wären. Sie mögen den einzelnen Argumenten in dem Text vielleicht nicht zustimmen, doch zumindest werden sie so klar dargestellt, daß der Leser sich entscheiden kann, ob sie seine Zustimmung oder Kritik erfahren sollen.

In der neuformulierten Aktennotiz wird deutlich: Die gesamte Einleitung macht eine Aussage zur Ebene der Schlüsselaussagen, so daß der Leser bereits in den ersten 30 Sekunden - oder sogar schneller - die ganze Argumentationslinie erfaßt. Und da der Rest des Textes nur dazu da ist, die Ausgangsaussage zu erläutern beziehungsweise zu untermauern, wird der Leser im Verlaufe des Textes nicht mit neuen unerwarteten Ideen konfrontiert. Er kann daher von einem begrenzten Zeitaufwand ausgehen. Tatsächlich sollte man Texte immer dann neu formulieren, wenn dem Leser der gesamte Gedankengang nicht innerhalb der ersten 30 Sekunden seiner Lektüre klar wird.

Außerdem lassen sich mit Zwischenüberschriften die wichtigsten Teile der Textstruktur hervorheben, so daß der Leser die generelle Linie Ihrer nachgeordneten Argumente bei einem längeren Text schnell überschauen kann.

Abbildung 3.8
Neuformulierte DTW-Aktennotiz

An: Datum: 22. August 1978

Von: Thema: Druckerei DTW, Kirchheim

Ich habe in den letzten 14 Tagen in Kirchheim die Satzkosten überprüft. Wie wir bereits wußten, stellen diese Satzkosten 40 Prozent der Kosten für Hardcover-Ausgaben dar und zwischen 50 und 55 Prozent der Kosten für Paperbacks. Bei DTW weiß niemand, ob diese Kosten zu hoch sind. Andererseits hält man das Unternehmen im Hinblick auf einfache Aufträge für nicht wettbewerbsfähig.

Unsere vorläufigen Untersuchungsergebnisse deuten darauf hin, daß die Satzkosten voraussichtlich erheblich gesenkt werden könnten, wenn man:

- unnötige Arbeitsstufen im Satzprozeß ausschaltet,
- die Löhne/Gehälter auf Wettbewerbsniveau anhebt.

Weniger Arbeitsstufen

DTW liegt beim Maschinen- und Handsatz 20 bis 50 Prozent unter den Standards. Bei Überprüfung der Satzkosten stellt man fest, daß jeder Auftrag in der Regel dieselben Arbeitsstufen durchläuft. Damit garantiert man bei DTW eine hohe Qualität, unabhängig davon, ob es sich um eine Bibel oder einen Krimi handelt. Dies mag zum Teil der Grund dafür sein, daß das Unternehmen als nicht wettbewerbsfähig angesehen wird.

Ich habe mit Herrn Wegmann, Herrn Fischer und Herrn Neubauer über diese Untersuchungsergebnisse gesprochen. Wegmann ist bereit, Experimente durchzuführen, um festzustellen, ob sich erstens bestimmte Arbeitsstufen ausschalten lassen (insbesondere im Hinblick auf einfache Aufträge) und was zweitens die Gründe für den niedrigen Standard sind.

Ab nächster Woche werden wir die Abwicklung einiger einfacherer Aufträge überprüfen. Wir werden den Grenzeffekt hinsichtlich der Qualität im Zusammenhang mit Änderungen in Anzahl und

Terminierung der Überprüfungen sowie die entsprechende Kundenreaktion beobachten. Die dabei zu erzielenden Einsparungen könnten bis zu 10 Prozent der gesamten Satzkosten ausmachen. Außerdem werden wir eine ausführliche Methodenstudie durchführen, um möglicherweise im Satz eine Angleichung an die allgemeinen Standards zu erzielen.

Höhere Löhne und Gehälter
Die DTW-Löhne und -Gehälter liegen unter denen anderer Druckereien in der Region, und das Unternehmen hat Probleme, Setzer zu finden und zu halten. Zwei Setzer haben gerade gekündigt, so daß die Abteilung über weniger Mitarbeiter verfügt als im Budget vorgesehen. Ergebnis: Bei den meisten Aufträgen ist der Termin überschritten, und der Überstundenanteil liegt mehr als 50 Prozent über dem Budget.
Zur Zeit sieht sich das Unternehmen auch noch einer neuen Gewerkschaftsforderung gegenüber, die DTW eventuell zur Zahlung höherer Löhne zwingen wird. In diesem Fall müßte DTW in der Lage sein, gute Mitarbeiter zu finden und die Kosten für Überstunden zu eliminieren.

Bei der Formulierung von Überschriften sollten Sie sicherstellen, daß sie Ideen und nicht Kategorien wiedergeben. Verwenden Sie beispielsweise niemals die Überschriften »Ergebnisse« oder »Schlußfolgerungen«. Solche Überschriften verschaffen keinen besseren Überblick.

Warnungen für Anfänger

Die Strenge der Pyramiden-Regeln ermöglicht es Ihnen, mit einer Idee an beliebiger Stelle der Pyramide zu beginnen und im folgenden alle anderen Ideen zusammenzutragen. Nun wissen Sie, wie Sie generell vorgehen müssen: entweder von oben nach unten oder von unten nach oben. Im folgenden möchte ich auf Fragen eingehen, die am häufigsten von denen gestellt werden, die gerade mit der Anwendung der Pyramiden-Regeln beginnen.

① Versuchen Sie es zunächst immer von oben nach unten

In dem Moment, in dem Sie eine Idee schriftlich fixieren, scheint diese sofort eine ganz außergewöhnliche Schönheit anzunehmen. Sie scheint geradezu in Gold gegossen, und es fällt Ihnen schwer, sie, wenn nötig, zu ändern. Diktieren Sie daher nie den ganzen Text von Anfang bis Ende »herunter« in der Annahme, daß Sie sich über die Gliederung sehr viel leichter anschließend klarwerden können. Es besteht die Möglichkeit, daß der Text Ihnen in getippter Form gut gefällt und Ihnen nicht mehr auffällt, wie zusammenhanglos die Argumentation eigentlich ist.

② Verwenden Sie die Situation als Ausgangspunkt für eine durchdachte Einleitung

Wenn Sie wissen, was Sie in der Einleitung im wesentlichen aussagen wollen - also *Situation, Komplikation, Frage* und *Antwort* -, dann können Sie diese Teile in jeder von Ihnen gewünschten Reihenfolge niederschreiben. Die von Ihnen gewählte Reihenfolge bestimmt den Ton des Textes, und zweifellos werden Sie diesen je nach Textart variieren wollen. Beginnen Sie in Ihrem Denken nichtsdestoweniger mit der Situation, denn es dürfte Ihnen dann leichter fallen, Komplikation und Frage im Anschluß korrekt zu durchdenken.

③ Versäumen Sie nicht, die Einleitung vorher zu durchdenken

Wenn Sie mit dem Schreiben beginnen, werden Sie häufig den wichtigsten Punkt sowie die sich daraus ergebende Frage klar vor Augen haben. Man neigt dann dazu, direkt zur Ebene der Schlüsselaussagen überzugehen und mit der Beantwortung der neuen Frage, die sich aus der Aussage zum Hauptpunkt ergibt, zu beginnen. Lassen Sie sich dazu nicht verleiten. In den meisten Fällen läuft das darauf hinaus, daß Sie Informationen verwenden, die eigentlich zur Situation oder Komplikation gehören. Damit manövrieren Sie sich selbst in eine komplizierte, schwerfällige und deduktive Argumentation hinein. Bestimmen Sie als erstes die Information, die in die

Einleitung gehört, damit Sie sich dann völlig ungezwungen auf die Ideen der unteren Ebenen konzentrieren können.

④ Gehen Sie in der Einleitung immer chronologisch vor

Sie können dem Leser nicht im Hauptteil des Textes etwas über Geschehnisse erzählen, wenn Sie ihn nicht vorher über die Fakten informiert haben. Dieser Hauptteil darf nur Ideen enthalten, die sich logisch aufeinander beziehen. Das heißt: Sie können über Geschehnisse nur sprechen, wenn Sie das Verhältnis von Ursache und Wirkung erklären, also das Ergebnis eines analytischen Denkprozesses darlegen. Einfache historische Ereignisse existieren hingegen nicht als Ergebnis logischen Denkens und können daher nicht als Ideen in den Text aufgenommen werden.

⑤ Beschränken Sie sich in der Einleitung auf Dinge, denen der Leser zustimmen kann

Die Einleitung soll dem Leser nur das vermitteln, was er bereits weiß. Gelegentlich werden Sie natürlich nicht wissen, ob er tatsächlich diese Kenntnisse hat, gelegentlich sind Sie vielleicht sogar sicher, daß er sie nicht besitzt. Wenn Ihre Aussage jedoch von einem unabhängigen Dritten leicht zu überprüfen und als wahre Aussage eingestuft werden kann, dann dürfen Sie das gleiche auch von Ihrem Leser erwarten.

⑥ Stellen Sie sicher, daß alle Aussagen auf der Ebene der Schlüsselaussagen untermauert sind

Eine Idee muß so lange gestützt werden, bis Sie alle Fragen, die sich aus ihr ergeben können, beantwortet haben. Selbstverständlich ist dabei nicht für jeden Punkt eine ausführliche Rechtfertigung erforderlich. Auf der Ebene der Schlüsselaussagen allerdings muß jeder Punkt zumindest auf der nächstniedrigeren Ebene durch Argumente abgesichert sein. Dies gilt insbesondere für den Punkt »Daher . . .« in einer deduktiven Argumentation. Wenn Sie feststellen, daß Sie Ihre Endaussage nicht weitergehend stützen müssen, dann haben Sie es mit Ihrer Gliederung zu gut gemeint und brauchen wahrscheinlich nur eine induktive Gruppierung.

Kapitel 4:

Texteinleitungen

Wie wir im vorangegangenen Kapitel gesehen haben, ist eine wohldurchdachte Einleitung die wichtigste Voraussetzung zur Zusammenstellung der Ideen, die in einem Text aufgeführt werden müssen. Durch die Zusammenfassung dessen, was der Leser bereits weiß, bestätigt eine Einleitung die Relevanz der Frage, auf die Ihr Text dem Leser eine Antwort liefern wird. Sie können sich anschließend darauf konzentrieren, diese Frage ausführlich zu beantworten.
Die Struktur der Einleitung zu finden kann allerdings eine komplexe und zeitraubende Aufgabe sein. Zu diesem Zweck benötigen Sie eventuell ein umfassenderes Verständnis von Theorie und Charakter einer Einleitung, als ich Ihnen bisher vorgetragen habe. Und Sie werden auch etwas über den Charakter einleitender Kommentare zu den wesentlichen strukturellen Teilen innerhalb des Haupttextes erfahren wollen.

Grundsätzliches über Einleitungen

Die Einleitung eines Textes kann man sich als einen Kreis um den Kopf der Pyramide vorstellen, der außerhalb der von Ihnen präsentierten Ideenstruktur liegt (Abbildung 4.1). Die Einleitung informiert den Leser immer über etwas, das er bereits weiß. Sie beschreibt die Situation, in der sich eine Komplikation ergeben hat, die zu der Frage führte, auf die Ihr Text nun die Antwort liefern soll. Warum jedoch immer eine Situationsbeschreibung und warum Information, die er bereits besitzt?

Abbildung 4.1
Die Einleitung sollte wie ein Bericht aufgebaut sein

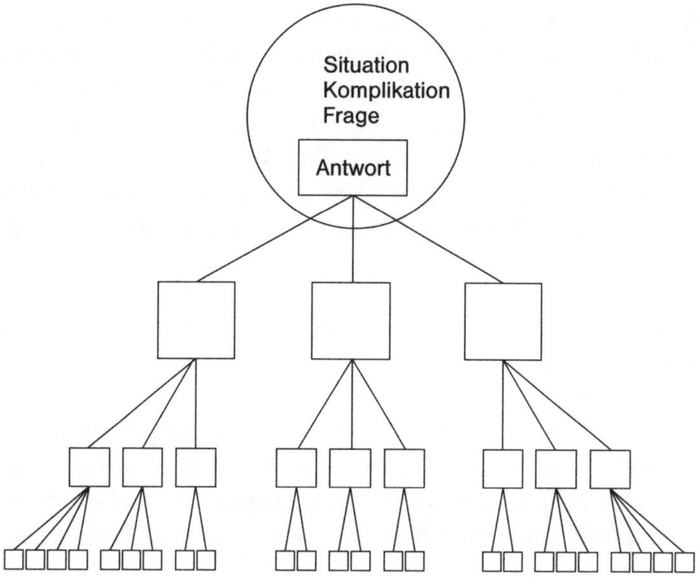

Warum überhaupt eine Geschichte?

Wenn Sie einen Augenblick darüber nachdenken, werden Sie zugeben müssen, daß im Grunde niemand etwas, das Sie geschrieben haben, ebenso gern liest wie etwa einen spannenden, erotischen und interessanten Roman. Wenn jemand beginnt, Ihren Text zu lesen, hat er meist auch noch andere Gedanken im Kopf zu Themen, die ihm ebenfalls wichtig sind. Diese Gedanken zu verdrängen und sich nur auf die von Ihnen vermittelte Information zu konzentrieren, ohne von vornherein zu wissen, ob sie für ihn von Nutzen ist, bedeutet für den Leser eine ordentliche Anstrengung. Deshalb wird er nur dann dazu bereit sein, wenn es für ihn einen zwingenden Grund dafür gibt.

Selbst wenn er neugierig ist auf Ihren Text und sich für den Inhalt interessiert, erfordert es von ihm eine gewisse Anstrengung, seine anderen Gedanken zu verdrängen und sich auf das zu konzentrieren, was Sie ihm zu sagen haben. Wir haben alle schon erlebt, daß wir nach der Lektüre von eineinhalb Seiten plötzlich feststellen, daß wir kein Wort verstanden haben. Der Grund: Wir konnten uns nicht von den Gedanken lösen, die uns vorher im Kopf herumgingen. Es ist daher sinnvoll, dem Leser eine Hilfestellung zu geben, damit er sich leichter auf Ihren Text konzentrieren kann. Eine narrensichere Methode liegt in dem Reiz, der von einer unvollständigen Aussage ausgeht. Stellen Sie sich vor, ich würde zu Ihnen sagen:

»Zwei Iren trafen sich um Mitternacht auf einer Brücke in einer fremden Stadt . . .«

Damit habe ich im Augenblick Ihr aktives Interesse geweckt, obwohl Sie vor dem Lesen dieses Satzes vielleicht etwas anderes gedacht haben. Ich habe Ihre Aufmerksamkeit auf einen bestimmten Zeitpunkt und einen bestimmten Ort gelenkt. Nun kann ich Ihre Aufmerksamkeit effektiv steuern, indem ich Ihnen erzähle, was diese zwei Iren sagten oder taten, und diese Aufmerksamkeit erst dann wieder lösen, wenn ich Ihnen die Pointe mitteile.

Tun Sie das gleiche in Ihrer Einleitung. Sie stützen sich auf das Interesse des Lesers an Ihrem Thema, indem Sie ihm darüber berichten. Jeder gute Bericht hat einen Anfang, eine Mitte und ein Ende. Anders gesagt, er beschreibt eine Situation, stellt eine Komplikation dar und bietet eine Lösung an. Die Lösung wird dabei immer Ihren Hauptpunkt darstellen. Schließlich schreiben Sie ja, um ein Problem zu lösen oder eine Frage zu beantworten, die bereits im Bewußtsein des Lesers existiert.

Dieser Bericht muß allerdings für den Leser eine »gute Geschichte« sein. Wenn Sie Kinder haben, dann wissen Sie, daß für Kinder die besten Geschichten der Welt immer die sind, die sie bereits kennen. Wenn Sie deshalb dem Leser eine wirklich gute Geschichte erzählen wollen, dann erzählen Sie ihm eine, die er schon kennt.

Das heißt, erzählen Sie ihm von etwas, wovon er wahrscheinlich selber schon einiges weiß, wenn er gut informiert ist.
Nutzen Sie diese Methode, um Ihren Leser zu fesseln. Sie werden sein Interesse und seine Zustimmung eher erwecken, wenn Sie von etwas Bekanntem reden, als von Dingen, über die er nichts weiß. Die wenig anstrengende Lektüre von Aussagen, die er akzeptieren kann, wird ihn für Ihre Vorstellungen eher zugänglich machen, als wenn er sich mühsam durch einen unorganisierten Wust von Details hindurcharbeiten muß.

Wie lang sollte eine Einleitung sein?

Wie lang sollte eine Einleitung sein? Wie lang sollten die Beine eines Menschen sein? (Lang genug, um bis auf den Boden zu reichen.) Die Einleitung sollte so lang sein, daß der Leser denselben Standpunkt einnimmt wie Sie. Denn dann erst können Sie ihn an der Hand nehmen und mit Ihren weiteren Gedanken vertraut machen.
Im allgemeinen bedeutet dies, daß Sie zwei oder drei Absätze brauchen, die wie in Abbildung 4.2 strukturiert werden sollten. Die Aussagen zu Situation und Komplikation können jeweils drei bis vier Absätze umfassen, niemals mehr. Es kann ja nicht so schwierig sein, jemanden an etwas zu erinnern, was er schon weiß. Wenn Sie zum Beispiel die Einleitung mit Graphiken überladen, können Sie sicher sein, daß Sie des Guten zuviel tun.
Eine Einleitung kann auch ganz kurz sein und zum Beispiel nur aus einem Satz bestehen: »In Ihrem Schreiben vom 15. Januar fragten Sie an, ob . . .« Je näher Sie der Person, der Sie schreiben, in Ihrem Tagesgeschäft stehen, desto kürzer kann die Einleitung ausfallen. Sie muß allerdings genug aussagen, um den Leser an seine Frage zu erinnern.

Wie beginnen?

Sie beginnen mit der Beschreibung der Situation. Machen Sie eine Aussage zum Thema, die die Zustimmung des Lesers finden wird, weil Sie ihm damit etwas sagen, was er bereits weiß. Wenn Sie feststellen, daß Sie keine Aussage zum Thema machen können,

Abbildung 4.2
Bestimmen Sie am Anfang die Schlüsselaussagen

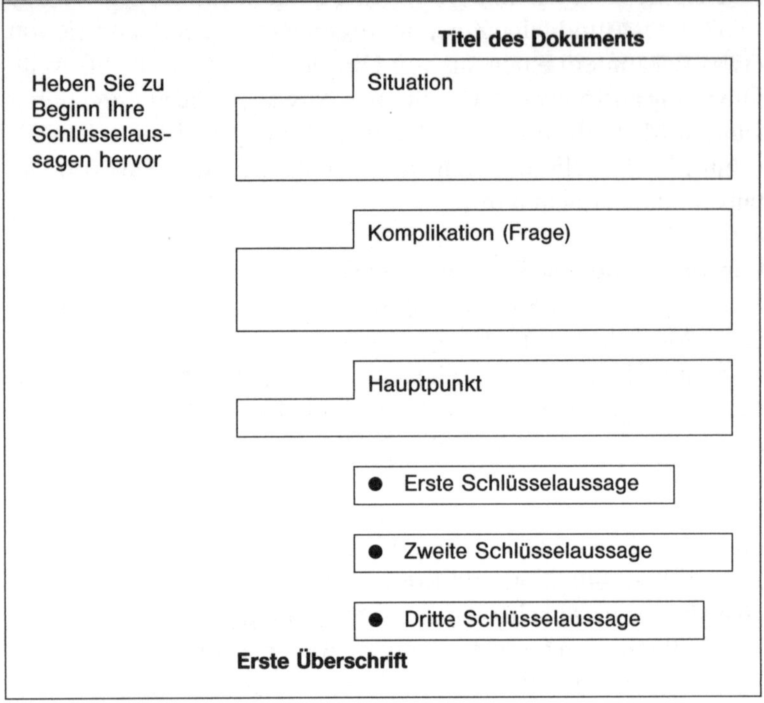

dann beschäftigen Sie sich entweder mit dem falschen Thema, oder Sie fangen mit Ihrer Diskussion des Themas am falschen Ende an.

Wenn Sie den Leser ohne Schwierigkeiten namentlich ansprechen können wie etwa in einem Brief oder einer Aktennotiz, ist es in der Regel einfach, einen Anfang zu finden. Sie beginnen mit einem thematischen Punkt, über den Sie eine unabhängige und unstrittige Aussage machen können. Unabhängig heißt, daß es keiner vorherigen Aussage bedarf, um die genaue Bedeutung dieser Aussage zu erklären. Mit unstrittig meine ich, daß Sie automatisch voraussetzen können, daß er sie verstehen und ihr zustimmen wird.

Wenn Sie allerdings einen Bericht für eine große Leserschaft, einen Zeitschriftenartikel oder ein Buch schreiben, besteht Ihre Aufgabe nicht so sehr darin, den Leser an eine Frage zu erinnern, sondern vielmehr darin, eine Frage aufzuwerfen. In diesem Fall ist der Anfang etwas schwieriger. Gehen wir davon aus, daß Ihre Leser durchschnittlich gut informiert sind. Sie präsentieren ihnen dann eine Erklärung darüber, was als allgemein gesicherte Erkenntnis zu Ihrem Thema gilt. Indem Sie nun bekannte Informationen in narrativer Form darbieten - und zwar unter für den Leser neuartigen Gesichtspunkten -, inspirieren Sie ihn, die Frage zu stellen, über die Sie sprechen wollen.

Abbildung 4.3
Die Komplikation stellt eine Änderung der Situation dar

Situation (S)	Komplikation (K)	Frage (F)
Erkannte stabile Situation	Etwas ist schiefgegangen	Was tun wir jetzt?
	Etwas könnte schiefgehen	Wie können wir das verhindern?
	Etwas hat sich geändert	Was sollten wir tun?
	Etwas könnte sich ändern	Wie sollen wir reagieren?
	Das könnten wir erwarten	Erwarten wir es wirklich?
	Hier vertritt jemand einen anderen Standpunkt	Wer hat recht?
	In dieser Situation haben wir mehrere Möglichkeiten	Welche sollten wir wählen?

Abbildung 4.4
Einige Muster für Einleitungen

Präsident Carter hat am 6. August sein Programm für soziale Reformen vorgestellt, genau acht Jahre weniger zwei Tage nach der Ankündigung des Programms zur Unterstützung von Familien durch Richard M. Nixon. Trotzdem sind sich Ereignisse und Programme in diesem Zusammenhang – trotz des Zeitunterschieds von acht Jahren – erstaunlich ähnlich. Nixon erklärte damals, daß sein Plan »eine umfassende Reform darstellen würde – die Wandlung eines Systems, das in Mißständen und Frustration befangen sei, in ein System, das funktionieren und die Menschen zum Arbeiten motivieren würde«. Die Frage, die sich uns heute stellt, heißt: Brauchen wir immer noch ein umfassendes Reformprogramm? Richard P. Nathan, The Brookings Institute New York Times, 1978	*S = Carters Programm* *K = Wie Nixons Programm* *F = Ist es das, was wir brauchen?*
Seit einiger Zeit warnen Naturschützer davor, daß der Wildtierbestand in den grünen Bergen und Tälern Afrikas vom Aussterben bedroht sei. Trotz des kürzlich in Kenia ausgesprochenen Verbots der privaten	*S = Jagdverbot hat weiteren Rückgang nicht gestoppt* *K = Das könnte das Ende des Wildbestands bedeuten*

Jagd gehen die großen Bestände an Elefanten, Zebras, Gnus, Giraffen, Gazellen, Löwen und Leoparden immer mehr zurück. Und viele sind inzwischen überzeugt, daß wir kurz vorm Ende stehen durch das skrupellose Sichaustoben der weißen Siedler, Großwildjäger und profitgierigen Afrikaner im Paradies der wilden Tiere.
Dieses Ende wirft die dringende Frage auf: Können die heute noch lebenden Tiere mit der wachsenden afrikanischen Bevölkerung koexistieren?

Peter Beard, New York Times Magazine,
6. November 1977

F = *Ist es tatsächlich das Ende, oder kann das, was geblieben ist, noch überleben?*

In Amerika tut sich etwas. Die Menschen sehen weniger fern. Laut Nielsen wird tagsüber um 6,4 Prozent, nachts um 3,1 Prozent weniger ferngesehen. Damit sprechen wir über Millionen von Menschen, und es stellt sich die große Frage: Wo sind diese Menschen geblieben, und was tun sie, wenn sie nicht fernsehen?

Art Buchwald, International Herald Tribune, 1978

S = *Fernsehen geht zurück*

K = *Millionen Menschen fehlen*

F = *Wo sind sie geblieben?*

Die Haupteigenschaft aller Eröffnungssätze besteht darin, daß sie im Leser die Erwartung auf weitere Informationen wecken. Ein solcher Satz schafft die Grundlage für die folgende Geschichte. Hier einige typische Anfangssätze zur Beschreibung der Situation:

- Energo-Invest prüft zur Zeit die Möglichkeiten, Tonerde aus ihrem Werk in Düren nach Ziar in der Tschechoslowakei zu exportieren (Aktennotiz).
- Jedes größere Gesundheitswesen gerät aufgrund schon jetzt knapper Ressourcen unter zunehmenden Druck - und das deutsche Gesundheitswesen bildet da keine Ausnahme (Bericht).
- Wenn wir vom allgemeinen Sprachgebrauch ausgehen, läßt sich nichts leichter entkräften als das alte Sprichwort: »Qualität setzt sich durch« (Buch).

Was ist eine Komplikation?

Die Komplikation einer Einleitung ist keine Komplikation im herkömmlichen Sinn. Es ist die Komplikation der Geschichte, der Story. Sie beschreibt die Änderung einer stabilen Situation, nicht so sehr ein Problem an sich - auch wenn die Änderung gelegentlich ein Problem sein kann. Abbildung 4.3 zeigt verschiedene Möglichkeiten, in denen eine Komplikation auftreten kann.
Zur weiteren Illustration gibt Abbildung 4.4 drei Einleitungen wieder, die ohne bestimmten Vorsatz der Tagespresse entnommen sind und deren Struktur neben dem Text dargestellt ist.

Die Reihenfolge

Der Aufbau der Einleitung nach Situation-Komplikation-Lösung ist sehr wichtig. Sie können jedoch die Reihenfolge der Teile variieren, um den von Ihnen gewünschten Ton im Text zu treffen. Schauen Sie, wie sich der Ton in den folgenden Textbeispielen leicht verändert:

- *Überlegt: Situation-Komplikation-Lösung*

In den letzten Jahren hat unser Unternehmen Dutzenden von Kunden große Summen für Beratung in Diversifikationsfragen in

Rechnung gestellt. Bis heute kann jedoch im Londoner Büro keiner unserer Berater Anspruch auf die Magnumflasche Champagner anmelden, die demjenigen zusteht, der beweisen kann, daß der erfolgreiche Aufbau eines Geschäftskontaktes zwischen einem unserer Kunden und einem anderen Unternehmen ohne unsere Beratung *nicht* zustande gekommen wäre. Da unsere Aktivitäten im Bereich Diversifikation in den letzten fünf Jahren um 40 Prozent zugenommen haben, sollten wir nun endlich anhand eines eigenen Entwicklungsprojektes feststellen, ob wir unseren Kunden mit unseren Diversifikationsstudien einen tatsächlichen Gewinn bringen. Diese Notiz ist eine kurze Darstellung der Hauptprobleme und -hypothesen, die im Rahmen dieses Projekts gelöst und getestet werden sollten.

- *Direkt: Lösung–Situation–Komplikation*

Die Hauptpriorität des Entwicklungsprojekts unseres Unternehmens sollte darin bestehen, unsere Kapazität zur Unterstützung von Diversifikationsbemühungen unserer Kunden zu steigern. Allein im Londoner Büro haben unsere Aktivitäten im Bereich Verflechtung und Ankauf in den letzten fünf Jahren um 40 Prozent zugenommen. Trotzdem können wir auf keinen einzigen Ankauf von oder die Verflechtung mit einem anderen Unternehmen hinweisen, der beziehungsweise die nicht auch ohne unsere Unterstützung zustande gekommen wäre.
Diese Notiz ist eine kurze Darstellung . . .

- *Besorgt: Komplikation–Situation–Lösung*

Meines Wissens hat noch niemand im Londoner Büro bisher eine einzige Diversifikationsstudie für einen Kunden durchgeführt, die bewiesen hätte, daß wir mehr für ihn getan haben, als er selbst auch hätte tun können. Diese Situation ist besorgniserregend, denn unsere Aktivitäten in diesem Bereich haben in den letzten fünf Jahren um 40 Prozent zugenommen. Wir können es nicht weiter verantworten, Kunden Beratungsleistungen in Rechnung zu stellen, die ihnen keine signifikanten Vorteile bringen, wenn wir unser gutes Image bewahren wollen. Ich schlage daher ein eigenes Ent-

wicklungsprojekt vor, um festzustellen, wie wir unsere Diversifikationsstudien zu einem Leistungsbereich ausbauen können, der unseren Kunden erwiesenermaßen Vorteile bringt.
Diese Notiz ist eine kurze Darstellung ...

Die Ebene der Schlüsselaussagen

Hier beantworten Sie nicht nur die neue Frage, die sich aus Ihrem Hauptpunkt ergibt, sondern weisen auch auf den Inhalt des Textes hin. Ist dieser Text lang, werden Sie Ihre Punkte in der Mitte der Seite aufführen wollen, wie in Abbildung 4.2 dargestellt. Sie können zur Betonung des ersten Punktes eine Überschrift einfügen und mit dem Schreiben beginnen. Mehr dazu erfahren Sie in Kapitel 6.
Die graphische Hervorhebung der Punkte ermöglicht dem Leser, Ihren gesamten Gedankengang innerhalb der ersten 30 Sekunden seiner Lektüre zu überschauen. Da der gesamte folgende Text nur dazu dient, diese Punkte zu erklären beziehungsweise zu rechtfertigen, geben Sie dem Leser die Chance, selber zu bestimmen, ob er noch weiterlesen möchte. Entweder er stimmt Ihren Ausführungen jetzt schon zu; dann kann er sich das Weiterlesen ersparen. Oder aber er benötigt noch tiefer gehende Informationen und liest weiter. In jedem Fall weiß er jetzt, was er zu erwarten hat, und kann sozusagen entspannter weiterlesen.
Ist Ihr Text kurz, sagen wir ein oder zwei Absätze pro Abschnitt, ist es nicht nötig, die einzelnen Punkte aufzulisten und mit Überschriften zu versehen. Stellen Sie in diesen Fällen die einzelnen Punkte als betonte Sätze an den Anfang Ihrer Absätze. Unterstreichen Sie sie, so daß sie dem Leser besonders auffallen.
Bedenken Sie auch, daß die Schlüsselaussagen in Form von Ideen zum Ausdruck gebracht werden sollten. Es reicht beispielsweise nicht aus, eine Einleitung wie folgt zu formulieren:

- Diese Notiz beschreibt die Vorgehensweise der Projektgruppe zur Identifizierung und Erreichung signifikanter Gewinnsteigerungen. Sie umfaßt sechs Teile.
  - Hintergrund
  - Vorgehensprinzipien der Projektgruppe

- Was ist Projektarbeit?
- Programmstruktur
- Einzigartige Vorteile und spezifische Ergebnisse
- Erfolgsvoraussetzungen

Diese Gliederung ist insofern wertlos, als sie dem Leser nichts über den Inhalt des Textes vermittelt. Sie zwingt ihm einfach nur eine Reihe von Wörtern auf, die ihm keine Perspektive eröffnen - zeitraubender Ballast, der nichts zum Verständnis des Textes beiträgt.

Eine wichtige Grundregel: Niemals einen Abschnitt mit der Überschrift »Hintergrund« (oder »Einleitung«) versehen, denn der damit zum Ausdruck gebrachte Hauptpunkt liegt nicht auf derselben Abstraktionsebene wie die nachfolgenden Punkte. In dem obigen Beispiel, in dem der Verfasser über Themen statt über Ideen schreibt, liefern die unter den Themen subsumierten Ideen wahrscheinlich keine klaren Argumente, und zwar weder induktive noch deduktive. In so einem Fall ist es wohl richtig, zu vermuten, daß die Ideen in den einzelnen Abschnitten einfach nur ein Wirrwarr sind. Zum Beispiel müßten die »einzigartigen Vorteile und spezifischen Ergebnisse« wahrscheinlich unter den »Vorgehensprinzipien der Projektgruppe« diskutiert werden und die »Erfolgsvoraussetzungen« vermutlich unter der »Programmstruktur«. Schreiben Sie niemals über Kategorien, nur über Ideen.

Weitere Beispiele

Im allgemeinen fällt uns das Verfassen einer Einleitung immer schwerer als das eines Textes. Und tatsächlich werden hier die meisten Fehler gemacht.
Wenn Sie jedoch genügend Beispiele gelesen haben, werden Sie ein Gefühl dafür entwickeln, wann eine Einleitung in Ordnung ist, und entsprechend kritisch an die eigenen Einleitungen herangehen.

Brief

In seinem Artikel »Japanische Geschäftsleute: Der Yen ist mächtiger als das Schwert« behauptet James Sterba, daß die Sony Corporation in der kommerziellen Nutzung von Transistoren an der

Spitze liege, während die Firma, die sie erfunden hat, die Bell Telephone Laboratories, »nicht wußte, was sie damit anfangen sollte, außer den Transistor ans Pentagon zu verkaufen«.
Diese Aussage entspricht nicht der Wahrheit. Bei Bell Laboratories wußte man bereits, was mit dem Transistor zu machen wäre, bevor man ihn überhaupt erfunden hatte.

Zeitungsartikel
Die Nixon-Administration hat einen Scheinangriff auf die Fernsehsender gestartet, und die Sender haben darauf mit einer fingierten Verteidigung geantwortet. Leute, die nicht richtig informiert sind, haben daher den Eindruck, daß die Freiheit in diesem Land unter schlimmem Beschuß stehe. Tatsächlich geht es jedoch um die Frage, was für eine Gesellschaft wir über das Fernsehen formen wollen. Wollen wir eine genußsüchtige Gesellschaft mit anarchischen Tendenzen oder eine Gesellschaft, in der Gemeinsames mehr betont und ein Hauch von elitärer Kultur verwirklicht wird?

Bericht
Ausreichende Lieferungen von preiswertem Phosphor sind die Hauptvoraussetzung zur Maximierung unserer Gewinne, denn Phosphor und seine Derivate machen 75 Prozent des Umsatzes und Profits unseres Unternehmens aus. Eine stabile Quelle für billigen Phosphor wird allerdings erst 1975 zur Verfügung stehen, wenn das Werk in Neufundland betriebsbereit ist. In der Zwischenzeit werden die hohen Produktionskosten in Großbritannien den Gewinn des Unternehmens negativ beeinflussen.
Aufgrund der Tatsache, daß sich nur wenige größere Chancen aus nicht auf dem Phosphor basierenden Geschäftsaktivitäten ergeben werden, müssen wir unsere Möglichkeiten im Zusammenhang mit dem Phosphor überprüfen, um festzustellen, ob nicht weitere Maßnahmen zur weitergehenden Kostenreduzierung dieses Materials bis Ende 1982 ergriffen werden können. Eine Prüfung hat ergeben, daß uns erhebliche Gewinnmöglichkeiten zur Verfügung stehen. Wie diese Einsparungen erzielt werden können, ist Thema dieses Berichts.

Essay

Die Welt ist sich nur langsam der Tatsache bewußt geworden, daß wir in diesem Jahr (1930) im Schatten einer der größten Wirtschaftskatastrophen der Neuzeit leben. Jetzt jedoch, nachdem der Mann auf der Straße das Geschehen erkannt hat - auch wenn er die Hintergründe und Zusammenhänge nicht versteht -, erfüllt ihn eine übermäßige Furcht. Vorher hingegen, als sich die Katastrophe abzuzeichnen begann, ließ er das vermissen, was man als gesunde Ängste hätte bezeichnen können.

Er beginnt, an der Zukunft zu zweifeln. Erwacht er jetzt aus einem angenehmen Traum und sieht sich den düsteren Tatsachen gegenüber? Oder verfällt er in einen Alptraum, der vorübergehen wird? Er braucht da keine Zweifel zu hegen. Das andere war *kein* Traum; dies *ist* ein Alptraum, der am Morgen vorüber sein wird.

Denn die Ressourcen der Natur und die menschlichen Errungenschaften sind genauso fruchtbar beziehungsweise produktiv, wie sie es zuvor gewesen sind. Die Rate des Fortschritts zur Lösung der materiellen Probleme des Lebens hat nicht abgenommen. Wir sind wie vorher in der Lage, uns für jeden einen hohen Lebensstandard zu leisten - hoch, meine ich, im Vergleich zu etwa 20 Jahren früher -, und werden bald noch einen höheren Standard erreichen. Wir sind früher nicht getäuscht worden. Aber heute haben wir uns selbst in ein kolossales Durcheinander verstrickt, weil wir bei der Steuerung einer empfindlichen Maschinerie, deren Funktionsweise wir nicht verstehen, einen schweren Fehler gemacht haben. Als Ergebnis werden unsere Wohlstandsmöglichkeiten vielleicht eine Zeitlang schwinden - vielleicht eine lange Zeit.

(Keynes, J. M.: Essays in Persuasion, The Royal Economic Society, 1972)

Buch

Im zweiten Jahrhundert der christlichen Zeitrechnung umfaßte das Römische Reich den schönsten Teil der Erde und den zivilisiertesten Teil der Menschheit. Die Grenzen des ausgedehnten Kaiserreiches wurden mit der berühmten Tapferkeit der Antike geschützt. Der sanfte, aber mächtige Einfluß von Gesetzen und Sitten hatte allmählich eine Union der Provinzen zementiert.

Ihre friedlichen Bewohner genossen und mißbrauchten die Vorteile des Reichtums und des Luxus. Die Vorstellung einer freien Verfassung wurde mit geziemender Ehrerbietung erhalten. Der römische Senat schien die souveräne Autorität zu besitzen und verlieh den Kaisern alle exekutiven Rechte der Regierung.
Während einer glücklichen Zeitspanne von mehr als achtzig Jahren unterstand die öffentliche Verwaltung der Tugend und den Fähigkeiten des Nerva, Trajan, Hadrian und der zwei Antonius. Es ist die Absicht dieses und der nächsten zwei Kapitel, den blühenden Zustand ihres Reiches zu beschreiben. Anschließend sollen, nach dem Tod des Marcus Antonius, die wichtigsten Umstände des Falls und Untergangs des Reiches dargestellt werden: eine Revolution, die immer in Erinnerung bleiben wird und die auch heute noch die Nationen dieser Welt spüren.
(Gibbon, Edward: Untergang und Fall des Römischen Reiches, 1987)

Diese Beispiele zeigen, daß die Länge der Einleitung nicht unbedingt von der Länge des nachfolgenden Textes bestimmt wird. Sie hängt vielmehr von den Bedürfnissen des Lesers ab. Was müssen Sie ihm sagen, damit er nicht nur die Bedeutung Ihres Hauptpunktes genau begreift, sondern auch motiviert ist weiterzulesen? Wie bringen Sie ihn dazu, mehr über Ihren Hauptpunkt erfahren zu wollen? Wie wecken Sie seine Neugier?
Im allgemeinen erreicht man mit einer guten Einleitung weit mehr, als nur das Interesse des Lesers zu wecken: Man beeinflußt seine Wahrnehmung.

Durch den narrativen Stil erhält die vom Autor vorgenommene Interpretation eines Sachverhalts eine verstärkte Plausibilität. Die Interpretation beruht auf der subjektiven Auswahl relevanter Einzelheiten. Hält der Leser die Interpretation für plausibel, das heißt für schlüssig, so wird er kaum noch nach Interpretationsalternativen suchen. Folglich erweckt die Schlußfolgerung des Autors den Eindruck unbedingter Richtigkeit. Der Leser ist daher eher bereit, die nachfolgenden Ideen ebenfalls als richtig zu akzeptieren.
Hier noch einmal die Punkte, die eine gute Einleitung ausmachen:

Punkt 1
Eine Einleitung soll den Leser eher an etwas erinnern als ihn informieren
Das heißt, daß sie nichts enthalten sollte, was dem Leser erst bewiesen werden muß, damit er Ihre Aussagen zu den einzelnen Punkten akzeptiert.

Punkt 2
Sie sollte immer die drei Elemente einer Geschichte enthalten
Das sind Situation, Komplikation und Lösung. In längeren Texten ist es außerdem notwendig, zu erklären, was noch folgt. Die ersten drei Elemente müssen nicht immer in der klassischen narrativen Reihenfolge auftreten. Sie müssen allerdings immer alle drei im Verlauf Ihrer Einleitung vorgestellt werden.

Punkt 3
Die Länge der Einleitung ist abhängig von den Bedürfnissen des Lesers und den Anforderungen des Themas
Es sollte also genügend Raum vorhanden sein, um alles, was für ein umfassendes Verständnis erforderlich ist, zu nennen:

- Geschichte oder Hintergrund des Problems,
- kurze Darstellung, was Sie mit dem Problem zu tun haben,
- frühere Untersuchungen, die Sie oder andere durchgeführt haben,
- daraus resultierende Schlußfolgerungen,
- Begriffsdefinition und so weiter.

Alle diese Punkte können und sollten jedoch in fortlaufendem Text dargestellt werden.

Einleitungen in typischen Textformen

Wie Sie Ihre Einleitung schreiben, hängt natürlich auch von der jeweiligen Textform ab. Je nachdem, in welcher Branche Sie arbeiten, werden Sie mit bestimmten Textmustern bevorzugt arbeiten. Im folgenden fünf Formen, die im Wirtschaftsbereich besonders häufig verwendet werden:

- Anweisungen,
- Anträge,
- Empfehlungen,
- Angebote,
- Projektberichte.

Anweisungen

Dies ist im Geschäftsleben wohl die gebräuchlichste Textform. Sie dient dazu, jemanden zu einer Handlung aufzufordern. Dabei veranlassen Sie den Leser eher zu einer Frage, als daß Sie ihn an eine Frage erinnern.

Zur Illustration: Nehmen Sie an, Sie wollen sich mit Ihren Außendienstmitarbeitern treffen und ihnen eine neue Verkaufstechnik vorstellen, die Sie in einer Kette von Lebensmittelgeschäften einführen sollen. Dazu benötigen Sie allerdings von diesen Mitarbeitern zunächst Informationen über Ladenketten in ihren Bezirken, die mit Problemen zu kämpfen haben. Wie würden Sie in diesem Fall die Einleitung aufbauen? Wahrscheinlich so:

S = Beim Treffen der Außendienstmitarbeiter wollen wir Ihnen zeigen, wie Sie das Raum-Management-Programm präsentieren können.
K = Dazu benötigen wir das Profil einer mit Problemen kämpfenden Ladenkette in Ihrem Bezirk.
F = Wie erarbeite ich dieses Profil? (Frage des Lesers).

Oder, um es so einfach wie möglich auszudrücken:

S = Wir wollen X machen.
K = Dazu ist es nötig, daß Sie Y machen.
F = Wie mache ich (der Leser) Y?

In diesem Fall ist die Frage schon implizit enthalten. Das heißt, hier ist es nicht nötig, die Frage ausdrücklich zu nennen. Trotzdem ist es notwendig, daß Sie sich selbst diese Frage stellen, bevor Sie mit dem Schreiben beginnen. Ansonsten laufen Sie Gefahr, an der Zielsetzung Ihres Textes vorbeizuschreiben.
In diesem Beispiel lautet die Frage: »Wie?« Bei jeder Frage nach dem Wie besteht die Antwort notwendigerweise in »Schritten«, so daß Sie letztlich zu einer Struktur wie in Abbildung 4.5 gelangen. Beachten Sie dabei, daß sich die Komplikation und die Antwort

Abbildung 4.5
Außendienstmitarbeiter-Konferenz

S = Wir wollen Ihnen zeigen, wie Sie präsentieren können

K = Brauchen Profil einer mit Problemen behafteten Kette in Ihrem Bezirk

F = Wie erstelle ich das Profil?

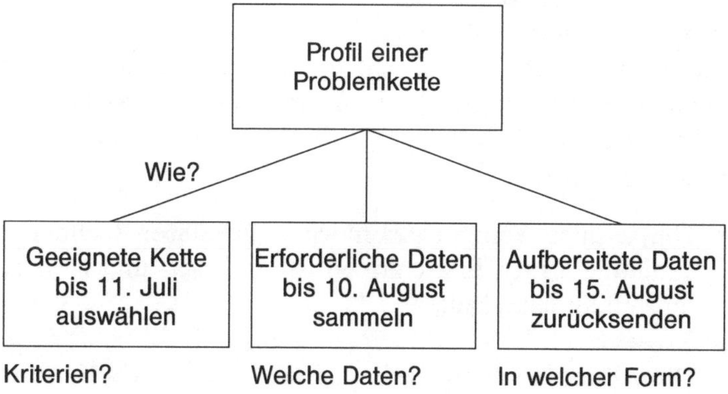

gegenseitig aufheben. Schließlich ist die Antwort ja gleichbedeutend mit aktivem Handeln zur Lösung des Problems.
Noch ein anderes Beispiel: Nehmen Sie an, Sie hätten ein Verfahrenshandbuch, das verschiedene Mitarbeiter Ihrer Firma laufend fortschreiben beziehungsweise ergänzen. Sie wollen nun sicherstellen, daß dabei von allen Beteiligten in gleicher Weise vorgegangen wird.

S = Wir haben ein Handbuch über Geschäftsaktivitäten, bei dem ein unterschiedliches Vorgehen negativ wäre. Es muß von Zeit zu Zeit auf den neuesten Stand gebracht werden.
K = Um Einheitlichkeit sicherzustellen, ist es wichtig, sich immer an dasselbe Vorgehen zu halten.
F = Wie soll vorgegangen werden?

Und auch hier haben Sie wieder eine implizite Frage, die schriftlich nicht unbedingt ausgesprochen werden muß. Um das Muster wieder zu vereinfachen:

S = Sie machen X.
K = Muß mit der Methode Y gemacht werden.
F = Wie sieht die Methode Y aus?

Anträge

Ein anderer häufig vorkommender Geschäftstext ist der zur Beantragung von Mitteln. In diesem Fall lautet die Frage des Adressaten immer: »Soll ich den Antrag genehmigen?« Und auch hier ist die Frage wieder eher implizit als explizit formuliert. Dasselbe gilt für die Komplikation. Das heißt, die Struktur sieht in diesem Fall folgendermaßen aus:

S = Die Gruppe Verbraucher möchte fünf 386er-Rechner mit strahlungsarmen Bildschirmen, einen Laser- und zwei Tintenstrahldrucker kaufen.
Kosten ...
K = Ohne Ihre Genehmigung ist das nicht möglich. (Vom Antragsteller implizit zum Ausdruck gebracht.)

F = Sollte ich das genehmigen?
(Implizierte Leserfrage.)

In diesem Fall wird also nur die Situation schriftlich dargestellt. Die Pyramiden-Struktur liefert dem Leser dabei die Argumente, aufgrund derer er seine Entscheidung fällt. Schauen Sie sich das folgende Beispiel an:

Wir sollten diesen Antrag genehmigen, weil
- die Kosten durch den zu erwartenden Gewinn mehr als ausgeglichen werden,
- die Produktivität der Gruppe erheblich gesteigert wird,
- damit neue Service-Möglichkeiten geschaffen werden.

Empfehlungen

Oft formulieren Sie etwas schriftlich, um jemandem bei der Lösung eines Problems zu helfen. Naturgemäß findet diese Textform besonders im Beratergeschäft ihre Anwendung. Die Struktur dieser Texte besteht immer in »Schritten«. Betrachten Sie dazu Abbildung 4.6.
Der Aufbau der Einleitung kann hierbei variieren, je nachdem, ob Sie jemandem sagen, wie er etwas tun soll, was er bisher noch nicht getan hat, oder wie er das, was er bereits tut, richtig machen sollte.

Abbildung 4.6

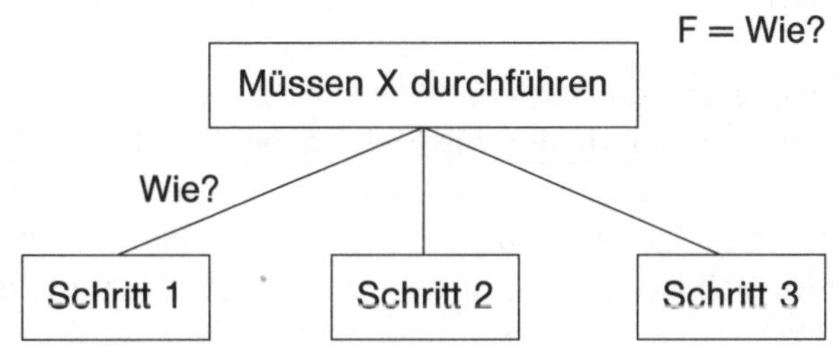

Die Aktennotiz über die Rolle des Aufsichtsrates in Kapitel 2 (Seite 42) ist ein gutes Beispiel für die erstere Textart. Dieser Notiz liegt folgende Struktur zugrunde:

S = Müssen die Aktivität X ausführen.
K = Sind darauf nicht eingerichtet.
F = Wie richten wir uns darauf ein?

Nehmen Sie nun im Gegensatz dazu an, es existiere ein Unternehmen, dessen Umsatzprognosesystem ungenaue Voraussagen liefert. Ihre Aufgabe ist es, der Firma mitzuteilen, wie das geändert werden kann. Hier sieht die Struktur Ihrer Erklärung folgendermaßen aus:

S = Ihr jetziges System ist X.
K = Es funktioniert nicht richtig.
F = Was muß geändert werden, damit es richtig funktioniert?

Der Trick hierbei besteht darin, daß Sie Ihren Denkprozeß damit beginnen, sich das vom Unternehmen zur Zeit eingesetzte Verfahren buchstäblich aufzuzeichnen (siehe dazu Abbildung 4.7). Anschließend stellen Sie das Verfahren so dar, wie es Ihrer Meinung nach aussehen müßte. Die Unterschiede zwischen der ersten und zweiten Aufzeichnung sagen Ihnen dann, welches die Schritte auf der Ebene der Schlüsselaussagen sind.

Wichtig ist, vor der schriftlichen Ausarbeitung beide Verfahren für sich selbst bildlich darzustellen. Vielleicht halten Sie das für überflüssig, wenn Sie sich schon lange mit dem Thema beschäftigt haben.

Doch solange Sie die verschiedenen Verfahren nicht graphisch gegeneinanderstellen, laufen Sie Gefahr, daß Sie etwas Wichtiges übersehen. Sie können nicht sicher sein, daß Sie alles erfaßt und nichts vergessen haben, wenn Sie nicht tatsächlich diesen detaillierten Vergleich anstellen. Was dann dabei herauskommt, ist eine ungenügend durchdachte Empfehlung wie zum Beispiel die in Abbildung 3.2.

Abbildung 4.7
Verfahrensvergleich

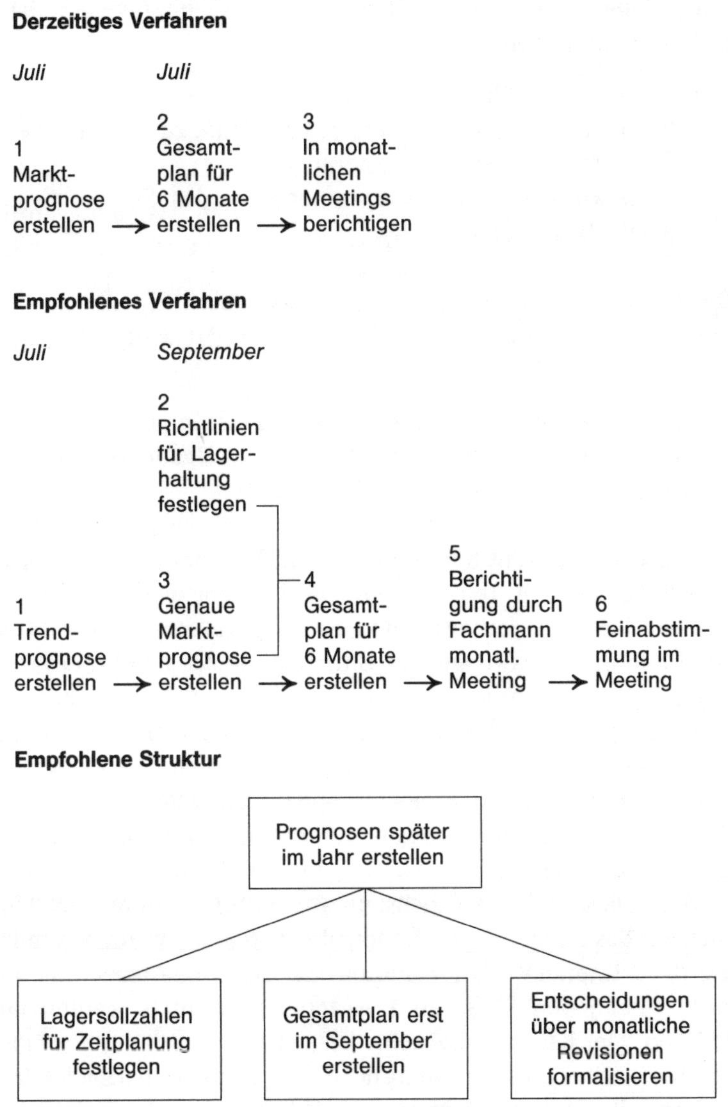

Angebote
Angebote sind das A und O im Beratergeschäft, weshalb sich Beratungsunternehmen schon eine Menge Gedanken darüber gemacht haben. Die meisten Unternehmensberater gehen dabei nach folgender Methode vor:

S = Sie haben ein Problem.
K = Sie haben sich entschlossen, externe Hilfe zur Lösung dieses Problems in Anspruch zu nehmen.
F = Sind wir das Beratungsunternehmen, das Sie zu diesem Zweck beauftragen sollten?

Die Antwort auf die Frage lautet selbstverständlich immer: »Ja«, worauf ein dreiteiliger Text folgt, in dem erklärt wird, daß man

1. das Problem versteht,
2. über das geeignete Methodenwerkzeug verfügt, um es zu lösen,
3. hochqualifizierte Mitarbeiter für diese Aufgabe zum Einsatz bringt.

Das ist vom Konzept her völlig logisch. Von der Struktur her ist jedoch der einzige Teil, der eine Wiedergabe von *gedanklicher Leistung* ist, der Methodikteil. Der erste Teil ist die erweiterte Beschreibung der vorliegenden Situation, die für den Leser nichts anderes ist als die Wiederholung dessen, was er Ihnen über sein Problem erzählt hat. Und in ähnlicher Weise ist der letzte Teil zwar wahr, aber eigentlich nur eine Auflistung der Qualifikation derjenigen Mitarbeiter, die die Projektgruppe bilden werden.
Die wesentlichen Überlegungen finden im methodischen Teil statt, wo die einzelnen Schritte zur Lösung des Problems spezifiziert werden. Diese Schritte (höchstens fünf) müssen immer im Hinblick auf das zu erzielende Endergebnis erläutert werden (vergleiche dazu Kapitel 9). Die Hauptphasen der Studie sowie die am Ende einer jeden Phase zu erwartenden Resultate werden hier definiert. Der Kunde sollte seine Entscheidung für oder gegen ein Beratungsunternehmen aufgrund dieses Methodenansatzes treffen, was allerdings nicht immer der Fall ist.

Projektberichte

Zum Schluß die Projektberichte: Darin teilt in der Regel ein Unternehmensberater seinem Kunden nach Abschluß jeder Projektphase die vorläufigen Ergebnisse mit. Bei Beendigung des Auftrags werden die einzelnen Projektberichte zusammengefaßt zu einem Abschlußbericht. Nach dem ersten Bericht bleibt die Struktur aller folgenden Berichte gleich.

Der erste Bericht ist ungefähr wie folgt strukturiert:

S = Ihr Unternehmen hat das Problem X.

K = In unserem Angebot haben wir Ihnen mitgeteilt, daß wir zur Lösung dieses Problems zunächst Y machen würden. Wir haben Y jetzt durchgeführt.

F = Was haben Sie herausgefunden? (Frage des Kunden).

Im Anschluß an diese erste Präsentation von Ergebnissen wird der Kunde in bestimmter Weise reagieren. Vielleicht fordert er Sie auf, einen Mißstand, den Sie im Laufe des Projekts festgestellt haben, näher zu untersuchen. Oder er ist mit dem, was Sie bisher getan haben, zufrieden und bittet Sie, zu Phase 2 überzugehen. Im zweiten Projektbericht lautet Ihre Aussage dann vielleicht wie folgt:

S = In unserem letzten Projektbericht haben wir Ihnen gesagt, daß bei Ihnen ein Kapazitätsproblem vorliegt.

K = Sie teilten uns mit, daß dies Ihrer Meinung nach nicht mehr lange ein Problem sein würde, weil Sie überzeugt seien, daß Ihre Konkurrenz nur noch kurze Zeit im Geschäft bliebe. Sie baten uns, zu untersuchen, ob dies tatsächlich der Fall sei. Wir haben die entsprechenden Nachforschungen jetzt abgeschlossen.

F = (Was haben Sie festgestellt?)

A = Wir haben festgestellt, daß Sie dann immer noch Kapazitätsprobleme haben werden, wahrscheinlich sogar noch größere als bisher.

Oder, um es von allem Beiwerk entkleidet zu sagen:

S = Wir haben Ihnen X mitgeteilt.
K = Sie baten uns, Y zu untersuchen. Das haben wir getan.
F = (Was haben Sie festgestellt?)

Um zusammenzufassen: Der Kernpunkt eines jeden Textes ist die Frage. Und in jedem Text kann es nur diese eine Frage geben. Haben Sie zwei Fragen, dann müssen diese miteinander verknüpft sein: »Sollten wir uns auf diesen Markt begeben? Und wenn ja, wie sollten wir das tun?« heißt eigentlich: »Wie sollten wir uns auf diesen Markt begeben?« Denn wenn die Antwort auf die erste Frage ein »Nein« ist, erübrigt sich die zweite Frage.
Gelegentlich werden Sie die Frage nicht einfach dadurch bestimmen können, daß Sie nur die Einleitung überdenken. Schauen Sie sich in diesem Fall das Material an, das Sie im Hauptteil des Textes verwenden wollen. Wenn Sie eine bestimmte Reihe von Punkten herausstellen wollen, dann ja deshalb, weil Sie meinen, der Leser sollte Sie kennenlernen. Warum sollte er das? Nur deshalb, weil sie eine Frage beantworten. Wie ist die Frage entstanden? Sie ist in einer bestimmten Situation entstanden. Auf diese Art und Weise können Sie gedanklich vor- und zurückgehen.

Übergänge zwischen Gruppen

Haben Sie Ihre Einleitung geschrieben und sind dann zum Hauptteil Ihres Textes übergegangen, müssen Sie von Zeit zu Zeit ein wenig pausieren, um den Leser erkennen zu lassen, was Sie ihm bisher mitgeteilt haben und was Sie ihm als nächstes mitteilen wollen – und zwar entweder am Ende oder am Anfang jeder größeren Gruppierung. Die Übergänge von einem Punkt zum nächsten sollten jedoch nicht rein mechanisch, sondern fließend gestaltet sein. Verwenden Sie daher keine Formulierungen wie:

> Dieses Kapitel hat sich mit der Notwendigkeit von Prioritäten beschäftigt. Das nächste Kapitel beschäftigt sich damit, wie diese Prioritäten gesetzt werden sollten.

Anders gesagt, es geht nicht darum, was in zwei Kapiteln oder Abschnitten *passiert*, sondern was diese *aussagen*. Es geht um die wesentlichen Ideen. Schauen Sie dabei gleichzeitig in zwei Richtungen zurück zu dem, was schon gesagt wurde, und vorwärts zu dem, was als nächstes kommt. Wenn Sie diese kleine Pause am Anfang eines Kapitels, eines Abschnitts oder Unterabschnitts einlegen, sollten Sie sich dabei der Methode des Rückbezugs bedienen. Handelt es sich um lange Kapitel oder Abschnitte, ist es meist besser, zum Abschluß eine Pause einzulegen und eine Zusammenfassung zu schreiben, ehe Sie im Text fortfahren.

Rückbezüge

Die Methode des Rückbezugs besteht darin, ein Wort, einen Satz oder die wichtigste Idee aus einem vorhergehenden Teil der Pyramide im Eröffnungssatz Ihres nächsten Teils zu wiederholen. Die Art, wie Übergänge zwischen Absätzen gebildet werden, ist Ihnen wahrscheinlich vertraut. Ein Beispiel:

> Nicht ein leitender Mitarbeiter ist für die Geschäftsführung des Konzerns allein zuständig. Es fehlt die nötige Führung, unter anderem aufgrund der mangelnden Koordination zwischen den führenden Stabs- und Linienmanagern. Dies führt zu . . . (Auflistung der Probleme).
>
> Die durch mangelnde Führung bedingten Probleme werden noch verstärkt durch sich überschneidende beziehungsweise umständliche Aufgabenzuweisungen . . .

Genau der gleichen Methode können Sie sich bedienen, um ein neues Kapitel oder einen neuen Abschnitt einzuleiten. Stellen Sie sich vor, Sie hätten gerade ein Kapitel abgeschlossen, in dem Sie der Hotelkette Ritz-Ryan mitteilen, sie hätten aus ihrem gemeinsamen Besitz – Hotels, Restaurants und Catering-Organisationen – nicht den größtmöglichen Profit herausgeholt. Sie wollen nun ein neues Kapitel beginnen, in dem Sie beschreiben, welche Änderungen in der obersten Führungsebene zu einer Verbesserung der Situation führen würden. Ihre Pyramide zu dem Thema würde wahrscheinlich aussehen wie die in Abbildung 4.8. Ihre Übergänge mit Rückbezug könnten dabei wie folgt aussehen:

- *Zwischen den Kapiteln*

Die oberste Führungsebene sowie der Aufsichtsrat weisen zwei Schwächen auf, die schuld daran sind, daß die gemeinsamen Ressourcen von Ritz-Ryan nicht ausreichend ausgeschöpft werden.

- *Zwischen den zwei Hauptabschnitten*

Es sollte ein dem Konzern übergeordneter Managing Director ernannt werden. Dieser müßte eine Reihe von Änderungen in der Führungsebene vornehmen. Nur so lassen sich klare Befugnis- und Zuständigkeitslinien gewährleisten.

- *Zwischen den ersten zwei Unterabschnitten*

Nur ein Chief Executive kann die einzelnen Aktivitäten effektiv koordinieren. Und ebenso kann nur er den konsequenten und rigorosen Druck ausüben, der für Verbesserungen innerhalb der gesamten Organisation erforderlich ist.

Sie erkennen die Methode: Klare und unaufdringliche Übergänge schafft man, indem man ein Schlüsselwort oder einen Schlüsselsatz aus der vorangegangenen Aussage wiederaufnimmt. Auf diese Art und Weise lassen sich die wichtigsten Punkte der einzelnen Abschnitte miteinander verbinden. Und dies sind dann auch die Punkte, die Sie bereits im erklärenden Teil Ihrer Einleitung angerissen haben. Diese Punkte brauchen auch an dieser Stelle nicht mehr extra mit einer »Geschichte« eingeführt zu werden, denn mittlerweile verfügt Ihr Leser über genug Informationen, um Ihrer Argumentation folgen zu können. Was Sie allerdings innerhalb dieses Abschnitts vorstellen und erklären müssen, ist Ihre Ideengruppierung - das heißt die Vorgehensweise, in der Sie den wichtigsten Punkt dieses Abschnitts argumentativ stützen wollen.

Zusammenfassungen

Gelegentlich sind Kapitel oder Abschnitte extrem lang oder kompliziert. In so einem Fall ist es sinnvoll, am Ende des Kapitels eine

Abbildung 4.8
Beispiel Ritz-Ryan

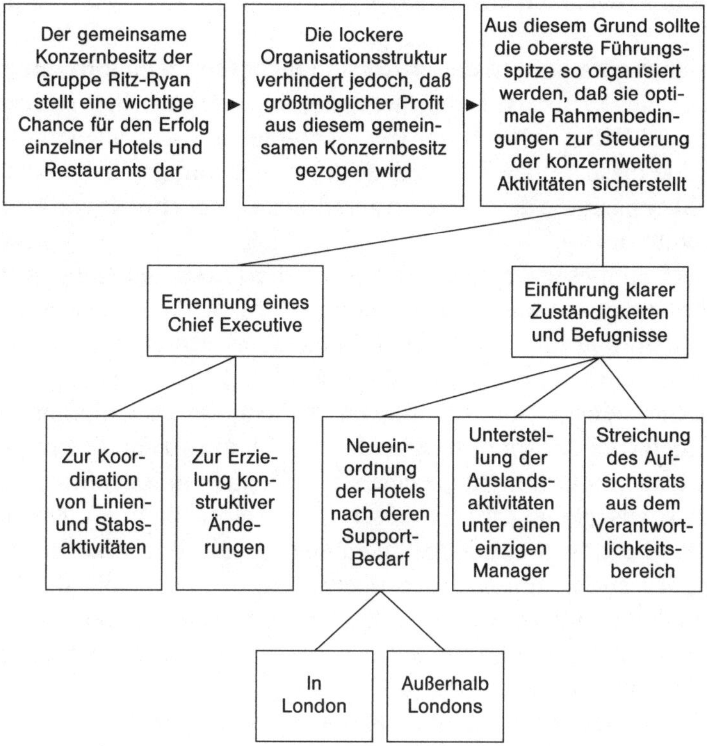

kleine Zusammenfassung zu geben. Eine Zusammenfassung zu dem Ritz-Ryan-Beispiel könnte wie folgt aussehen:

> Um zusammenzufassen: Die neuzuschaffende Führungsmannschaft sollte sich zusammensetzen aus dem Aufsichtsrat plus Vorsitzendem, einem dem Konzern übergeordneten Managing Director und drei ihm unterstellten geschäftsführenden Managern aus jeweils einem der drei großen Konzernbereiche. Diese neue Struktur bietet einen guten Rahmen für eine langfristig

gesicherte Führung sowie eine effektive Kontrolle der konzernweiten Aktivitäten. Nur durch eine derartige Straffung lassen sich die Chancen der Gruppe, ihre Ressourcen voll auszuschöpfen, maßgeblich erhöhen.

Zusammenfassungen dieser Art sind nicht schwer zu formulieren. Sie brauchen nur das Hauptthema des Kapitels und - in geschickter Art und Weise - den Tenor Ihrer Argumentation zu wiederholen. Da Sie diese beiden Dinge in der Pyramide vor sich haben, ist es recht einfach, sie dem Leser in geraffter Form nochmals vor Augen zu führen.
Zweck all dieser Überlegungen ist es, dem Leser die Aufgabe des Denkens soweit wie möglich zu erleichtern. Schließlich ist er nicht in jedem Fall mit analytischen Problemen vertraut, und vor allen Dingen kann der Leser nicht annähernd soviel zum Thema wissen wie Sie, selbst wenn es sich dabei um sein eigenes Unternehmen handelt. Bei der Interpretation Ihrer Gedanken zum Thema sind Sie beide einfach nicht gleichgestellt. Folglich müssen Sie immer davon ausgehen, daß der Leser nicht sofort all Ihren Punkten folgen kann oder zumindest nicht alles behält. Bevor Sie also von einem Kapitel zum nächsten übergehen, ist es sinnvoll, Ihre Gedanken in Kurzform zu wiederholen, um seine Aufmerksamkeit erneut zu fesseln und ihn auf das folgende vorzubereiten. Jedenfalls können Sie so relativ sicher sein, daß er versteht, was Sie meinen. Dem Leser ab und an eine kleine Zusammenfassung zu geben ist aber auch eine Frage der Höflichkeit, denn schließlich erleichtert man ihm damit ja das Verständnis des Textes.

Schlußfolgerungen

Theoretisch brauchen Sie, wenn Sie eine gute Einleitung schreiben und den Hauptteil Ihres Textes entsprechend den Pyramiden-Regeln gestalten, keine Schlußaussage. Sie haben schließlich die Frage Ihres Lesers am Anfang klar zum Ausdruck gebracht und sie umfassend und logisch beantwortet. Nichtsdestotrotz erscheint es meist notwendig, sich elegant zu verabschieden, statt einfach mit dem Schreiben aufzuhören. Die Angewohnheit, kurze Aktennoti-

zen mit der Formel »Für Rückfragen stehe ich gerne zur Verfügung« zu beenden, ist wohl Ausdruck dieses Bedürfnisses.
Eine weitverbreitete Methode ist es, am Schluß eines Textes eine Reihe von Sternchen in der Mitte der Seite zu plazieren. Sie beginnen dann Ihren letzten Absatz mit den Worten »Um zum Schluß zu kommen . . .« und betonen noch einmal Ihr Hauptargument. Dabei sollte man unbedingt eine reine Wiederholung dessen, was im Text bereits dargestellt wurde, vermeiden. Hier ein Beispiel, wie man es möglichst nicht machen sollte:

> Dieser Bericht hat unsere Empfehlungen zur Reorganisation des Unternehmens unter Angabe der spezifischen Schritte, die jede Abteilung zu ihrer Durchsetzung unternehmen muß, skizziert.

Eine Schlußfolgerung sollte eben nicht nur das Gesagte wiederholen, sondern im Hinblick auf Ihre Argumente angemessene Emotionen beim Leser erwecken. Das ist zumindest der Rat von Aristoteles.
Es mag zunächst ein wenig zweifelhaft erscheinen, ob es für den Schluß eines Geschäftstextes »angemessene Emotionen« gibt. Doch ich würde sagen, das wesentliche Gefühl, mit dem Sie Ihren Leser entlassen sollten, sollte der Wunsch sein zu handeln. Geben Sie ihm in Ihrer Schlußfolgerung Denkanstöße und Hinweise, was er mit dem neuen Wissen tun kann. Dies kann entweder in Form einer philosophisch gefärbten Erkenntnis oder als Aufforderung zum sofortigen Handeln geschehen. Abraham Lincoln ist es in seiner zweiten Antrittsrede gelungen, beides miteinander zu verbinden:

> »Laßt uns im festen Vertrauen auf Gottes Gerechtigkeit, nicht mit Haß, sondern mit Liebe und Wohlwollen gegenüber jedem Menschen, danach streben, unsere Aufgabe zu beenden: die Aufgabe, die Wunden der Nation zu verbinden, für den zu sorgen, der den Kampf erduldet hat, zu sorgen für seine Witwe und sein verwaistes Kind, und alles zu tun, was zu einem gerech-

ten und anhaltenden Frieden untereinander und mit allen Völkern der Welt führt.«

Wie stark Ihre Schlußfolgerung an die Emotionen des Lesers appelliert, hängt natürlich von dem jeweiligen Thema und der jeweiligen Situation ab. Zum Beispiel würde sich der Präsident einer Fluggesellschaft durch stark emotional gefärbte Aussagen vermutlich beleidigt fühlen, wenn er ein neues Planungssystem beschließen muß. Bei einem Thema, bei dem er jedoch bereits gefühlsmäßig stark engagiert ist, beispielsweise der Deregulation in seiner Branche, wäre er mit Sicherheit gegenüber emotionalen Appellen sehr aufgeschlossen.
Und natürlich besteht die Aufgabe einer Schlußfolgerung darin, die Aussage Ihrer Mitteilung zu unterstreichen. Im folgenden ein Beispiel. Es handelt sich dabei um den Schluß eines Berichts, in dem es um die Errichtung eines Systems zur Abfrage technischer Fachliteratur mittels Computer ging.

»Mit diesem System würden Sie Anwendern aus Wirtschaft und Lehre in ganz Europa erstmals einen direkten Zugriff auf wissenschaftlich-technische Informationen ermöglichen. Gleichzeitig würden Sie mit Errichtung eines solchen Systems einen gemeinsamen Informationsmarkt schaffen - einen Markt, der über nationale Grenzen hinweg allen Anwendern die Arbeit mit allen Informationsquellen ermöglicht. Das wiederum könnte zu Verbesserungen in Standardisierung und Harmonisierung beitragen, darüber hinaus jedoch auch zur Entwicklung völlig neuer Standards führen. Wir empfinden diese Aussicht als unbedingte Herausforderung und würden uns sehr freuen, mit Ihnen bei der Einführung dieses Pilotprojekts zusammenzuarbeiten.«

Es ist nicht immer nötig, einen Text mit einem Abschluß zu versehen. Schlüsse sind schwer zu formulieren und dort, wo sie dem Leser keinen Zusatznutzen bringen, absolut überflüssig. Es gibt jedoch Fälle, in denen Sie unbedingt einen Abschluß brauchen - nämlich dann, wenn es sich um zukünftige Aktionen handelt.

Wenn Sie einen Text schreiben, in dem Sie bestimmte Maßnahmen empfehlen, die Ihr Leser Ihrer Meinung nach vermutlich durchführen wird, müssen Sie ihm zum Schluß klar vor Augen führen, welche Schritte er als erste tun sollte, damit die Dinge in Bewegung kommen. Schreiben Sie einen Abschnitt unter dem Stichwort »Nächste Schritte«. Eine einzige Regel ist dabei zu beachten: Der Leser darf den Inhalt dieses Abschnitts nicht anzweifeln. Das heißt, die entsprechenden Aktivitäten müssen sich logisch geradezu aufdrängen. Nehmen Sie beispielsweise an, Sie empfehlen einem Kunden, ein Unternehmen aufzukaufen, und sind der Ansicht, er wird das auch tun. Nachdem Sie auf dreißig Seiten erklärt haben, warum dieser Kauf Ihrer Meinung nach sinnvoll ist, gehen Sie davon aus, daß Sie ihn überzeugt haben. Ihr Abschnitt mit dem Titel »Nächste Schritte« beginnt wie folgt.

Wenn wir Sie davon überzeugt haben, daß der Kauf lohnenswert ist, so sollten sie zunächst folgendes tun:

- den Besitzer des Unternehmens anrufen und ihn zum Mittagessen einladen,
- Ihre Bank anrufen, um sicherzustellen, daß das Geld, das Sie für den Kauf benötigen, rechtzeitig zur Verfügung steht,
- eine weitere Sitzung der Gruppe »Akquisitionen« ansetzen, um die administrativen Einzelheiten abzustimmen.

Er wird in diesem Fall wohl kaum zu Ihnen sagen: »Warum lade ich ihn eigentlich zum Mittagessen ein und nicht zum Abendessen?« Das sind ganz offensichtliche Dinge, die ohne Nachfrage akzeptiert werden. Wären es dagegen Punkte, die beim Leser Fragen auslösen könnten, müßten Sie sie in den Hauptteil Ihres Textes mit aufnehmen. Dabei müßten Sie allerdings sicherstellen, daß diese Punkte sowohl horizontal als auch vertikal mit Ihren anderen Aussagen harmonieren.

Kapitel 5:

Deduktion und Induktion

Klare Texte resultieren aus der klaren Exposition der genauen Zusammenhänge zwischen einer Gruppe von Ideen zum selben Thema. Richtig organisiert, bilden diese Ideen stets eine Pyramide, wobei die verschiedenen Abstraktionsebenen geordnet und unter einem einzelnen Hauptgedanken verbunden werden.

Die Ideen in der Pyramide sind in dreierlei Weise miteinander verbunden: nach oben, nach unten und seitwärts. Eine Idee oberhalb einer Gruppierung bildet die Zusammenfassung der unter ihr subsumierten Ideen. Gleichzeitig erklären beziehungsweise rechtfertigen diese Ideen ihrerseits den übergeordneten Punkt. Außerdem bewegen sich die Ideen in der Gruppierung in logischer Ordnung seitwärts. Wie diese logische Ordnung aussieht, hängt davon ab, ob die Pyramiden-Gruppe deduktiv oder induktiv gebildet wurde.

Diese zwei Argumentationsformen sind die einzigen Möglichkeiten, um zwischen verschiedenen Ideen einen logischen Zusammenhang herzustellen. Zu wissen, wie sie sich unterscheiden und welche Regeln jeweils für sie gelten, ist also wichtig, wenn man seine Gedanken ordnen und in klaren Formulierungen zum Ausdruck bringen will.

Der Unterschied zwischen den beiden Argumentationsformen ist in Abbildung 5.1 dargestellt. Die Deduktion ist eine Argumentation, die zu einer »Daher-Schlußfolgerung« führt. Hierbei ist der übergeordnete Punkt eine Zusammenfassung der Argumentationskette, wobei die Betonung ganz entschieden auf dem Schlußsatz liegt. Bei der Induktion wird eine Gruppe von Tatsachen oder Ideen als gleichartig beschrieben und dann eine Aussage (oder Folgerung) über diese Gleichartigkeit gemacht. Die deduktiven

Abbildung 5.1
Deduktives und induktives Argumentieren

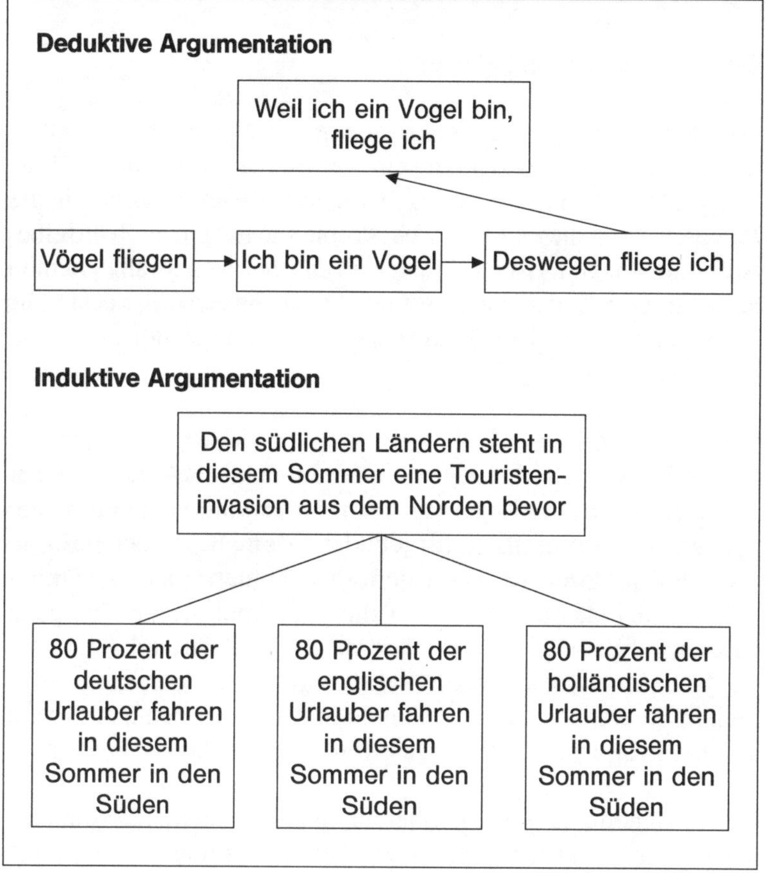

Punkte leiten sich einer von dem anderen ab. Bei induktiven Punkten ist dies nicht der Fall.
Diese Unterschiede sind enorm, wie die beiden nächsten Abschnitte zeigen werden. Sind Ihnen die Unterschiede jedoch erst einmal klargeworden, werden Sie ohne Mühe beide Argumentationsformen erkennen. Und folglich wird es Ihnen auch nicht

schwerfallen, diejenige zu wählen, mit der Sie das, was Sie sagen wollen, am besten zum Ausdruck bringen können.

Deduktives Argumentieren

Das deduktive Argumentieren scheint das allgemein bevorzugte Muster in Denkprozessen zu sein, vermutlich deswegen, weil die Konstruktion einfacher ist als beim induktiven Argumentieren. Jedenfalls wird dieses Muster bei Problemlösungen am häufigsten zugrunde gelegt. Es ist das Muster, an das man sich im allgemeinen hält, um seine Gedanken zu ordnen. Doch obgleich es zweckmäßig ist, deduktiv zu denken, ist es ausgesprochen umständlich, deduktiv zu schreiben.

Wie es funktioniert

Lassen Sie uns zunächst festhalten, was deduktives Argumentieren eigentlich ist. In der Regel sagt man, dabei würde eine Form von Syllogismus (Vernunftschluß) gebildet. Das heißt, die Schlußfolgerung wird aus zwei Prämissen, dem sogenannten Ober- und Untersatz, abgeleitet. Mir erscheinen diese Termini als Beschreibung dafür, wie sich deduktives Denken vollzieht, verwirrend. Ich werde sie daher im folgenden nicht mehr verwenden.
Stellen Sie sich statt dessen eine deduktive Argumentationsweise als etwas vor, wofür drei Dinge erforderlich sind:

- eine allgemeine Aussage über einen allgemeinen Tatbestand,
- eine zweite allgemeine Aussage über einen anderen Tatbestand, der mit dem ersten jedoch in einer gewissen Verbindung steht, das heißt, ein Bestandteil aus der ersten Aussage wird in der zweiten wieder aufgegriffen,
- eine spezielle Aussage, die sich aus der Verknüpfung der ersten beiden Aussagen ergibt.

Abbildung 5.2 zeigt einige deduktive Argumente, von denen ein jedes genau die drei genannten Voraussetzungen erfüllt. In jedem

Abbildung 5.2
Beispiele für eine deduktive Argumentationsweise

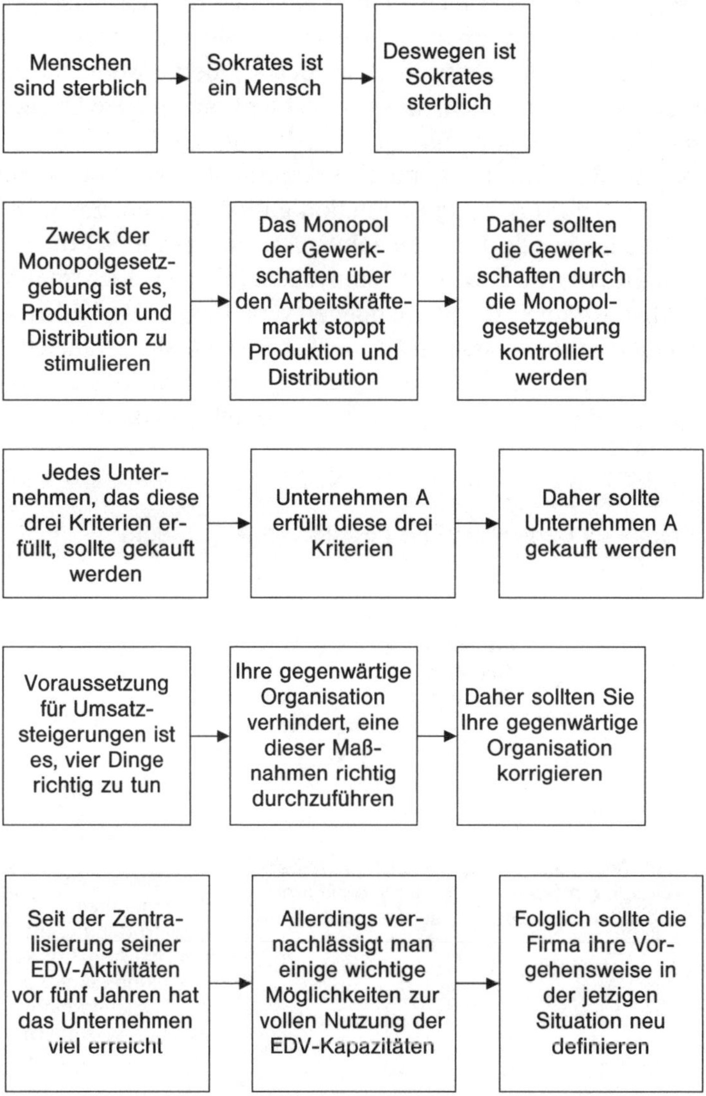

einzelnen Fall ist der übergeordnete (erste) Punkt eine ungefähre Zusammenfassung der subsumierten Ideen, während die Hauptbetonung auf dem Schlußpunkt liegt. Also: »Weil Sokrates ein Mensch ist, ist er sterblich.« Oder: »Da sich die Gewerkschaften wie ein Monopolunternehmen gebärden, sollten sie über die Monopolgesetzgebung kontrolliert werden.« Oder: »Wenn Sie Ihre Umsätze erhöhen wollen, müssen Sie Ihre gegenwärtige Organisation ändern« und so weiter.

Dies sind Beispiele für deduktive Argumente, die jeweils einen einzelnen Schritt der Argumentation enthalten. Manchmal ist es jedoch zu langweilig, jeden einzelnen Argumentationsschritt anzugeben. In diesem Fall ist es sinnvoll, zwei oder auch mehrere deduktive Argumente miteinander zu verketten. Diese Verkettung ist völlig legitim, vorausgesetzt, Ihr Leser kann, aller Wahrscheinlichkeit nach, die fehlenden Schritte nachvollziehen. Abbildung 5.3 zeigt ein Beispiel für ein verkettetes deduktives Argu-

Abbildung 5.3
Beispiel eines verketteten deduktiven Arguments

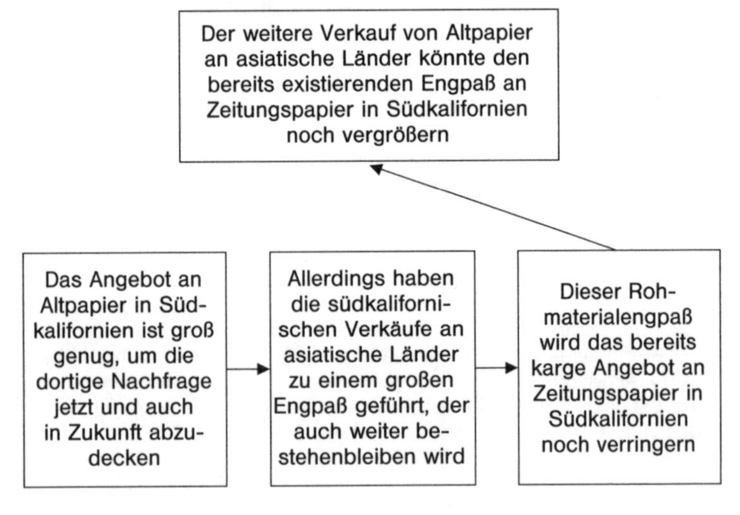

ment. An dieser Stelle zunächst die einzelnen argumentativen Schritte:

- Wir produzieren genug Altpapier für unseren eigenen Bedarf.
- Aber wir haben nicht nur unseren eigenen Bedarf gestillt.
- Deswegen haben wir einen Engpaß.
- Ein Engpaß bei Altpapier erzeugt einen Engpaß bei Zeitungspapier.
- Wir haben bei Altpapier einen Engpaß.
- Deswegen haben wir einen Engpaß bei Zeitungspapier.

Sie sehen, wie langweilig es klingt, wenn Sie hier jeden Argumentationsschritt aufführen. Dies ist mein Haupteinwand gegen die Verwendung deduktiver Argumente beim Schreiben. Deduktive Argumente wirken niedergeschrieben sehr undurchsichtig. Beim Schreiben sollte das vorherrschende Ziel jedoch immer sein, die Dinge klar und unmittelbar auf den Punkt zu bringen.

Wann sollten deduktive Argumente benutzt werden?

Es ist wenig ratsam, auf der Ebene der Schlüsselaussagen die deduktive Methode zu verwenden. Sie sollten statt dessen Ihre Botschaft möglichst immer induktiv präsentieren. Warum? Weil dies für den Leser einfacher ist.

Lassen Sie uns einmal prüfen, welche Anforderungen ein deduktiv aufgebauter Bericht an Ihren Leser stellt. Nehmen wir an, Sie wollen ihm sagen, daß er bestimmte Änderungen durchführen muß. Ihre Argumentation verliefe wie in Abbildung 5.4 dargestellt.

Um Ihren Gedankengang zu begreifen, muß sich der Leser zunächst merken, was schiefläuft, und zwar Punkt A1, B1 und C1. Das ist keine schwere Aufgabe. Doch dann wird von ihm erwartet, daß er A1, also etwas, was schiefläuft, verbindet mit Punkt A2, also einem Grund für die Fehlfunktion. Dies wiederum muß er im Gedächtnis behalten, während Sie nun Punkt B1 mit B2 und C1 mit C2 verbinden. Schließlich setzt sich die ganze Prozedur fort in der Verknüpfung mit den Punkten A3, B3 und C3, also damit, was

Abbildung 5.4

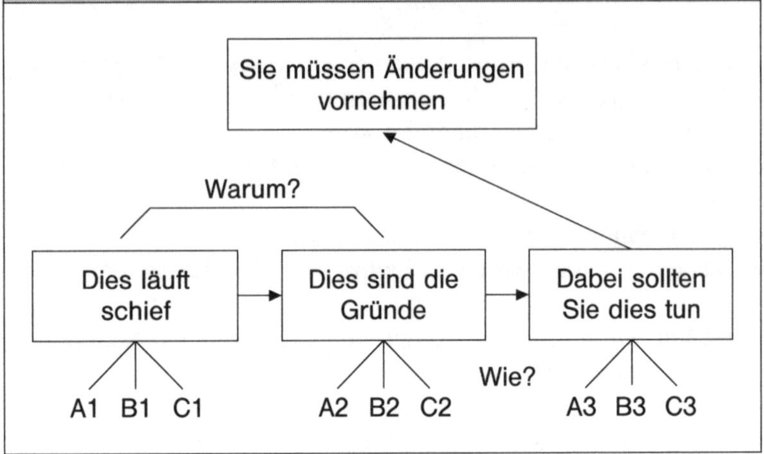

nun getan werden sollte. Man hat also ein Problem (A1), für das es einen bestimmten Grund (A2) und eine bestimmte Lösung (A3) gibt. Folglich müssen immer Ketten A1–A2–A3, B1–B2–B3, C1–C2–C3 gebildet werden.
Damit zwingen Sie den Leser, den gesamten Prozeß der Problem-

Abbildung 5.5

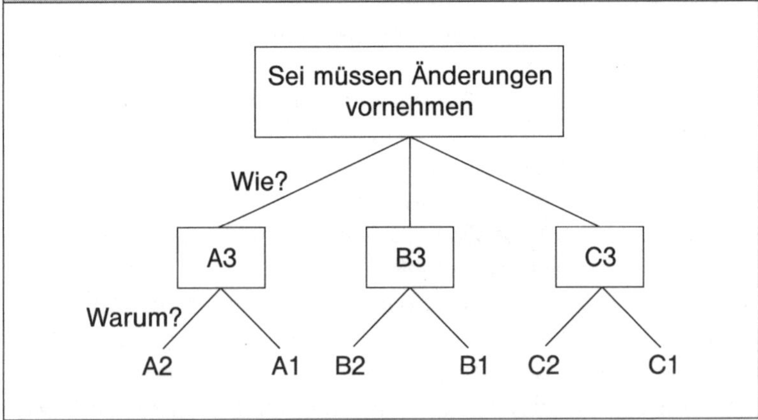

lösung nachzuvollziehen, ehe er erfährt, welche Änderungen er vornehmen muß. Dies aber ist es ja, was ihn vorrangig interessiert. Das ist fast so, als würden Sie zu ihm sagen: »Ich habe extrem hart gearbeitet, um diese Antwort zu finden, und ich will sicher sein, daß Ihnen das auch bewußt wird.« Für den Leser jedoch ist eine induktive Argumentationsweise weitaus angenehmer und einfacher. Siehe dazu Abbildung 5.5.

Statt zunächst die Frage nach dem Warum und dann die Frage nach dem Wie zu beantworten, kehren Sie die Reihenfolge einfach um. Und damit haben Sie - obschon Sie auf den unteren Ebenen durchaus deduktive Argumente verwenden können - die Hauptfrage des Lesers auf jeden Fall direkt beantwortet. Ihre Argumente zu den Themenbereichen sind klar getrennt. Alle Informationen sind thematisch an einer Stelle versammelt.

Anders gesagt: Am Ende des Problemlösungsprozesses haben Sie eine Reihe von Ideen gefunden, die auf einer Liste wie in Abbildung 5.6 geordnet werden können. Anhand einer solchen Liste können Sie sich die Tatsache bildlich vor Augen führen, daß Sie

- Befunde zusammengetragen haben,
- die Sie zu bestimmten Schlußfolgerungen veranlaßten,
- aufgrund derer Sie dann Ihre Empfehlungen festgelegt haben.

Wenn Sie solch eine Liste zusammenstellen, ist es nicht nötig, Befunde aufzuführen, die nicht auch zu Schlußfolgerungen führen. Und ebensowenig brauchen Sie Schlußfolgerungen anzuführen, die nicht auf Untersuchungsergebnissen basieren. (Die Schlußfolgerungen sind in der Tat auch Untersuchungsergebnisse, nur auf einem höheren Abstraktionsniveau.) Sie werden auch keine Schlußfolgerungen verwenden, die nicht zu Empfehlungen führen, und auch keine Empfehlungen, die nicht auf Schlußfolgerungen basieren. (Eine Schlußfolgerung kann zu verschiedenen Empfehlungen führen und verschiedene Schlußfolgerungen zu einer Empfehlung, doch es muß immer eine Verbindung zwischen ihnen bestehen.)

Basierend auf den Befunden, wird in den Schlußfolgerungen das

Abbildung 5.6		
Befunde	Schlußfolgerungen	Empfehlungen
Der Umsatz ist um 40 Prozent zurückgegangen	Änderung bei der Konkurrenz hat uns 40 Prozent unseres Umsatzes gekostet	Ähnliche Änderung bei unserem Produkt vornehmen
Konkurrent hat Produkt besser ausgestattet		
Sonst hat sich nichts geändert		

Problem auf den Punkt gebracht. Die Empfehlungen liefern dann die Lösung für dieses Problem. So führt in unserem Beispiel die Verknüpfung der einzelnen Befunde zu der Schlußfolgerung: Unser Umsatz ist zurückgegangen, weil der Konkurrent seine Produkte besser ausstattet. Der Umkehrschluß hieraus führt zu der Empfehlung, eigene Produkte ebenfalls besser auszustatten. Dabei wird mit der Empfehlung das Ziel verfolgt, den konstatierten Mißstand (40 Prozent Umsatzeinbußen) zu beheben.
Nun können Sie diese Informationen deduktiv - einen Punkt nach dem anderen - vorstellen:

- Der Umsatz ist um 40 Prozent zurückgegangen.
- Der Grund dafür ist, daß die Konkurrenz Änderungen vorgenommen hat.
- Deshalb empfehle ich, daß wir ähnliche Änderungen durchführen.

Oder Sie können das Ganze einfach vom anderen Ende her aufzäumen und mit der Empfehlung beginnen:

- Wir müssen Produktänderungen vornehmen, um unsere Marktposition wiederzuerlangen.
- Die Konkurrenz hat das bereits getan. Das ist vermutlich der Grund, weshalb unser Umsatz binnen kurzem um 40 Prozent zurückgegangen ist.

Hier steht zur Debatte, ob es besser ist, dem Leser erst zu sagen, warum er Änderungen vornehmen sollte, und dann die Frage nach dem Wie zu beantworten oder ihm zuerst zu sagen, er müsse Änderungen vornehmen, und dann die Frage nach dem Warum zu beantworten. Im allgemeinen ist es besser, die empfohlenen Aktionen zuerst zu nennen und dann die Argumente dafür anzuführen. Schließlich sind die Empfehlungen das, was den Leser am meisten interessiert. Es gibt aber auch Fälle, in denen es ihm in Wirklichkeit um die Argumentation geht. Ich kann mir allerdings nur zwei Situationen vorstellen, in denen die Argumentation den Leser mehr interessiert als die Empfehlungen:

- wenn er Ihrer Schlußfolgerung sehr negativ gegenüberstehen wird, so daß Sie die Voraussetzungen für deren Akzeptanz schaffen müssen,
- wenn er nicht in der Lage ist, die empfohlene Maßnahme ohne vorherige Erklärung zu verstehen (wie beispielsweise in einem Exposé darüber, wie man eine Risikoanalyse durchführt), so daß Sie ihm die zugrundeliegenden Gedankenabläufe vorab liefern müssen.

Im Geschäftsleben kommen Texte, die in diese Kategorien gehören, allerdings nur sehr selten vor. Folglich ist eine induktive Argumentationsweise in den meisten Fällen vorzuziehen. Und dementsprechend sollten Sie die Ebene der Schlüsselaussagen in Ihrer Pyramide strukturieren.
Beachten Sie bitte, daß ich hier nur von der Ebene der Schlüsselaussagen spreche, nicht von den ihr untergeordneten Ebenen. Deduktive Argumente sind sehr leicht zu begreifen, wenn Sie sie direkt ansprechen:

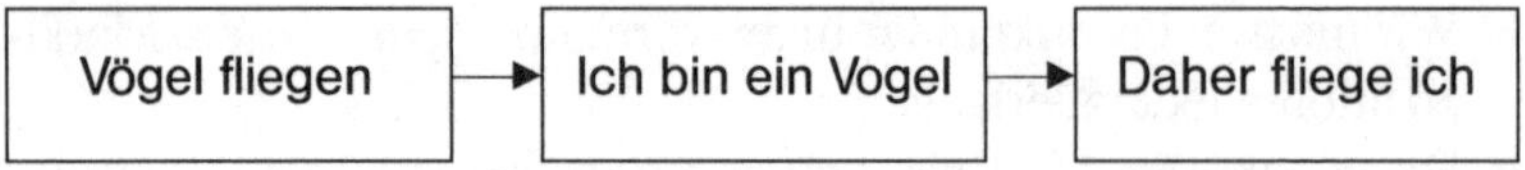

Wenn Sie sich jedoch in einem längeren Text über zehn oder zwölf Seiten vom ersten zum zweiten und vom zweiten zum dritten Punkt hindurcharbeiten müssen, dann büßen die einzelnen Punkte ihre unmittelbare Klarheit ein. Aus diesem Grund sollte man deduktives Denken so niedrig wie möglich in der Pyramiden-Struktur ansiedeln und zwischengeschaltete Informationen auf ein Mindestmaß beschränken. Auf der Ebene von Absätzen sind deduktive Argumente eine schöne Sache, denn sie bilden einen leicht nachvollziehbaren Ablauf. Auf höheren Ebenen dagegen ist induktives Denken leichter zu begreifen.

Induktives Argumentieren

Das induktive Argumentieren erfordert mehr Kreativität als das deduktive und ist daher - vorausgesetzt, man will es gut machen - wesentlich schwieriger. Beim induktiven Denken stellt man fest, daß mehrere verschiedene Dinge - also Ideen, Ereignisse, Fakten - eine gewisse Übereinstimmung zeigen. Danach bildet man aus ihnen eine Gruppe und kommentiert die Bedeutung ihrer Ähnlichkeit.

In dem in Abbildung 5.1 angeführten Beispiel induktiven Argumentierens werden die beschriebenen Ereignisse dahin gehend gedeutet, daß den südlichen Ländern eine Touristeninvasion bevorsteht. Das heißt, in der Auslegung lag der Schwerpunkt bei der Menge an Touristen, die sich Richtung Süden bewegt. Würde man hingegen das Hauptaugenmerk auf die Nationalität der Touristen legen, so käme man vielleicht zu dem Schluß, daß es wohl solche aus den nördlichen Breitengraden ganz besonders in den Süden zieht.

Damit kommen wir zu den zwei Grundlagen für eine induktive Argumentationsweise:

- Definition der Ideen in einer Gruppierung,
- Identifikation der nicht dazu passenden Ideen.

Wie dies im Detail geht, wird in Kapitel 7 ausführlich erläutert. Vorerst geht es darum, die beiden Aspekte in Grundzügen kennenzulernen. Denn nur so kann man den gedanklichen Prozeß beim induktiven Argumentieren von dem beim deduktiven Argumentieren unterscheiden.

Wie es funktioniert

Im wesentlichen besteht die Methode darin, ein Wort zu finden, das die Art von Ideen in Ihrer Gruppierung definiert. Dieses Wort muß immer ein Substantiv im Plural sein, erstens, weil jede »Art von Ding« immer mit einem Substantiv bezeichnet wird, und zweitens, weil Sie immer mehr als nur eine »Art von Idee« in Ihrer Gruppierung haben werden. In unserem Beispiel könnte das Substantiv im Plural heißen:

- »Anzeichen« (für eine Touristeninvasion im Süden) oder
- »Gründe« (für die besondere Vorliebe für südliche Urlaubsländer).

Wenn Sie sich die induktiven Gruppierungen in Abbildung 5.7 anschauen, werden Sie schnell erkennen, daß sich jede von ihnen mit einem Substantiv im Plural beschreiben läßt: Pläne, Schritte, Schwierigkeiten. Und ebenso läßt sich jede einzelne Idee mit dem ihrer Gruppe übergeordneten Substantiv verbinden.
Der nächste Schritt besteht immer in der Überprüfung der Argumentation, womit man auf der untersten Ebene beginnt. Wenn Sie beispielsweise einen Menschen vor sich haben, der eine Stadt gründen will, in der nur Latein gesprochen wird, ein tiefes Loch bis in die Mitte der Erdkugel bohren will und so weiter, können Sie dann daraus den Schluß ziehen, daß er ein erfindungsreicher Mensch ist? Ja, das kann man, oder zumindest kann man es unter bestimmten Voraussetzungen.
Betrachten Sie im Gegensatz dazu die beiden Beispiele in Abbil-

Abbildung 5.7
Klare induktive Argumente

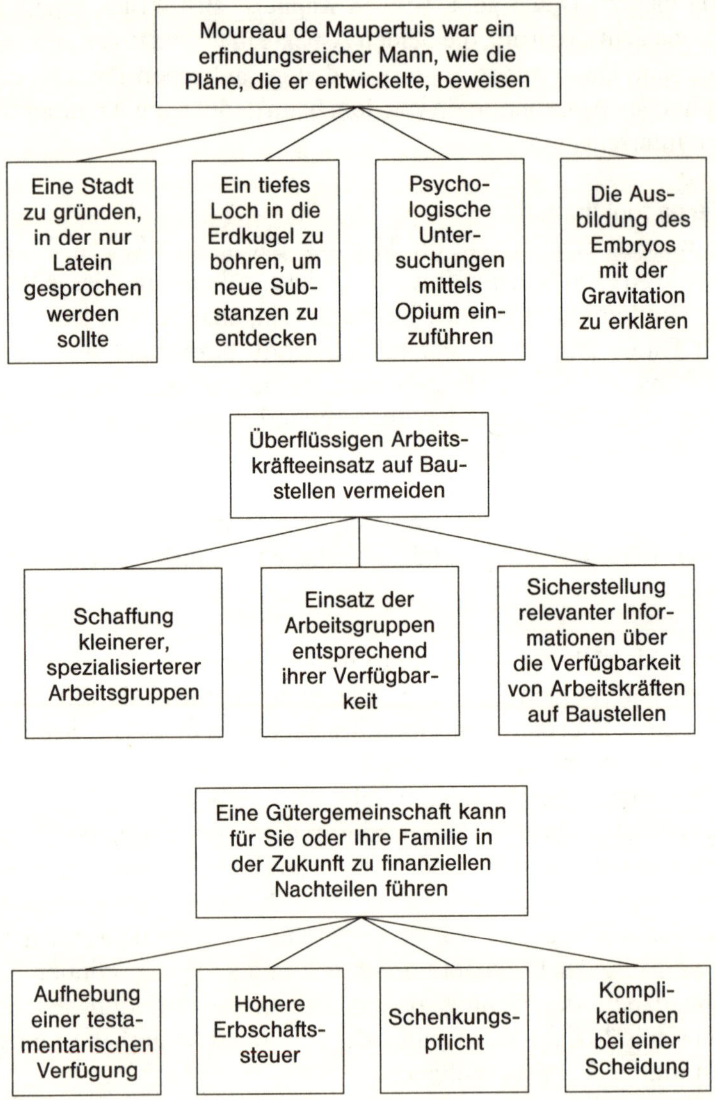

dung 5.8. Wenn Sie Manager kennen, die sich nicht der Realität stellen, keine Kritik dulden und so weiter, können Sie dann daraus den Schluß ziehen, daß sie ihrer Aufgabe nicht gerecht werden, weil sie es so wollen? Sicherlich nicht, das ist eine nachlässige Argumentations- und Schreibweise.

Wie steht es mit der nächsten Aussagekette? Wenn die Produktivität niedrig ist, viele Überstunden gemacht werden und die Preise nicht wettbewerbsgerecht sind, kann man dann schließen, daß die Satzkosten eine Möglichkeit zur Gewinnverbesserung darstellen? Das ist durchaus möglich. Aber ich kann mir auch noch drei oder vier andere Dinge vorstellen, die zu einer möglichen Gewinnver-

Abbildung 5.8
Unpassende induktive Argumente

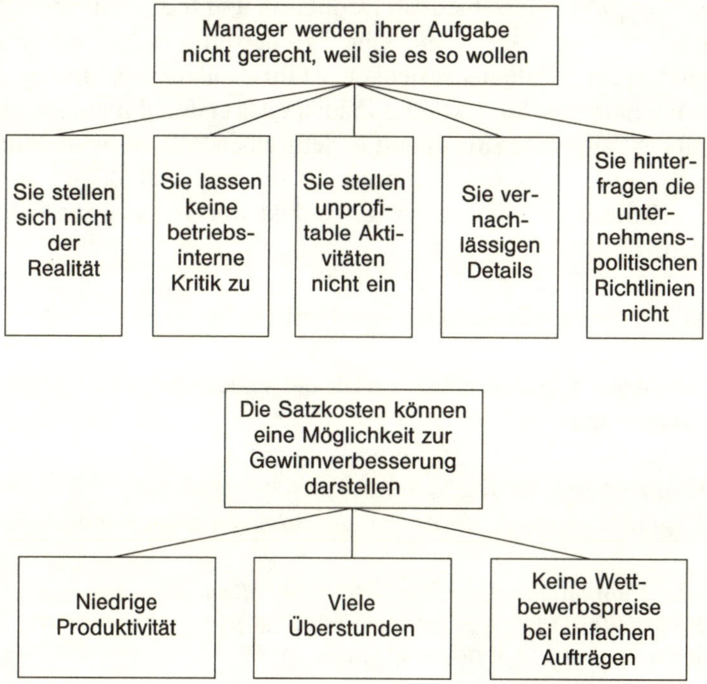

besserung führen könnten. In diesem Fall liegt der übergeordnete Punkt im Verhältnis zu den drei untergeordneten Punkten auf einem zu hohen Abstraktionslevel. Denn seine Aussage bezieht sich nicht spezifisch und exklusiv auf die untergeordneten Punkte. In der Tat handelt es sich hier um ein deduktives Argument, das als induktives daherkommt. Denken Sie an das Beispiel aus Kapitel 3: Die niedrige Produktivität führte zu den vielen Überstunden, die wiederum zu nicht wettbewerbsgerechten Preisen führten. In allen Fällen, in denen Sie für ihre Argumentation nur einen einzigen Beweis haben, müssen Sie gezwungenermaßen deduktiv argumentieren. Der übergeordnete Punkt würde in unserem Beispiel daher lauten: »Unsere Preise sind hoch, weil unsere Produktivität niedrig ist.«

Worin besteht der Unterschied?

Sie sehen, wie unterschiedlich Deduktion und Induktion sind und wie leicht es ist, diesen Unterschied zu bestimmen. Bedenken Sie immer: Wenn Sie deduktiv denken, ist Ihr zweiter Punkt immer ein Kommentar zum Subjekt oder Prädikat des ersten Punkts. Ist dies nicht der Fall, sollten Sie ihn unter demselben Substantiv im Plural wie den ersten einordnen können. Ist dies möglich, dann wissen Sie, daß Sie es mit einer stimmigen induktiven Gruppierung zu tun haben.

Um dies zu illustrieren, hier zwei Beispiele von sogenannten deduktiven Fehlschlüssen. Der Wortlaut:

- Alle Kommunisten plädieren für ein soziales Krankenversicherungssystem.
- Einige Mitarbeiter der Verwaltung plädieren für ein soziales Krankenversicherungssystem.
- *Folglich sind einige Mitarbeiter der Administration Kommunisten.*

- Alle Kaninchen können sehr schnell laufen.
- Einige Pferde können sehr schnell laufen.
- *Folglich sind einige Pferde Kaninchen.*

In beiden Fällen ist klar, daß der zweite Punkt kein Kommentar zum ersten Punkt ist, so daß diese Ideen nicht deduktiv miteinander verknüpft werden können. Statt dessen ist der zweite Punkt ein weiteres Glied einer Klassifizierung (Substantiv im Plural), die im ersten Punkt festgelegt wurde. Wenn man jedoch Ideen durch ein Substantiv im Plural definiert, so handelt es sich dabei eindeutig um eine induktive Argumentation.
Machen Sie den folgenden Test, und stellen Sie sich vor, ich würde zu Ihnen sagen:

> »Japanische Geschäftsleute drängen verstärkt auf den chinesischen Markt.«

Welcher der nächsten zwei Punkte bezieht sich induktiv und welcher deduktiv auf diese Aussage?

- Die Tatsache, daß amerikanische Geschäftsleute diesen Markt in Kürze betreten werden, wird noch einen zusätzlichen Anreiz für sie bilden.
- Amerikanische Geschäftsleute drängen verstärkt auf den chinesischen Markt.

Ganz klar: Der erste Satz ist deduktiv, der zweite induktiv.
Beachten Sie, daß man bei induktiven Ideen entweder das Subjekt beibehält und das Objekt ändert beziehungsweise das Objekt beibehält und das Subjekt ändert. So könnten Sie beispielsweise sagen:

- Japanische Geschäftsleute drängen verstärkt auf den chinesischen Markt.
- Amerikanische Geschäftsleute drängen verstärkt auf den chinesischen Markt.
- Deutsche Geschäftsleute drängen verstärkt auf den chinesischen Markt.
- *Der chinesische Markt wird der Markt der Zukunft.*

Oder Sie könnten sagen:

- Japanische Geschäftsleute drängen verstärkt auf den chinesischen Markt.
- Japanische Geschäftsleute drängen verstärkt auf den thailändischen Markt.
- Japanische Geschäftsleute drängen verstärkt auf den koreanischen Markt.
- *Japanische Geschäftsleute drängen aggressiv auf südostasiatische Märkte.*

Egal, ob Sie eine Reihe von Ideen zu einer induktiven Gruppierung formen oder den Anfang einer deduktiven Argumentationskette bilden, Ihr Leser wird automatisch entweder eine zusammenfassende Aussage oder eine »Daher-Aussage« erwarten. Diese Erwartung führt den Leser oft dazu, seine Gedanken in die Zukunft zu projizieren und bereits innerlich den nächsten Punkt zu formulieren. Wenn seine Gedanken von den Ihren abweichen, kann er sowohl verwirrt als auch ärgerlich werden. Es ist daher sinnvoll, sicherzustellen, daß Ihre Denkrichtung für den Leser leicht erkennbar ist. Nennen Sie daher immer erst den übergeordneten Punkt, bevor Sie auf die darunter einzuordnenden Ideen eingehen.

Kapitel 6:

Hervorhebung der Textstruktur

Haben Sie den logischen Aufbau Ihrer Pyramide erarbeitet und sind bereit, mit dem Schreiben zu beginnen, ist es notwendig, Ihre Ideen auch visuell darzustellen. Das heißt, Sie müssen die einzelnen Ideen- oder Gedankenbereiche deutlich hervorheben. Dabei werden Sie ganz selbstverständlich die hierarchische Struktur der Pyramide verwenden. Betrachten Sie dazu Abbildung 6.1.

Sie können diese Struktur in verschiedener Weise wiedergeben. Am häufigsten verwendet werden Überschriften, Unterstreichungen, die Dezimalklassifikation und Einzüge. Darüber, welche die beste Markierungsmethode ist, sind sich die Experten nicht einig. Ich persönlich bevorzuge die Verwendung von Überschriften, werde die anderen Techniken aber ebenfalls erörtern und beschreiben.

Welche Gliederung Sie auch immer wählen, bedenken Sie, daß Ihr Ziel im wesentlichen darin besteht, dem Leser das Verständnis zu erleichtern. Das heißt, daß die Gliederung die verschiedenen Abstraktionsebenen Ihrer Argumentation wiedergeben muß. Nur nach außen hin den gewünschten Eindruck zu machen - ohne richtigen Inhalt - kann Verwirrung stiften.

Daher sollte man ein fundiertes Verständnis der einzelnen Regeln besitzen, bevor man sich für ein bestimmtes System entscheidet.

Überschriften

Im wesentlichen besteht die Methode darin, Markierungszeichen für zunehmend weiter unten angesiedelte Ideen graphisch immer weiter nach rechts zu rücken (Abbildung 6.2). So werden in Über-

Abbildung 6.1
Überschriften sollten den Aufbau der Argumentation verdeutlichen

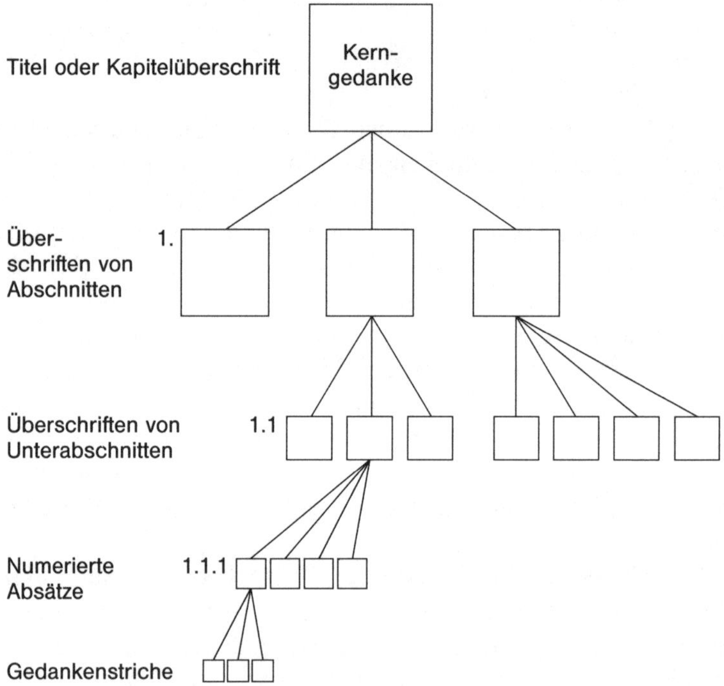

schriften für Hauptabschnitte Kerngedanken in Versalien am linken Rand angegeben. Es folgen Unterteilungen dieser Kernideen, ebenfalls in Versalien, als Überschriften von Unterabschnitten. Weitere Unterteilungen können numerierte Absätze sein. Selbstverständlich müssen Sie sich bei der Wahl Ihrer Überschriften nicht unbedingt an diese Graphik halten. Doch unabhängig von der Form sollte jede Überschrift einen bestimmten Gedankenbereich betiteln. Das heißt, die innerhalb einer Pyramide bestehenden Beziehungen zwischen den Ideen sollten in Ihren Überschriften zum Ausdruck kommen. Achten Sie zu diesem Zweck darauf, daß

① *Sie niemals nur eines der verschiedenen Textelemente verwenden*
Da Überschriften für Abstraktionsstufen innerhalb der Pyramide stehen, können Sie auf den einzelnen Ebenen nicht nur einen einzigen Punkt betiteln. Sie können beispielsweise nicht nur einen Hauptabschnitt schreiben, einen Unterabschnitt, einen numerierten Absatz oder einen Satz mit einem Gedankenstrich. Anders als im Journalismus können Sie eine Überschrift nicht einfach nur setzen, um Aufmerksamkeit zu erregen und neugierig zu machen. Vielmehr geht es darum, den Aufbau Ihres Textes zu verdeutlichen und die einzelnen Abstraktionsstufen hervorzuheben.

② *Stellen Sie zueinandergehörige Ideen in gleicher Form dar*
Da alle Ideen in einer Gruppe von gleicher Art sind, sollten Sie diese Gleichheit betonen, indem Sie dieselbe grammatische Form für die Formulierung der einzelnen Überschriften verwenden. Wenn zum Beispiel die erste Idee in einer Gruppe von Überschriften zu den Hauptabschnitten durch ein Verb zum Ausdruck gebracht wird, sollte dies bei den übrigen auch der Fall sein. Wenn die erste Idee in einer Gruppe von Überschriften zu Unterabschnitten substantivisch formuliert wird, sollten alle anderen ebenfalls substantivisch sein. Das sähe dann beispielsweise so aus:

Ernennung eines Hauptgeschäftsführers
Aktivitäten koordinieren
Verbesserungen durchführen

Einrichtung klarer Autoritätswege
Neugruppierung der Hotels nach Support-Kriterien
Festlegung der Zuständigkeit für Auslandsaktivitäten
Streichung des Aufsichtsrats aus der Befehlskette

Wie Sie sehen, bedeutet die Tatsache, daß die Überschriften der Unterabschnitte in der ersten Gruppe geprägt sind durch infinite

Abbildung 6.2
Beispiele für Überschriften

1. Dies ist eine Kapitelüberschrift
Kapitelüberschriften werden numeriert und linksbündig gesetzt. Sie sollten den im Kapitel zu entwickelnden Kerngedanken zum Ausdruck bringen. Die der Kapitelüberschrift folgenden Absätze sollten den Kerngedanken klar wiedergeben sowie dem Leser alle Informationen liefern, die er braucht, damit er den Standpunkt, von dem aus Sie argumentieren, versteht. Im Anschluß daran können Sie Ihre Argumente vortragen und ihm sagen, wie Sie sie ausarbeiten wollen. Die nachfolgenden Kapitelüberschriften sollten typographisch gleich gestaltet sein.
Ihre Hauptgedankenbereiche können mit einem dicken Punkt oder einem sonstigen Unterscheidungssymbol hervorgehoben werden.

- Erster grundlegender Kerngedanke
- Zweiter grundlegender Kerngedanke

Dies ist die Überschrift eines Abschnitts
Diese Überschriften sollten ebenfalls die Idee wiedergeben, die im folgenden Abschnitt entwickelt wird. Und an der Formulierung des ersten Absatzes sollten sich die folgenden orientieren. Ein Abschnitt kann dann weiter unterteilt werden: entweder in Unterabschnitte oder, wenn es sich um kurze Punkte handelt, in numerierte Absätze. Die Hauptideen der Unterabschnitte sollten vorgestellt und typographisch durch dicke Punkte hervorgehoben werden:

- Erster geplanter Untergedanke
- Zweiter geplanter Untergedanke

Dies ist die Überschrift eines Unterabschnitts
Auch diese sollten so formuliert sein, daß sie die von Ihnen behandelten Hauptgedanken wiedergeben. Und sie sollten ebenfalls typographisch gleich gestaltet sein. Wenn Sie die Argumentation in einem Unterabschnitt noch weiter unterteilen wollen, bieten sich dafür numerierte Absätze an.

1. Dies ist ein numerierter Absatz. Den ersten Satz oder die ersten Wörter kann man unterstreichen, um die Gleichheit der numerierten Absätze zu betonen. Das Argument, das Sie ausführen wollen, mag mehrere Absätze erfordern, doch sollte man versuchen, mit drei Absätzen auszukommen.

   1.a Dies ist ein Absatz mit alphabetischen Unterpunkten zur Unterteilung der Argumentation in einem numerierten Absatz.

   - Nur selten ist es notwendig, eine Idee bis auf die Ebene der Gedankenstriche zu unterteilen; wenn doch, so sieht das wie hier aus.

* * *

Neben diesen Gliederungsmitteln kann man auch Sternchen oder ähnliches verwenden. Sternchen kann man drei in einer Reihe in der Mitte des Blattes verwenden, um anzuzeigen, daß danach der Abschlußkommentar zu einem langen Abschnitt folgt. Einen Punkt als Absatzzeichen kann man benutzen, um Dinge aufzulisten. Es sollten allerdings nicht mehr als fünf Dinge nacheinander sein. Sie können einen Punkt aber auch nutzen, um Aufmerksamkeit auf einen einzelnen Absatz zu lenken, der etwas enthält, was Sie betonen wollen.

- Diese Absätze sollten en bloc geschrieben und so kurz wie möglich gehalten werden.

Verben (koordinieren, durchführen), nicht, daß das bei der zweiten Gruppe ebenfalls so sein muß. Bedenken Sie, daß zwischen den Ideen in jedem Hauptabschnitt unsichtbare Grenzen gezogen sind. Also sollte Gleichheit, wenn, dann zwischen den Ideen in einem Unterabschnitt betont werden und nicht zwischen Gruppen von Unterabschnitten.

③ *Beschränken Sie die Länge der Überschrift auf das Essentielle des Gedankens*
Die Überschriften sollen der Erinnerung dienen, nicht dominieren. Sie sollten daher so knapp wie möglich gehalten werden. Es wäre beispielsweise unzweckmäßig, eine Überschrift wie folgt zu formulieren: »Ernennung eines Hauptgeschäftsführers zur Sicherstellung zentraler Autoritätsstrukturen«.

④ *Betrachten Sie Überschriften nicht als Teil des Textes*
Überschriften sind mehr für das Auge als den Geist gedacht. Aus diesem Grund werden sie oft nicht sorgfältig gelesen, und man kann sich nicht darauf verlassen, daß sie die Botschaft richtig vermitteln. Folglich müssen Sie sicherstellen, daß der erste Satz unter einer Überschrift darauf hinweist, daß Sie zu einem neuen Thema übergehen. Tatsächlich sollte sich Ihr gesamter Text wie ein Fließtext ohne die Überschriften lesen lassen. Und umgekehrt sollten Sie Überschriften eben niemals als Teil des Textes verwenden. Hier ein Negativbeispiel:

> *Ernennung eines Hauptgeschäftsführers*
> Mit dieser Maßnahme wird weitgehend sichergestellt, daß die Zuständigkeiten für das Tagesgeschäft von . . . geklärt werden.

Diese Regel gilt selbstverständlich nicht für numerierte Absätze, die durchaus als Teil des Textes gelesen werden sollen.

⑤ *Stellen Sie jede Überschriftengruppe vor*
Das heißt, beschreiben Sie zu Beginn eines Kapitels kurz den Kerngedanken einer Gruppierung sowie die nachfolgenden Ideen.

Nur so weiß der Leser von vornherein, was ihn erwartet und worauf Sie in diesem Kapitel hinauswollen. Es ist wichtig, daß der Leser einen Rahmen erkennt. Sonst hat er womöglich, am Ende Ihres Textes angelangt, schon wieder vergessen, was er am Anfang gelesen hat. Aus diesem Grund sollten Sie die Überschrift eines Hauptabschnittes niemals unmittelbar auf den Titel folgen lassen und genausowenig die Überschrift eines Unterabschnitts unmittelbar auf die Überschrift eines Absatzes.

⑥ *Übertreiben Sie nicht*
Dies ist die vielleicht wichtigste Regel. Überschriften sind nur dann von Nutzen, wenn sie Ihre Aussage verdeutlichen und es dem Leser erleichtern, Ihre Argumentationsstufen in Erinnerung zu behalten. In vielen Fällen ist es auch nicht nötig, unterhalb der Hauptüberschriften weitere Unterteilungen vorzunehmen.

Wenn Sie Ihre Überschriften richtig formulieren, werden sie im Inhaltsverzeichnis als gedrängte Darstellung Ihres Berichts erscheinen. Dies ist eine weitere, extrem nützliche Hilfe für den Leser, um sich in Ihr Denken hineinzuversetzen.

Unterstreichungen

Eine andere Methode, um die Rangfolge Ihrer Ideen hervorzuheben: Unterstreichen Sie die Hauptgedanken der Argumente, die unterhalb der Ebene der Schlüsselaussagen liegen. Weitere, ebenfalls stützende Aussagen auf noch weiter unten angesiedelten Ebenen werden gleichfalls unterstrichen, zur Unterscheidung jedoch eine andere typographische Form und Einzug verwendet.
Zweck dieser Gliederung ist es, die Lektüre zu beschleunigen und zu erleichtern. Theoretisch soll der Leser so auf Wunsch in der Lage sein, den gesamten Text nur zu überfliegen, indem er die unterstrichenen Hauptpunkte liest und sich dabei einen Eindruck von der Gesamtaussage verschafft.
Dies ist zwar sehr angenehm für den Leser. Für den Schreiber

jedoch ist es nicht immer so einfach, eine überschaubare Gliederung zu erstellen. Halten Sie sich daher an folgende Regeln:

① *Sie müssen absolut diszipliniert in der Anwendung der Frage-Antwort-Logik sein*
Untergeordnete Punkte müssen eine direkte Antwort auf die durch den übergeordneten Punkt aufgeworfene Frage darstellen, nicht mehr und nicht weniger. Bei dieser Gliederung gibt es keinen Platz für weitschweifige Sprachspielereien. Schließlich geht es darum, Ihre Ideen in klarer und logischer Weise darzustellen. Zusatz- oder Hintergrundinformationen sollten Sie in den einleitenden oder den Schlußabsätzen aufführen.

② *Die Formulierung Ihrer Aussagen sollte so knapp und präzise wie irgend möglich sein*
Ihr Leser muß nach wenigen Worten den Inhalt eines Satzes erfassen können. Muten Sie ihm keine Bandwurmsätze zu. Hat einer Ihrer Sätze mehr als ein Dutzend Wörter beziehungsweise mehr als ein Subjekt und ein Prädikat, dann überdenken Sie ihn besser noch einmal.

③ *Beschränken Sie Ihre einzelnen Punkte rigoros auf die Skizzierung Ihrer deduktiven oder induktiven Argumentation*
Die meisten ignorieren diese Forderung und listen dann einfach nur einzelne Punkte auf, ohne die Feinheiten von Induktion und Deduktion zu berücksichtigen. Sie wissen, daß es in einer verketteten deduktiven Argumentation niemals mehr als vier Punkte geben darf, in einer induktiven niemals mehr als fünf. Wenn Sie feststellen, daß Sie dieses Limit überschritten haben, haben Sie wahrscheinlich die Möglichkeit zur Bildung einer weiteren Gruppe übersehen und sollten noch einmal über Ihre Aussagen nachdenken.

Abbildung 6.3

Geben Sie den Hauptpunkt im Titel wieder

Schreiben Sie einen Absatz oder auch mehrere zur Beschreibung der Situation. xxx xxxxx xxxxxx xxx xxxxx xxxxxxx xxx xxxxx xxxxxxx xxxxx xxxxxxx xxx xxxxx xxxxxxx xxx xxxxx xx.

Schreiben Sie einen Absatz oder auch mehrere zur Komplikation und Frage. In manchen Fällen ist die Frage implizit enthalten. xxx xxxxx xxxxxxx xxx xxxxx xxxxxxx xxx xxxxx xxxxxxx xxx xxxx xxxxxxxx xxx xxxxx xxxxxxx xxx xxxxx.

Formulieren Sie den Kerngedanken. Wenn der Text über mehr als sieben Absätze läuft, nennen Sie die einzelnen Punkte auf der Ebene der Schlüsselaussagen:

- Erste Schlüsselaussage
- Zweite Schlüsselaussage
- Dritte Schlüsselaussage

Fügen Sie eine Überschrift für die erste Schlüsselaussage ein

Schreiben Sie eine kurze Einleitung, die zur Kernaussage hinführt und diese nochmals wiederholt. Wenn der Abschnitt wiederum länger als sieben Absätze ist, nennen Sie die einzelnen Punkte untereinander, und setzen Sie sie mittig. Dann:

1. *Numerieren Sie die stützenden Aussagen, unterstrichen, linksbündig*

1.1 *Erste Unternumerierung, unterstrichen, linksbündig*

1.1.1 *Wenn der Text sehr lang ist, zweite Unternumerierung, unterstrichen, linksbündig*

A. alphabetische Unterteilung und Einzug für die Punkte der nächsten Ebene

   - Gedankenstrich und Einzug für die Punkte der nächsten Ebene

Abbildung 6.4
Beispiel für die Verwendung von numerierten Überschriften

5. Einsatz von Sprache

Sollte ein Redner vom Manuskript ablesen oder anhand einiger Notizen mehr oder weniger spontan sprechen? Diese Frage taucht immer wieder auf. Sie eindeutig zu beantworten scheint nicht so leicht zu sein.

Zweifelsohne ist der beste Redner immer der, der sich ganz natürlich gibt. Er ist locker, spricht fließend, ist freundlich, amüsant und frei von Hemmungen. Er hat es nicht nötig, sich an ein Stück Papier zu klammern. Er spricht geradeheraus zu uns und richtet sich im Verlauf seiner Rede nach unseren Reaktionen. Insofern kann er in seiner Rede auch keinem vorgefertigten Manuskript folgen.

5.1 Probleme einer freien Präsentation

Die Fähigkeit, frei zu sprechen, wird von den meisten Menschen als göttliche Gabe betrachtet, mit der sie selber leider nicht gesegnet sind. Den wenigsten von uns fließen die Worte so leicht von den Lippen. Doch auch talentierte Redner haben Probleme, und zwar die folgenden drei.

5.1.1 Schaubilder

Ein brillanter Redner braucht keine visuellen Hilfsmittel, um seine Zuhörer vom Einschlafen abzuhalten. Dennoch können sie, bedingt durch das Thema einer Präsentation, erforderlich sein. Und sind sie einmal da, ist es kaum mehr möglich, von der geplanten Reihenfolge abzuweichen. Die Abfolge der Dias und Flip-charts ist im vorhinein festgelegt, und derjenige, der sie vorführt, weiß, wann er seinen Diaprojektor verlassen und sich zum Filmprojektor außerhalb des Raums begeben muß. Ein Vortrag aus dem Stegreif würde die ganze Vorführung durcheinanderbringen.

5.1.2 Zeiterwägungen

Eine Präsentation ist fast immer zeitlich begrenzt, und in dieser Zeit muß eine bestimmte Menge an Informationen vermittelt werden. Ohne ein einigermaßen ausgearbeitetes Manuskript wird entweder die Zeit überzogen, oder wichtige Punkte werden vergessen.

5.1.3 Die beste Methode

Wenn Sie akzeptieren, daß bestimmte Punkte in einer bestimmten Zeit einer bestimmten Zuhörerschaft vermittelt werden müssen, sind Optimierungskriterien ausschlaggebend. Es gibt immer eine optimale Reihenfolge, in der die Punkte vorgetragen werden sollten. Es gibt eine optimale Methode, sie so zu formulieren, daß sie den Zuhörern klarwerden. Es gibt optimale Worte und Wendungen, um Ihre Argumente zu betonen. Sie werden sehr bald feststellen, daß ein wirklich spontaner Vortrag nicht praktikabel ist. Warum also nicht gleich alles im Manuskript festhalten?

Die meisten kommen irgendwann zu dieser Einsicht, und von da an läuft alles. Man setzt sich an seinen Schreibtisch, schreibt nieder, was man sagen will, gibt es seiner Sekretärin und glaubt, man hätte nun seine Präsentation auf dem Papier. Doch das stimmt nicht. Man hat bestenfalls einen Aufsatz geschrieben.

5.2 Lesen Sie keinen Aufsatz vor

Warum stört es uns eigentlich, wenn jemand einen Text vorliest oder auswendig lernt und rezitiert? Berühmte Professoren lesen ihre Aufsätze vor einem hochgebildeten Publikum ab, und niemand beklagt sich: Das liegt wohl daran, daß sich in einem solchen Fall die Zuhörer privilegiert fühlen, weil sie vermeintlich an der Quelle des Wissens sitzen. In anderen Situationen jedoch . . .

Dezimalklassifikation

Viele Unternehmen und die meisten staatlichen Institutionen verwenden zur Hervorhebung der Textstruktur anstelle von Überschriften lieber Zahlen. Einige gehen dabei so weit, jeden einzelnen Absatz zu numerieren. Diese Methode hat den Vorteil, daß man sich auf jedes einzelne Thema oder jede Empfehlung leicht und präzise beziehen kann.

Die häufige Verwendung von Ziffern im Text kann den Lesefluß jedoch empfindlich stören. Für den Leser ist es dann wesentlich schwieriger, sich auf den Inhalt zu konzentrieren. Ein weiterer Nachteil dieser Methode: Wenn durch Änderung des fertigen Textes ein Absatz entfällt, müssen alle nachfolgenden Absätze neu durchnumeriert werden - auch im Zeitalter moderner Textverarbeitung eine ziemlich mühselige Aufgabe.

Wenn Sie sich entschließen, die Numerierung aufgrund ihres Vorteils als schnelles Referenzmittel zu wählen, sollten Sie sie immer zusammen mit Überschriften, nie anstelle von Überschriften verwenden. Überschriften haben den Vorteil, daß der Leser die Kernideen des Textes schnell erfassen kann. Und sie sind recht nützlich zur Gedächtnisauffrischung, wenn er sich Ihren Text einige Tage nach der ersten Lektüre noch einmal vornimmt.

Sie werden merken, daß die Formulierung »In Abschnitt 4.1 zum Thema Gewinn in der Herstellung . . .« als Hinweis klarer ist als nur »In Abschnitt 4.1 . . .« Im ersten Fall ist dem Leser die allgemeine Idee gegenwärtig, wenn er sich einem spezifischen Referenzpunkt zuwendet. Im zweiten Fall muß er zurückblättern und nachlesen, um sich den Inhalt von 4.1 zu vergegenwärtigen.

Der in Abbildung 6.4 gezeigte Auszug aus Antony Jays interessantem Buch *Effective Presentation* illustriert, wie Ihr Text aussehen könnte, wenn Sie numerierte Überschriften zur Gliederung verwenden.

Welche Art von Numerierung sollten Sie nun wählen? Die folgende ist sehr gebräuchlich:

I. Der Hund ist das einzige Tier,
   das, um seinem Herrn zu helfen,
   sogar bereit ist zu sterben
   1. Andere Tiere ergreifen die Flucht,
      wenn sie Gefahr wittern
      a) Ein Hund nicht
         aa) Selbst dann nicht, wenn das für
             ihn den Tod bedeutet

Doch das folgende System ist vermutlich klarer und einfacher:

1. Der Hund ist das einzige Tier,
   das, um seinem Herrn zu helfen,
   sogar bereit ist zu sterben

1.1 Andere Tiere ergreifen die Flucht,
    wenn sie Gefahr wittern

1.1.1 Ein Hund nicht

1.1.1.1 Selbst dann nicht, wenn das für
        ihn den Tod bedeutet

Diese Beispiele sollen die Beziehungen der numerierten Ebenen untereinander aufzeigen und weniger ihre tatsächliche Form. Die Form, wie in Abbildung 5.7 gezeigt, sollte nämlich die Unterteilung der Gedanken in einem Text zum Ausdruck bringen. Deswegen sollte man einzelne Absätze in einer Texteinleitung, einer abschließenden Zusammenfassung, in verbindenden Kommentaren oder in der Einleitung zu untergeordneten Punkten nicht numerieren.

Einrückungen

Gelegentlich werden Sie es mit einem so kurzen Text zu tun haben, daß sich weder Überschriften noch die Dezimalklassifikation zur Hervorhebung der einzelnen Ideen eignen. Trotzdem haben Sie es immer noch mit einer Gruppe einzelner Ideen zu tun, die Sie in irgendeiner Weise voneinander abzuheben wünschen.

Abbildung 6.5

Ich habe mit Frank Köhler und den Wirtschaftsingenieuren für die zweite Septemberwoche und mit Stephan Wiesbaum und seinen Mitarbeitern für die dritte Septemberwoche eine Brainstorming-Sitzung angesetzt.
Meiner Meinung nach brauchen wir nur einige Dias für die Einleitung. Ich lege sie Ihnen zusammen mit einigen Vorschlägen für die Schaubilder bei.
Außerdem brauchen wir Dias der spezifischen Beispiele für eine positiv besetzte Sprache. Diese Dias sollten als Zusammenfassung am Schluß der Präsentation gezeigt werden. Die Sprachbeispiele sollten auch gedruckt zur Verteilung an die Präsentationsteilnehmer vorliegen.
Schaubilder, aus denen die Ergebnisse der von uns durchgeführten Innovation ersichtlich sind, etwa die Dias, die Sie von den Musikinstrumenten angefertigt haben, wären für das Treffen mit Frank Köhler in der zweiten Woche recht nützlich. Besonders wichtig wären sie allerdings für das Treffen mit Stephan Wiesbaum in der dritten Septemberwoche.
Wir haben den Film »Warum der Mensch kreativ ist« gekauft und wollen ihn als Teil der Programmeinführung verwenden.
Außerdem brauchen wir Dias zum Thema »Innovatives Umfeld«.

Eine Ideengruppierung ist für den Leser immer einfacher zu erfassen, wenn sie auch als solche hervorgehoben wird. Schauen Sie sich beispielsweise die zwei Versionen der Aktennotiz in den Abbildungen 6.5 und 6.6 an.
Die erste Version ist relativ klar. Aber die in der zweiten Version verwendete Methode läßt dem Leser die Punkte geradezu ins Auge springen.
Die Hauptregel bei diesem System heißt: Alle Ideen müssen in identischer grammatischer Form dargeboten werden. Damit verkürzt man nicht nur den Text; auch die Ideen werden leichter begreiflich. Und vor allen Dingen kann man so sehr gut überprü-

Abbildung 6.6

Ich habe mit Frank Köhler und den Wirtschaftsingenieuren für die zweite Septemberwoche und mit Stephan Wiesbaum und seinen Mitarbeitern für die dritte Septemberwoche eine Brainstorming-Sitzung angesetzt. Für beide Treffen benötigen wir Dias folgenden Inhalts:

1. Die in der Einleitung vorgetragenen Hauptpunkte. Vorschläge anbei.
2. Spezifische Beispiele für eine positiv besetzte Sprache. Diese Schaubilder würden als Zusammenfassung am Schluß der Präsentation stehen. Die Sprachbeispiele sollten auch gedruckt zur Verteilung an die Teilnehmer vorliegen.
3. Die Ergebnisse der von uns durchgeführten Innovationen, etwa die Dias, die Sie von den Musikinstrumenten angefertigt haben. Sie wären recht nützlich für das Treffen mit Frank Köhler, unbedingt wichtig jedoch für das Treffen mit Stephan Wiesbaum.
4. Die für die Schaffung eines innovativen Umfeldes erforderlichen Schritte.

fen, ob das, was man sagen will, klar und deutlich ist. So ist in Abbildung 6.6 zum Beispiel klar zu erkennen, daß der Schreiber keine Angaben dazu macht, welche Art von Dias er für den Teil über das Innovationsumfeld braucht.

Egal, ob ein Text lang oder kurz ist: Ideen, deren Beziehung zueinander bildlich hervorgehoben wird, sind für den Leser immer leichter verständlich. Für Einrückungen gilt jedoch das gleiche wie für Überschriften: Weniger ist mehr. Pro Aktennotiz sollte daher möglichst nur eine Ideengruppierung eingerückt werden. Andernfalls wird die strukturierende Wirkung der Einrückungen ad absurdum geführt.

All diese Methoden haben den Zweck, Ihren Text übersichtlicher und verständlicher zu machen. Sie führen dem Leser Zusammenhänge vor Augen und helfen ihm, Ihre Ideen schneller zu erfassen. Zugegebenermaßen ist es nicht übermäßig viel Zeit, die er dadurch spart, aber immerhin ein wenig. Und bedenkt man, wie viele Schriftstücke täglich seinen Schreibtisch passieren, so kann diese kleine Zeiteinsparung schon ein großer Gewinn sein.

Teil II

Logik im Denken

Einführung in Teil II

Mit ein wenig Übung werden Sie bald ohne weiteres in der Lage sein, anhand des Pyramiden-Prinzips Ihre Gedanken in eine logische Struktur zu bringen. In der Regel können Sie ohne großen Aufwand Ihr Thema, die Frage des Lesers sowie Situation und Komplikation bestimmen und mit der Auflistung Ihrer Hauptpunkte fortfahren. Sind Sie sich dann noch über den Titel und die wichtigsten Überschriften im klaren, können Sie mit dem Schreiben beginnen.

Doch egal, wie gründlich Sie auch über die Struktur Ihres Textes nachgedacht haben, es ist unwahrscheinlich, daß Ihr erster Entwurf vollkommen logisch ist und Sie alle Regeln eingehalten haben. Oft scheinen sich Argumentationspunkte in der Pyramiden-Form logisch zu einer Gruppe zusammenzuschließen. Später jedoch, wenn man sie niedergeschrieben hat, sind die logischen Verbindungen zwischen ihnen plötzlich gar nicht mehr so klar. Und scheinbar unanfechtbare Argumente erweisen sich nun als abgrundtiefe Fallen bei dem Versuch, sie durch gültige Aussagen zu stützen.

Solche Tücken werden schnell übersehen. Es ist daher sinnvoll, jeden Text gezielt danach zu durchsuchen. Zugegeben: Das fällt oft schwer. Wer wirft schon gerne seine Ideen um, wenn Sie erst einmal in schriftlicher Form vor einem auf dem Schreibtisch liegen.

Dieses psychologische Hindernis läßt sich am wirksamsten anhand einer Checkliste von Einzelregeln überwinden. Diese sollten Sie auf jede Gruppierung in der Pyramidenstruktur anwenden. Damit zwingen Sie sich, Ihren Text kritisch zu betrachten. Ferner wird Ihr »Autorenstolz« dadurch in Schranken gehalten, und Sie können sich Ihrem eigenen Text gegenüber objektiv verhalten. (Diese Me-

thode läßt sich selbstverständlich mit gleicher Effektivität bei der Lektüre von Formulierungen anderer Personen anwenden.)
Im wesentlichen gibt es vier solcher Regelbereiche, mit deren Hilfe Sie Ihre Kritikfähigkeit absichern können:

1. Sie können die generelle *Ordnung* der Ideen in einer Gruppierung hinterfragen.
2. Sie können deren besondere *Quelle* in Ihrem Problemlösungsprozeß hinterfragen.
3. Sie können Ihre *zusammenfassende Aussage* über sie hinterfragen.
4. Sie können die *Formulierungen*, mit denen Sie sie zum Ausdruck bringen, kritisch untersuchen.

Die folgenden Kapitel behandeln die diesen Techniken zugrunde liegenden theoretischen und praktischen Überlegungen. Meine Erklärungen dazu sind sowohl technischer als auch abstrakter als die in den vorangegangenen Kapiteln. Um die Konzepte klar darzustellen, erscheint es mir jedoch unumgänglich, zunächst die ihnen zugrunde liegende Theorie zu skizzieren. Andererseits ist die richtige Anwendung dieser Konzepte für ein deutliches Schreiben so wesentlich, daß ich mit Sicherheit annehme, Sie werden diesen Extraaufwand, der für das theoretische Verständnis erforderlich ist, durchaus lohnenswert finden.

Kapitel 7:

Die Ordnung einer Gruppierung hinterfragen

Sie wissen, daß die Ideen in einer Gruppierung in eine logische Ordnung gebracht werden müssen. In deduktiven Gruppierungen ist das natürlich kein Problem, denn die logische Ordnung ist die von der Struktur des Arguments her auferlegte Ordnung. In induktiven Gruppierungen haben Sie jedoch die Wahl, wie Sie ordnen wollen. Sie müssen daher wissen, welche Wahl Sie getroffen haben, um anschließend beurteilen zu können, ob es die richtige war.
Sie wissen, daß die Zusammenstellung bestimmter Ideen zu einer Gruppe nicht willkürlich sein kann, sondern einem bestimmten System folgt. Schließlich muß zwischen ihnen eine logische Beziehung bestehen.
Zum Beispiel:

- Drei Schritte, um ein Problem zu lösen.
- Drei Schlüsselfaktoren für den Branchenerfolg.
- Drei Probleme in einem Unternehmen.

Um solche Zusammenhänge zu erkennen, muß zunächst eine logische Analyse durchgeführt werden. In diesem Fall sollte die Ordnung, die Sie wählen, die analytische Gedankenarbeit wiedergeben, mit deren Hilfe Sie die Gruppierung entstehen ließen. Der menschliche Geist kennt nur drei verschiedene Arten der Analyse (vergleiche dazu Abbildung 7.1).

① *Er kann die Ursachen für eine Wirkung bestimmen*
Immer wenn Sie jemanden schriftlich zu einer Handlung auffordern – zum Beispiel den Vertrieb neu zu strukturieren –, tun Sie das mit einer bestimmten Zielsetzung. Das heißt, Sie haben zuerst

Abbildung 7.1
Die Quelle der Gruppierung . . . diktiert ihre Ordnung

1. Er kann die Ursachen einer Wirkung bestimmen — Zeitliche Ordnung

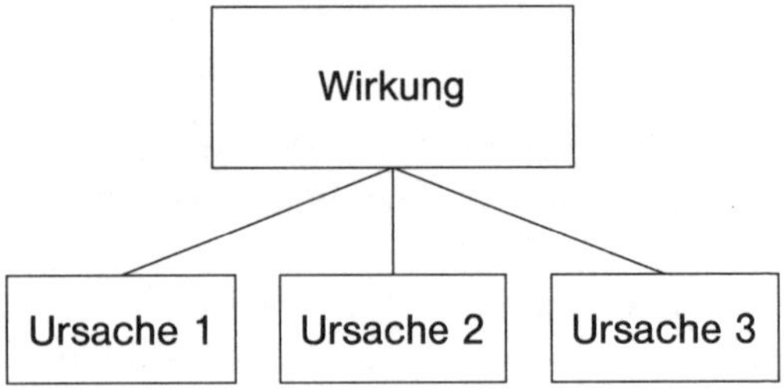

2. Er kann ein Ganzes in seine Teile unterteilen — Strukturelle Ordnung

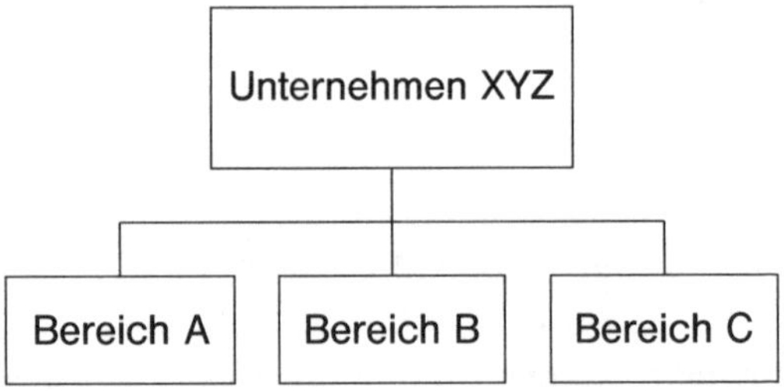

3. Er kann ähnliche Dinge in Klassen einordnen — Ordnung nach Bedeutung

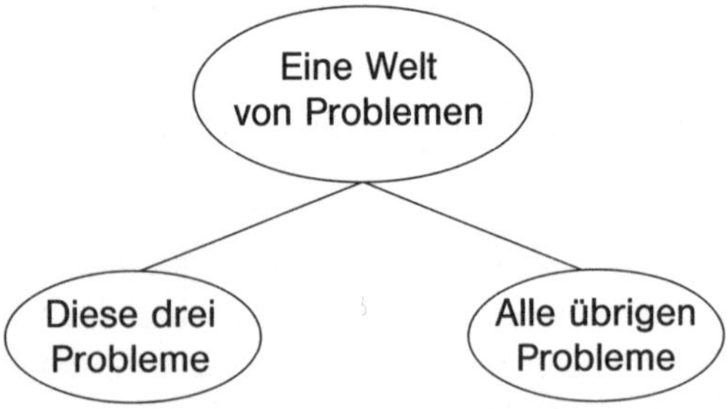

entschieden, welche Wirkung Sie erzielen wollen, und dann erst, welche Maßnahme dazu erforderlich ist.
Wenn mehrere unterschiedliche Aktionen notwendig sind, um das gewünschte Ergebnis zu erzielen (beispielsweise drei Schritte zur Lösung eines Problems), so können sie gemeinsam als ein System betrachtet werden. Die erforderlichen Schritte zur Realisierung des Systems können jedoch nur einer nach dem anderen unternommen werden. Daher unterliegt eine Gruppierung von Schritten, die einen Prozeß oder ein System darstellen, immer der zeitlichen Ordnung.

② *Er kann ein Ganzes in seine Teile unterteilen*
Mit dieser Technik sind Sie wahrscheinlich durch die Erstellung von Organisationsübersichten (Charts) oder die Darstellung von Branchenstrukturen vertraut. Wenn Sie beispielsweise die »Schlüsselfaktoren für den Branchenerfolg« bestimmen wollen, müssen Sie sich zunächst die Struktur dieser Branche bildlich vorstellen. Danach müssen Sie entscheiden, welche Maßnahmen Sie durchführen müssen, um in jedem einzelnen Teil der Branche Erfolg zu haben. Die sich dabei ergebende Gruppierung aus drei oder vier Schlüsselfaktoren würde dann in Analogie zu der von Ihnen visualisierten Struktur geordnet. Das ist die strukturelle Ordnung.

③ *Er kann ähnliche Dinge in Klassen einordnen*
Wenn jemand sagt, ein Unternehmen »habe drei Probleme«, dann sagt er nur die halbe Wahrheit. Denn wahrscheinlich hat das Unternehmen weitaus mehr Probleme als nur jene drei. Nur, daß der Sprecher diese im Vergleich zu den anderen für besonders wichtig hält. Und das tut er, weil diese drei Probleme über eine bestimmte (gemeinsame) Eigenschaft verfügen. Zum Beispiel, weil alle drei Probleme die Folge mangelnder Führungsqualitäten im oberen Management sind.
Alle drei Probleme sind insofern gleich, als ein jedes über diese bestimmte Eigenschaft verfügt. Aber sie sind auch alle verschieden insofern, als sie diese Eigenschaft in unterschiedlichem Maß besitzen. (Wenn sie sie alle in gleichem Ausmaß besäßen, könnte man

sie auf dieser Basis nicht voneinander unterscheiden.) Sinnvollerweise ordnen Sie solche Probleme nach dem Ausmaß, in dem sie über die konstatierte Eigenschaft verfügen. *Das ist die Einordnung nach Bedeutung.*

Diese Ordnungssysteme können jedes für sich oder auch kombiniert angewendet werden. Eines muß jedoch immer in einer Gruppierung vorhanden sein. Im folgenden werde ich auf alle drei Systeme näher eingehen und aufzeigen, wie Sie sie zur Überprüfung Ihrer Gedankengänge einsetzen können.

Zeitliche Ordnung

Die zeitliche Ordnung ist das einfachste und gebräuchlichste System. Dabei stellen Sie einfach nacheinander die Schritte vor, die jemand unternehmen muß, um ein bestimmtes Ergebnis zu erzielen: den ersten Schritt zuerst, den letzten Schritt zuletzt.
Doch auch wenn dies eine ganz einfache Aufgabe zu sein scheint, es unterlaufen einem dabei erstaunlich oft Fehler. In der Tat sind ungenaue zeitliche Gruppierungen fast in jedem ersten Textentwurf anzutreffen. Es ist daher ausgesprochen wichtig, sich die einzelnen Schritte einer Aktion im wahrsten Sinne des Wortes vor Augen zu führen, ehe man sie niederschreibt.
Fragen Sie sich einfach: »Was würde ich als erstes in diesem Fall tun? Was als zweites? Und so weiter.« Die Antworten können Ihnen helfen, Textstellen zu entdecken, die Sie nicht zu Ende gedacht haben, die nicht logisch sind oder falsch gruppiert.

Nicht zu Ende denken

Versuchen Sie bitte einmal, die Ordnung im folgenden Beispiel zu hinterfragen:

> Strategische Planung beinhaltet die Anerkennung eines zeitlichen Zyklus:
> - Wahrnehmung des Bedürfnisses,

- Entwicklung einer Strategie zur Schaffung eines/einer marktgerechten Produkts/Dienstleistung,
- Realisierung,
- Marktakzeptanz und hohe Zuwachsraten,
- verlangsamtes Wachstum, Anfang Produktreife,
- hohe Bareinnahmen,
- Rückgang/Niedergang.

Wenn Sie diese Sätze auf ihren Sinn hin untersuchen, werden Sie schauen, ob dies alles Schritte in einem Zyklus und ob sie zeitlich richtig geordnet sind. Versetzen Sie sich in die Situation des Betroffenen. Als erstes nähmen Sie das Bedürfnis wahr, dann würden Sie eine Strategie entwickeln, dann die Strategie realisieren, dann ... Tja, und hier kommt das Problem.
Was hier passiert, ist: Drei von der Firma unternommene Aktionen und vier sich daraus ergebende Dinge sind zusammen in eine Gruppe gesteckt worden. Wenn Sie die daraus resultierenden Faktoren einen Moment betrachten, erkennen Sie, daß sich der Autor Gedanken über den normalen Lebenszyklus eines Produkts gemacht hat. Dabei entsteht eine Kurve wie in Abbildung 7.2.

Er muß also mit seinem vierten Schritt etwas meinen wie »Marktreaktion beobachten«, wobei die einzelnen Punkte den Reaktionsablauf bezeichnen. Ein Punkt bleibt aber noch übrig: hohe Bareinnahmen. Das ist jedoch in der Regel ein Charakteristikum der einsetzenden Reifephase und gehört daher nicht auf diese Liste.

Abbildung 7.2

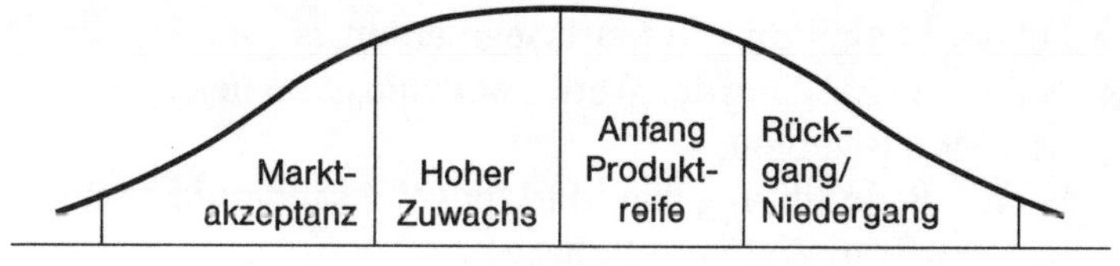

Nicht logisch denken

Das war ein relativ einfaches Beispiel für unlogisches Denken. Aber auch größere Brüche in der Logik eines Textes lassen sich mit der aufgezeigten Methode leicht herausfinden. Betrachten Sie das folgende Beispiel:

> Die Definition von Geschäftsaktivitäten hängt wesentlich von kreativen Prozessen ab:
> - Bedarfssegmentierung,
> - Angebotssegmentierung,
> - ändert sich im Laufe der Zeit,
> - frühe und späte Phasen des Produktlebenszyklus,
> - Konkurrenzdynamik,
> - ist in einer bestimmten Branche nicht notwendigerweise einzigartig,
> - wird durch Stärke des Vermarkters gegenüber Konkurrenz beeinflußt.

Was kann der Autor nur damit meinen? Spricht er hier von einer zeitlichen Ordnung, in der sich Geschäftsaktivitäten vollziehen: Als erstes ist man kreativ, dann ändert man sich, dann . . .? Nein, das ergibt keinen Sinn.

Um welche Aktionen geht es hier also? Wenn Sie versuchen, die einzelnen Punkte untereinander zu ordnen, werden Sie drei übergeordnete Ideen entdecken. Segmentierung, Überprüfung hinsichtlich Änderungen, Beurteilung der Wettbewerbsfähigkeit. Können Sie jetzt eine Ordnung erkennen?

> Die Definition von Geschäftsaktivitäten erfordert sorgfältige Analysen:
> - bei der Definition von Marktsegmenten,
> - bei der Beurteilung der Wettbewerbsposition in jedem einzelnen Marktsegment,
> - bei der Beobachtung von Marktpositionsänderungen über einen gewissen Zeitraum hinweg.

Falsch gruppieren

Sie sehen, wie gut man mit dieser Methode unlogische Einordnungen aufdecken kann. Sie können mit ihr jedoch auch feststellen, wann Sie Ideen zusammengebracht haben, die nicht zusammen in eine Gruppierung gehören, wie hier:

> Bei der Beurteilung von Investitionen wird traditionell die Betonung auf einen Vergleich zwischen zukünftigen Erträgen und voraussichtlichen Kosten gelegt.
> - Das ist technisch oft unvernünftig,
> - geht von stark vereinfachenden Konzepten aus,
> - hat häufig irreführende Vorschriften zum Ergebnis.

Sind diese Ideen nach Bedeutung geordnet? Zeitlich? Strukturell? Oder nach keinem dieser Kriterien? Wenn man die Sache kritisch betrachtet, erkennt man, daß die dritte Idee die Auswirkung der zwei anderen Ideen beschreibt. Der Autor scheint also sagen zu wollen:

> Investitionen anhand eines Vergleichs zukünftiger Erträge und voraussichtlicher Kosten zu beurteilen hat häufig irreführende Vorschriften zum Ergebnis, denn:
> - das Konzept selbst ist zu stark vereinfacht,
> - seine Anwendung ist technisch unvernünftig.

Die zeitliche Reihenfolge in unserem Beispiel sieht also folgendermaßen aus:

- als erstes das Konzept, das zu stark vereinfacht ist,
- dann seine Anwendung, die technisch unvernünftig ist,
- und schließlich das Ergebnis irreführender Vorschriften.

Es handelt sich hier also um ein schlechtes Konzept, das schlechte Ergebnisse zur Folge hat. Dieses Beispiel läßt sich gut auf die Regeln für den Aufbau von Texten übertragen. Denn auch dort gilt: Stimmt das Ihrem Text zugrunde liegende Konzept nicht, wird es

Ihnen schwerfallen, Ihre Ideen in eine logische Ordnung zu bringen. Haben Sie aber erst einmal ein schlüssiges Konzept, ergibt sich die logische Ordnung fast von selbst. Und dann ist es auch nicht mehr schwer, Ihr Denken auf Vollständigkeit hin zu überprüfen.
Gelegentlich werden Sie feststellen, daß einer bereits vorhandenen Struktur eine zeitliche Ordnung auferlegt wird. In diesem Fall bestimmt die Struktur die Zahl und Folge der einzelnen Schritte. Lassen Sie uns daher im folgenden strukturelle Ordnungen betrachten.

Strukturelle Ordnung

Zunächst – was genau ist eigentlich eine strukturelle Ordnung? Es ist die Ordnung, die wiedergibt, was Sie sehen, sobald Sie sich etwas visuell klargemacht haben: ein Diagramm, eine Karte, eine Zeichnung, eine Fotografie. Das, was Sie sich visuell vergegenwärtigen, kann real oder im Konzept existieren, es kann ein Objekt oder ein Prozeß sein. Allerdings muß es richtig strukturiert sein, damit man die einzelnen Teile erkennt.

Schaffung einer Struktur

Wenn Sie ein Ganzes in seine Teile unterteilen – ob es sich dabei nun um ein materielles oder konzeptionelles Ganzes handelt –, Sie müssen sicherstellen, daß die von Ihnen erzeugten Teile

- sich gegenseitig ausschließen,
- zusammengenommen wiederum ein Ganzes bilden beziehungsweise
- insgesamt vollständig sind.

Dies ist ein Konzept, das Sie zweifellos immer dann automatisch anwenden, wenn Sie ein Organisationschart erstellen (Abbildung 7.3).
Sich gegenseitig ausschließen bedeutet, daß das, was im Unterneh-

Abbildung 7.3
Ein typisches Organisationschart

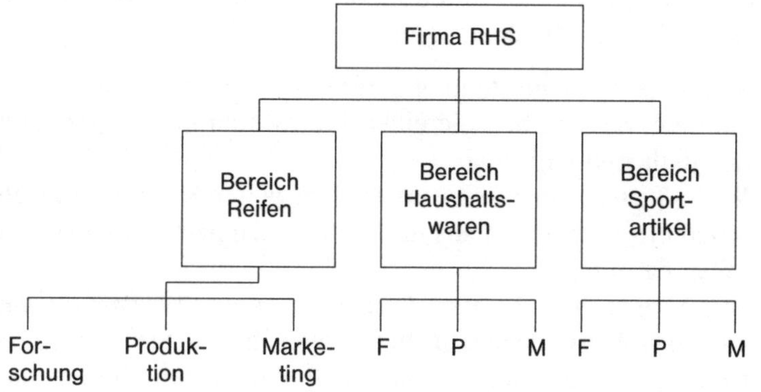

mensbereich Reifen geschieht, nicht im Bereich Haushaltswaren dupliziert wird, während sich das, was im Bereich Sportartikel passiert, wiederum von den Aktivitäten in den beiden vorhergehenden Bereichen unterscheidet. Anders gesagt: keine Überschneidungen. Insgesamt vollständig sein heißt, daß das, was in den drei Unternehmensbereichen geschieht, alles ist, was bei der Firma RHS passiert. Anders gesagt: Es ist nichts ausgelassen.

Wenn Sie diese Regeln bei der Bildung von Teilen anwenden, können Sie sicher sein, daß die von Ihnen geschaffene Struktur, wenn Sie sie jemand anderem erklären wollen, alle zu beschreibenden Teile enthält. Im einfachsten Fall bedeutet daher strukturelle Ordnung, daß man die Teile der Struktur so beschreibt, wie sie auf einem Diagramm erscheinen.

Aber woher wissen Sie, in welcher Ordnung Sie sie auf das Diagramm bringen müssen? Diese Frage ergibt sich am häufigsten bei der Erstellung von Organisationscharts. Die Ordnung, in der Sie Ihre Kästchen auf einem Organisationschart verteilen, gibt das Unterteilungsprinzip wieder, das Sie dieser Kästchenordnung zugrunde gelegt haben.

Es gibt grundsätzlich drei Möglichkeiten, die Aktivitäten einer

Organisation zu unterteilen: nach *Aktivitäten* (zum Beispiel Forschung, Marketing, Produktion), nach *Standort* (zum Beispiel USA, Europa, Asien) und nach *Aktivitätengruppen, die auf ein bestimmtes Produkt, einen bestimmten Markt oder Kunden gerichtet sind* (zum Beispiel Reifen, Haushaltswaren, Sportartikel).

- Wenn Sie Ihre Unterteilung unter Betonung der *Aktivitäten* vornehmen, beschreiben Sie einen Prozeß und unterliegen damit der zeitlichen Ordnung.
- Wenn Sie nach *Standorten* unterteilen, gehen Sie von geographischen Gegebenheiten aus und unterliegen damit einer strukturellen Ordnung.
- Wenn Sie nach *Aktivitäten, die sich auf ein einzelnes Produkt/einen einzelnen Markt* beziehen, unterteilen, haben Sie eine Klassifizierung vorgenommen. Das heißt, Ihre Ideen werden nach Bedeutung geordnet, wobei Sie über den zugrundeliegenden Maßstab beliebig entscheiden können (zum Beispiel Umsatz, Investitionen).

Stellen Sie sich also vor, Sie hätten bei der Reorganisation einer Stadtverwaltung folgende Abteilungen eingerichtet:

1. Wohnungs- und Bauwesen,
2. Transport-/Verkehrswesen,
3. Schulwesen,
4. Freizeitangebot,
5. Gesundheitswesen,
6. Umwelt.

Dies sind die Bereiche, für die Ihrer Meinung nach die Stadt zuständig ist. Und die Reihenfolge, in der Sie sie aufführen, entspricht den Prioritäten, die die Stadt im Interesse der Bürger wahrnehmen sollte, gesetzt den Fall, die Stadtverwaltung würde aus dem Nichts heraus aufgebaut. Wenn Sie sich bemühen, eine Reihenfolge zu schaffen – insbesondere dann, wenn es um die Errichtung von etwas Neuem geht –, können Sie gleichzeitig prüfen, ob Sie im Sinn Ihrer Zielsetzungen alle überhaupt möglichen Punkte berücksichtigt haben.

Abbildung 7.4
Landkarte des Sinai

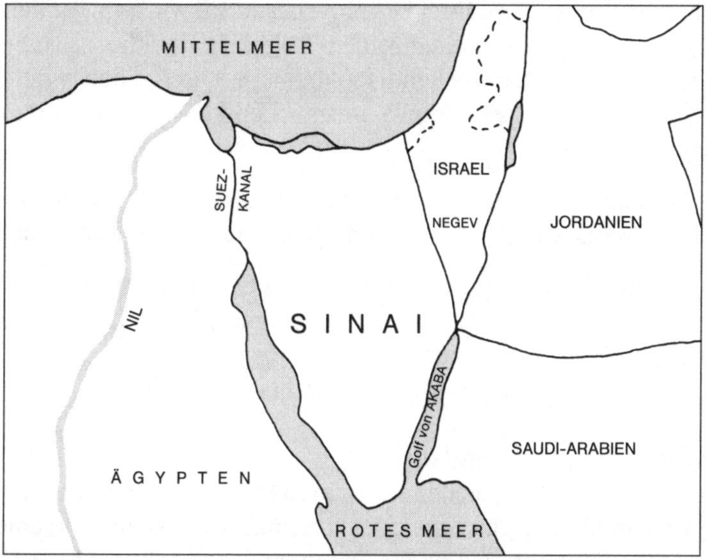

Auf jeder Landkarte des Mittleren Ostens bildet die Sinaihalbinsel einen toten Punkt, ein fast vollkommenes, umgekehrtes, gleichschenkliges Dreieck, einen scharfen Keil, der Afrika von dem arabischen Asien abzuspalten scheint. Je nach persönlicher politischer Einstellung kann man sie auch in verschiedenen anderen Zusammenhängen sehen: als einen nach Osten verschobenen Arm Ägyptens, als heiligen ägyptischen Boden, von seinem Mutterland erst seit etwa einem Jahrhundert durch den Suezkanal getrennt; als eine natürliche und logische südliche Fortsetzung Israels, eine massive Erweiterung der Wüste Negev; als ein nördliches Anhängsel Saudi-Arabiens, von dessen Weite durch den engen Golf von Akaba getrennt; oder auch einfach als eine uralte Landbrücke zwischen Ost und West, eine bequeme Straße für Karawanen und Invasionstruppen.

Aus: *The New Yorker*, 4. Juni 1979,
Burton Bernstein: »Sinai – The Great and Terrible Wilderness«

Wenn Sie jedoch etwas anderes als eine Organisation in seine Teile zerlegen, müssen Sie wissen, wie diese Einzelteile funktionieren. In diesem Fall ist es zweckmäßig, nach Funktionen zu unterteilen, wobei die Reihenfolge Ihrer Ordnung bestimmt wird von der zeitlichen Abfolge, in der die einzelnen Teile ihre Funktion ausüben. Wenn Sie zum Beispiel eine Radaranlage beschreiben wollten, würden Sie deren Bestandteile entsprechend der einzelnen Funktionsschritte ordnen:

1. Modulator,
2. Funkoszillator,
3. Antenne mit Abtastmechanismus,
4. Empfänger,
5. Indikator.

Der Modulator nimmt Strom auf, die der Oszillator wieder abgibt. Die Antenne konzentriert den Strom in einem Strahl. Der Empfänger nimmt Signale auf, die vom Scanner des Strahls zurückgegeben werden, und der Indikator zeigt schließlich die Daten an.

Beschreibung einer Struktur

Sobald die Struktur gegeben ist, können Sie sie beschreiben, indem Sie sie von oben nach unten oder von links nach rechts betrachten und jedes Element eins nach dem anderen vorstellen. Diese Methode wendet man bei der Beschreibung einer Radaranlage und bei jedem beliebigen anderen technischen Gerät an.

Sie können Ihre Beschreibung jedoch auch in Anlehnung an eine Ablaufordnung gestalten. Zur Illustration hier eine Landkarte des Sinai (Abbildung 7.4). Die Struktur der abgebildeten Landschaft wird im folgenden Absatz beschrieben.

Die »Zusammenhänge«, in denen man sich diese Karte anschauen kann, sind in der Reihenfolge aufgeführt, in der das Auge sie aufnimmt. Als erstes nimmt man die keilartige Form wahr, denn die ist ganz offensichtlich. Dann sieht man die Abtrennung von Ägypten, dann den südlichen Teil von Israel, dann die nördliche Verlängerung von Saudi-Arabien. Schließlich wandert der Blick zurück von Ost nach West. Der Autor hat also den Prozeß beschrieben, den der Leser bei der Betrachtung der Karte durchlaufen würde, und hat diesen Prozeß, diese Reihenfolge, in seiner Beschreibung wiederholt.

Abbildung 7.5
Strukturen einer Stadtverwaltung

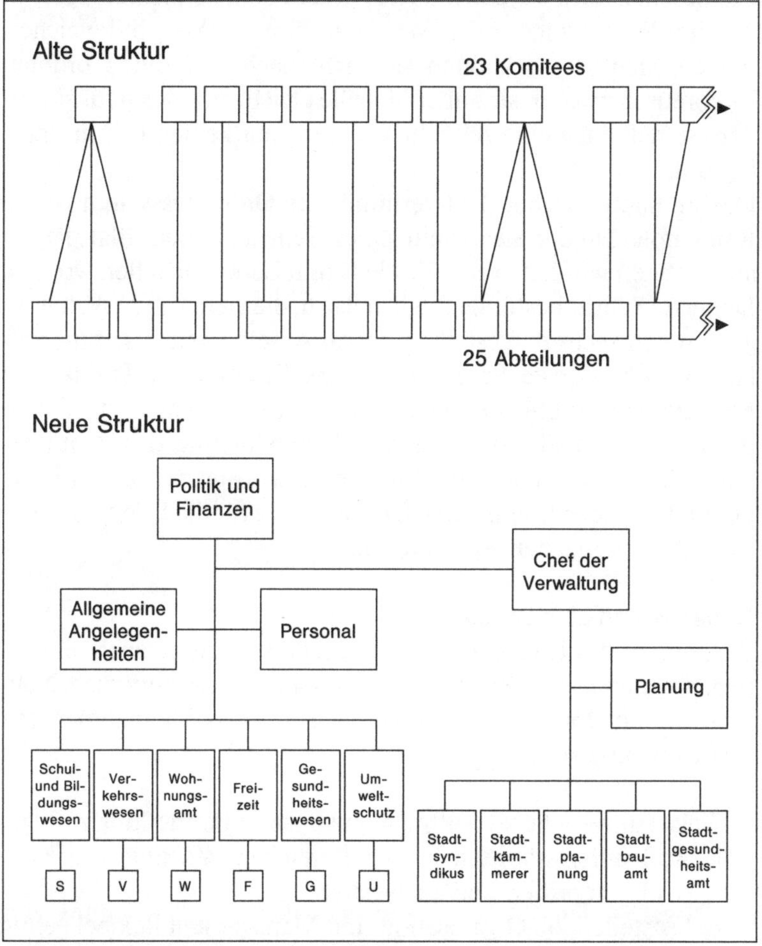

Die bildliche Darstellung eines Prozesses im Rahmen einer Struktur ist eine gängige Methode, vor allem wenn es sich dabei um Empfehlungen zur Änderung einer bereits vorhandenen Struktur handelt. Stellen Sie sich beispielsweise vor, Sie hätten es mit einer Struktur wie der der im oberen Teil von Abbildung 7.5 gezeigten

Stadtverwaltung zu tun. Und stellen Sie sich vor, Sie wollten sie durch die im unteren Teil dargestellte Organisationsform ersetzen. Zu diesem Zweck würden Sie vier Änderungen empfehlen. Aber in welcher Reihenfolge sollen Sie sie aufführen? Alle sind gleichermaßen wichtig. Sie können sie nicht nach Bedeutung ordnen. Theoretisch müssen sie außerdem alle gleichzeitig ausgeführt werden, so daß auch eine zeitliche Ordnung auf keinen Fall in Frage kommt.

Das in einem solchen Fall vernünftigste Ordnungssystem ist die Reihenfolge, in der Sie die einzelnen Teile auf einem Blatt Papier aufzeichnen würden, wenn Sie sie Ihrem Leser vorstellen wollten. Der erste Schritt bestünde folglich darin, die vielen alten Abteilungen zu den sechs dargestellten neuen Abteilungen zusammenzufassen. Der nächste Schritt wäre, das Komitee für Politik und Finanzwesen als obersten Zuständigkeitsbereich einzusetzen. Der dritte Schritt hieße, die zwei zur Unterstützung des Komitees vorgesehenen Gruppen einzurichten, und als letzter Schritt käme die Bildung der administrativen Gruppe, die für die Erledigung der Verwaltungsaufgaben zuständig ist.

Anpassen an eine Struktur

Sie können das Konzept der strukturellen Ordnung auch anwenden, um unlogische Teile in einer Gruppierung auszumerzen. Nehmen Sie an, Ihnen würde folgende Liste von Maßnahmen zur Genehmigung vorgelegt:

Zielsetzungen dieses Auftrags sind unserer Beurteilung zufolge:

1. Außendiensttätigkeit in den Bereichen Wartung und Konstruktion prüfen und analysieren,
2. feststellen, ob Organisation und Management flexibel genug sind, damit die Ingenieure auf den Baustellen auf tagtägliche Betriebsprobleme und Forderungen der Öffentlichkeit angemessen reagieren können,
3. Bereiche vorläufiges Engineering, Straßen- und Brückenentwurfsleistungen, Umweltbelange, Wegerechtfragen und Verkehrsmanagement prüfen und analysieren,

4. Organisationsstruktur der Abteilung prüfen und analysieren,
5. Stärken und Schwächen in den einzelnen Untersuchungsbereichen identifizieren.

Warum diese Reihenfolge? Woher stammen diese Ideen? Als erstes fällt auf, daß der fünfte Punkt nicht zu den anderen paßt, weil er sich auf alle anderen gleichermaßen bezieht. Vergessen wir ihn also und schauen uns an, welche Themen der Schreiber in den anderen Punkten anspricht:

1. Wartung,
   Bau,
2. tagtägliche Betriebsvorfälle,
3. vorläufiges Engineering,
   Entwurf von Straßen und Brücken,
   Umweltfragen,
   Wegerechtfragen,
   Verkehrsmanagement,
4. Organisationsstruktur.

Wenn wir diese Themen im Sinne eines Prozesses zu sehen versuchen, in dem es unter anderem um den Straßenbau geht, sollte man annehmen, die entsprechenden Schritte heißen:

1. Entwurf,
2. Bau,
3. Betrieb,
4. Wartung.

Dadurch, daß die einzelnen Schritte des Arbeitsprozesses nun in der richtigen Reihenfolge stehen, läßt sich auch erkennen, worum es dem Verfasser des Maßnahmenkatalogs geht: nämlich festzustellen, ob die Abteilung über die geeignete Organisation und Führung verfügt, um ihre Aufgaben (insgesamt vier) wahrnehmen zu können.

Einordnung nach Bedeutung

Zum Schluß kommen wir zur Ordnung nach Bedeutung. Das ist das Ordnungssystem, bei dem verschiedene Ideen, die Sie als ähnlich klassifiziert haben, in einer Gruppe zusammengefaßt werden - sagen wir, es sind drei Probleme, vier Gründe oder fünf Variablen.

Bildung richtiger Klassengruppierungen

Wenn Sie sagen: »Das Unternehmen hat drei Probleme«, dann trennen Sie in Gedanken beim Klassifizieren diese drei Probleme automatisch von allen anderen Problemen, die das Unternehmen möglicherweise hat oder haben könnte, und schaffen eine zweiästige Struktur, wie sie in Abbildung 7.6 dargestellt ist. Die zwei so

Abbildung 7.6
Beim Klassifizieren beschränken Sie Ihr Denken auf eine kleine Gesamtheit

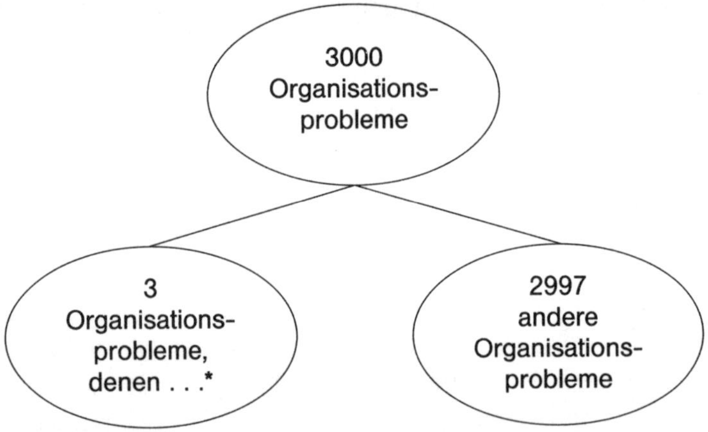

* . . . eine Reihe von Dingen gemeinsam ist, die sich nach Bedeutung ordnen lassen

gebildeten Klassen sind als Gesamtheit nicht mehr ergänzungsfähig und sollen sich selbstverständlich gegenseitig ausschließen. Um sicherzustellen, daß sich die von Ihnen herausgestellte Problemgruppe von den anderen Problemen des Unternehmens unterscheidet, müssen Sie ganz gezielt die Charakteristika der Probleme in Ihrer Gruppe definieren. Anschließend müssen Sie sich fragen, ob Sie tatsächlich alle Elemente, die sich durch die definierten Eigenschaften auszeichnen, in Ihre Gruppierung mit aufgenommen haben. Dann ordnen Sie die Probleme entsprechend dem Ausmaß, in dem sie über besagte Charakteristika verfügen - und präsentieren das Wichtigste zuerst.

Ich bin schon häufig gefragt worden, ob man, nachdem man die einzelnen Punkte gewichtet hat, den wichtigsten immer zuerst aufführen sollte. Eigentlich wäre es doch viel wirkungsvoller, mit dem unwichtigsten Punkt zu beginnen und sich zum wichtigsten hin zu steigern. Richtig, das wäre dramatischer, aber leider nicht klarer. Deshalb ziehe ich die Reihenfolge »am wichtigsten«, »am zweitwichtigsten« und so weiter vor. Aber je nachdem, ob Sie eher das Gefühl oder eher den Verstand ansprechen wollen, bleibt das Ganze letztlich eine Frage des Stils. In bestimmten Situationen ist es sinnvoll, die Reihenfolge umzukehren, um damit eine größere emotionale Wirkung zu erzielen.

Wenn der oben beschriebene Ablauf alles wäre, was bei der Klassifizierung von Ideen zu beachten ist, ließe sich nur wenig zu möglichen Problemen bei der Einordnung sagen. Aber das Klassifizieren ist eine allgegenwärtige menschliche Gewohnheit. Der Mensch klassifiziert alles, was er sieht und sobald er es sieht, allein schon dadurch, daß er es benennt. Leider beschränkt er sich jedoch, wenn es um Ideen geht, nicht darauf, einfach nur Klassen von Elementen zu bilden, die über eine *gemeinsame Eigenschaft* verfügen. Er betrachtet Ideen beziehungsweise Elemente auch dann als gleich und somit klassifizierbar, wenn sie sich aus ein und demselben *Prozeß* oder ein und derselben *Struktur* herleiten.

Das ist beim Schreiben nicht grundsätzlich illegitim, vorausgesetzt allerdings, Sie sind sich über die Quelle der einzelnen Elemente in Ihrer Gruppierung im klaren und halten sich an die entsprechende

Ordnung. Häufig passiert es jedoch, daß man so froh darüber ist, drei oder vier Punkte für seine Gruppierung gefunden zu haben, daß man sie nicht mehr auf die Logik ihres Ursprungs hin überprüft.
Im folgenden ein Beispiel für eine vollkommen akzeptable, doch willkürliche Klassifizierung: Vor einigen Jahren druckte die Bankers Trust Company eine Arbeit von James Harvey Robinson aus dem Jahr 1921 mit dem Titel »The Mind in the Making« nach. Robinson schreibt:

> »Wir denken nicht genug über das Denken nach, und ein großer Teil unseres verworrenen Denkens resultiert aus gängigen Illusionen. Lassen Sie uns für einen Augenblick alle Erkenntnisse vergessen, die wir vielleicht aus der Philosophie gezogen haben, und schauen wir, was in uns selbst beim Denken zu geschehen scheint.«

Robinson unterteilt die verschiedenen Arten des Denkens in vier Gruppierungen. Wir wollen nun sehen, ob ihm dabei Fehler unterlaufen sind. Es fällt auf, daß anscheinend nur die erste und die dritte Gruppierung über ein gemeinsames Charakteristikum verfügen. Die zweite und vierte Gruppe stellen einen Prozeß dar, Sie beantworten die Fragen nach dem »Wie«. Um zunächst bei der ersten Gruppierung zu bleiben: Um ihre Richtigkeit zu überprüfen, frage ich nach ihrer Herkunft.

1. Wie bezeichnet er die einzelnen Punkte?
   Als Dinge, die den Ablauf unserer Phantasie bestimmen.
2. Fällt mir noch etwas Genaueres im Hinblick auf ein gemeinsames Merkmal ein?
   Es handelt sich bei allen Punkten um emotionale Reaktionen auf unsere Umwelt.
3. Kann ich ihre Einordnung auf dieser Grundlage akzeptieren?
   Das ist die allgemeine spontane Reaktion.
4. Fehlen irgendwelche Punkte?
   Wahrscheinlich nicht.

Abbildung 7.7
Klassifizierung des Denkens

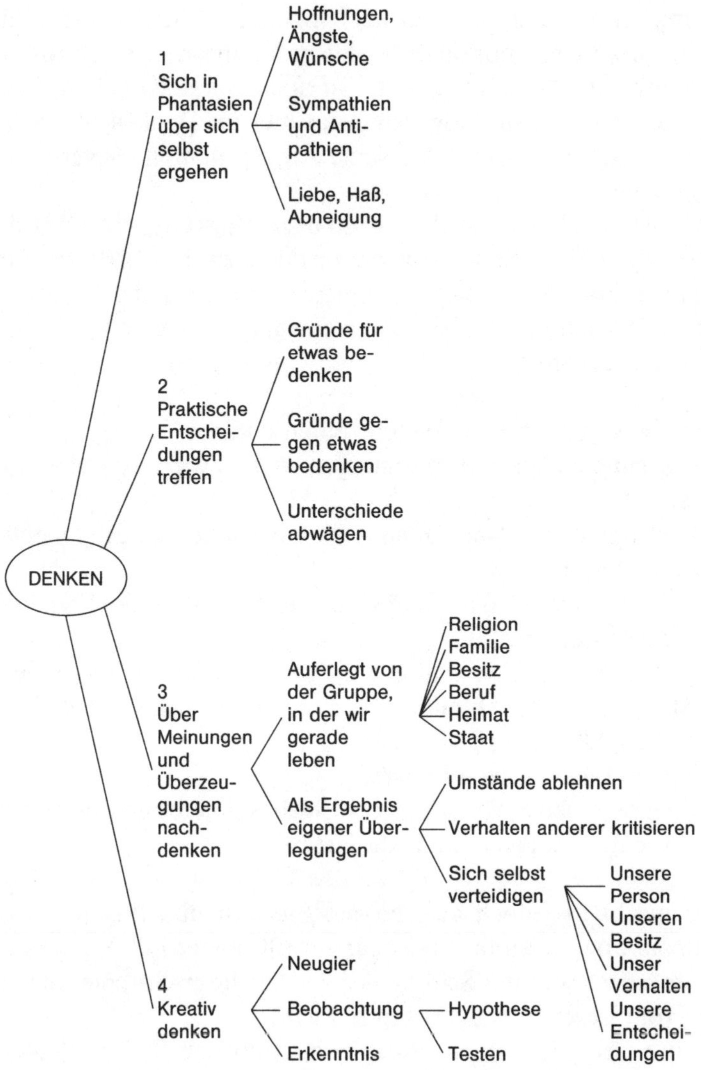

Ihre Meinung hierzu mag ganz anders aussehen, und vielleicht haben Sie recht. Entscheidend ist, daß Sie, wenn Sie Ihren Denkprozeß auf Vollständigkeit hin prüfen, dessen Ursprung identifizieren und sicherstellen müssen, daß Sie alles, was auf diesen Ursprung zurückzuführen ist, erfaßt haben. Im vorliegenden Fall fällt mir keine andere emotionale Reaktion auf unsere Umwelt ein, was nicht ausschließt, daß Sie vielleicht noch eine Idee haben. Wenn dem so ist, dann sind Sie Robinson hier im Denken überlegen, wenn nicht, dann sollten Sie seine Argumentation als vernünftig anerkennen.

Wenn wir uns in gleicher Weise mit der dritten Gruppierung (über Meinungen und Überzeugungen nachdenken) beschäftigen, dann zeigt die erste Unterteilung die Bereiche auf, anhand derer wir uns unsere Meinungen und Ansichten aneignen. Begeben wir uns nun zur nächstunteren Ebene der ersten Unterteilung:

1. Als was bezeichnet er die einzelnen Punkte?
   Als langgehegte Überzeugungen, deren wir uns sicher fühlen.
2. Fällt mir noch etwas Genaueres hinsichtlich eines gemeinsamen Merkmals ein?
   Sie sind alle auf den Einfluß der ersten Jahre der Erziehung zurückzuführen.
3. Kann ich ihre Einordnung auf dieser Grundlage akzeptieren?
   Als die zeitliche Abfolge, in der Erziehung sich vollzieht?
   Meiner Meinung nach nicht.
4. Fehlen irgendwelche Punkte?
   Eher scheinen es zu viele zu sein, insbesondere bezweifle ich die Ansichten zu Besitz und Karriere.

Was macht es jedoch aus, mögen Sie sich nun fragen, ob die Gruppierung zu umfassend oder unvollständig ist? Nun, es bestimmt, inwieweit der Schluß, den Sie aus Ihrer Gruppierung ziehen, vom Leser als wahr akzeptiert wird.

Ist Ihre Gruppierung zu umfassend, dann betrifft Ihre Aussage nicht alle untergeordneten Punkte in gleicher Weise. Ist sie unvoll-

ständig, könnte ein anderer, der sie ergänzt, einen ganz anderen Schluß aus ihr ziehen.
In diesem Fall lautet die zusammenfassende Aussage des Autors:

> »Wir möchten gern weiter das glauben, was wir für wahr und richtig halten. Und unsere Vorbehalte, wenn eine unserer Annahmen angezweifelt wird, motivieren uns, jede nur mögliche Entschuldigung zu finden, nur um weiter an unserer Annahme festhalten zu können.«

Das mag zweifelsohne für Religion, Familie, Vaterland und Staat gelten. Kaum glaubhaft erscheint mir jedoch die Vorstellung, daß sich Menschen für Eigentum, Beruf oder Karriere mit ähnlicher emotionaler Intensität einsetzen.
Im Gegensatz dazu lautet die Zusammenfassung der ersten Gruppierung, für mich nachvollziehbar, wie folgt:

> »Ein großer Teil unseres spontanen Denkens ist viel zu intim, persönlich, niedrig und trivial, als daß wir es uns gestatten könnten, mehr als nur einen kleinen Teil davon zu enthüllen.«

Diese Aussage scheint für alle drei Punkte gleichermaßen zu gelten, und andere beziehungsweise weitere Punkte für diese Gruppierung fallen mir nicht ein.

Um noch einmal zu wiederholen: Ich möchte Ihnen zeigen, daß man Gruppierungen nicht einfach aus der Luft greifen kann, sondern daß sie Folge eines analytischen Prozesses sind, der eine strenge Ordnung impliziert. Sie sollten sich bei jeder Klassifizierung ganz bewußt an diese Ordnung halten, um sicherzugehen, daß Sie wirklich das sagen, was Sie sagen wollen.

Identifizierung unangemessener Klassifizierungen

Sie werden sehen, wie Sie mit den beschriebenen Erkenntnissen Ihre Kritikfähigkeit verbessern können. Stellen Sie sich vor, Sie würden mit folgenden Argumenten konfrontiert:

> Das, was traditionell bei der Entscheidung über Investitionen betont wird, resultiert in irreführenden Richtlinien für das Verhalten von Großunternehmen ...
>
> - Großunternehmen sollten überall dort investieren, wo der zu erwartende Ertrag die Kapitalkosten übersteigt.
> - Eine bessere Quantifizierung zukünftiger Unsicherheiten und Risiken ist die Voraussetzung für eine effektivere Mittelverteilung.
> - Planung und Investitionsplanung sind zwei verschiedene Prozesse. Investitionsplanung ist eine von finanziellen Erwägungen geprägte Tätigkeit.
> - Die Aufgabe des Topmanagements besteht darin, eher die Zahlen als die ihnen zugrunde liegende Philosophie zu kontrollieren.

Das sind nun offenbar die vier irreführenden Richtlinien, die sich aus der traditionell geübten Betonung finanzieller Aspekte bei Investitionsentscheidungen ergeben. Genauer gesagt, es sind die in Großunternehmen allgemein akzeptierten »Faustregeln«. Doch sind sie das wirklich? Formuliert man sie als Ergebnisse, dann besagen sie, kurz gefaßt, folgendes:

- Motiviert Großunternehmen zu investieren.
- Betont Quantifizierung von Unsicherheiten.
- Trennt Planung und Investitionsplanung voneinander.
- Veranlaßt das Topmanagement, sich auf Zahlen zu konzentrieren.

Mit Ausnahme des dritten Punktes sind alle nun als Teil eines Entscheidungsprozesses zu sehen, der eine ganz andere Reihenfolge vorschreibt, was wiederum zu einem klareren übergeordneten Punkt führt.

> Das, was traditionell bei der Entscheidung über Investitionen betont wird, kann zu unvernünftigen Entscheidungen hinsichtlich der Mittelverteilung führen:

- Die Quantifizierung zukünftiger Unsicherheiten und Risiken als Entscheidungskriterium bei der Auswahl von Projekten wird akzentuiert.
- Das Topmanagement wird veranlaßt, sich auf Zahlen statt auf die ihnen zugrunde liegende Philosophie zu konzentrieren.
- Investitionen scheinen überall dort gerechtfertigt, wo der zu erwartende Ertrag die Kapitalkosten übersteigt; andere Kriterien bleiben unberücksichtigt.

Das war ein relativ einfaches Beispiel, denn die Idee, um die es ging, ließ sich schon beim ersten Lesen leicht herausarbeiten. Häufig werden Sie sich jedoch mit verschiedenen Arten von Ideen konfrontiert sehen, bei denen es Ihnen auf den ersten Blick durchaus nicht leichtfällt, sie richtig zu klassifizieren.
Ein weiteres Beispiel:

Probleme bei EDV-Berichten zu Umsatz und Lagerhaltung:

1. Berichtsfrequenz ist unzureichend.
2. Lagerbestandsdaten sind unzuverlässig.
3. Bestandsdaten kommen zu spät.
4. Bestandsdaten können nicht mit Verkaufsdaten verglichen werden.
5. Berichte sollten übersichtlicher gestaltet sein.
6. Überflüssige Daten sollten entfallen.
7. Besonders wichtige Daten sollten hervorgehoben werden.
8. Es sollten weniger Kalkulationen manuell ausgeführt werden.

Hier muß man die einzelnen Punkte - als Auftakt für eine spätere kritischere Betrachtung - in grobe Kategorien einordnen. Diese Kategorien bestimmen Sie, indem Sie die Art des Problems, um das es Ihnen geht, definieren:

Terminierung

1. Berichtsfrequenz ist unzureichend.
3. Bestandsdaten kommen zu spät.

Daten
2. Bestandsdaten sind unzuverlässig.
4. Bestandsdaten können nicht mit Verkaufszahlen verglichen werden.
6. Überflüssige Daten sollten entfallen.

Format
5. Berichtsformate sollten verbessert werden.
7. Besonders wichtige Daten sollten hervorgehoben werden.
8. Es sollten weniger Kalkulationen manuell ausgeführt werden.

Hier haben wir gleich eine doppelte Ordnungsaufgabe vor uns. Zunächst - in welcher Reihenfolge ordnen Sie Terminierung, Daten und Format? Nun, in Abhängigkeit von dem Prozeß, der hier Ihrer Meinung nach wiedergegeben ist. Dazu existieren zwei Möglichkeiten: Wir können uns an dem Prozeß der Berichterstellung orientieren oder am Prozeß des Lesens.

Geht man von der Berichterstellung aus, würde man zunächst Kritik an den Daten üben, dann am Format und zum Schluß an der nicht rechtzeitigen Verfügbarkeit der Daten, denn in dieser Reihenfolge geht derjenige vor, der die Berichte erstellt. Auf der anderen Seite würde man sich, wenn man vom Standpunkt des Lesers ausgeht, als erstes über die terminlichen Mängel beschweren, dann über das Format und erst zum Schluß über die Daten selbst - und zwar aus demselben »Reihenfolge-Grund«.

Wie steht es nun mit der Einordnung der Ideen in den einzelnen Gruppierungen? Bei den zeitlichen Erwägungen sollten die Punkte 1 und 3 vermutlich ausgetauscht werden, weil mangelnde Rechtzeitigkeit wahrscheinlich ein größeres Problem ist als mangelnde Häufigkeit. Bei den Daten, denke ich, würde man sich als erstes darüber beschweren, daß ein großer Teil von ihnen überflüssig ist, und dann erst darüber, daß das, was nicht überflüssig ist, unzuverlässig ist, und was zuverlässig ist, sich nicht vergleichen läßt. Wiederum eine Ablauffolge. Hinsichtlich des Formats wären die Punkte 7 und 8 dem Punkt 5 unterzuordnen, wobei der Punkt »weniger Kalkulationen« vermutlich vor der »Hervorhebung wichtiger Daten« stehen sollte.

Der große Wert dieser Übung liegt darin, daß sie das Denken in einigen Bereichen als unvollständig entlarvt. Der Verfasser kann so seine Analyse noch einmal überprüfen. Hier finden Sie ein weiteres Beispiel:

Für den Niedergang New Yorks gibt es viele und komplexe Gründe:
1. höhere Gehälter als anderswo im Land,
2. hohe Energie-, Miet- und Grundstückskosten,
3. eine Verkehrsdichte, die die Transportkosten in die Höhe treibt,
4. fehlendes Areal für moderne Fabrikanlagen,
5. hohe Steuern,
6. technologischer Wandel,
7. Konkurrenz durch neue Wirtschaftszentren im Südwesten und Westen der Stadt,
8. Neuformierung des wirtschaftlichen und gesellschaftlichen Lebens in den Vororten.

Dies ist ein gutes Beispiel einer »platten« Argumentation. Was der Verfasser tatsächlich sagen will, ist:

- Jedermann weiß, daß es viele Gründe für den Niedergang New Yorks gibt.
- Dazu gehören die folgenden.
- Daher . . . (?) weiter zum nächsten Thema.

Problematisch bei solchen beispielhaften Angaben ist, daß sie keine logische Grundlage für Überlegungen liefern, wie man die Probleme angehen könnte. Unvollständig aufgelistet, vermitteln diese Ideen gar nichts, denn man kann aus ihnen keinen klaren Schluß ziehen.
Doch immerhin handelt es sich hier um acht Punkte. Vermitteln Sie also doch irgendeine Botschaft? Wo lassen sich Ähnlichkeiten feststellen? Auch hier kann eine vorläufige Unterteilung in grobe Kategorien weiterhelfen.

Kosten

1. Hohe Gehälter,
2. hohe Energie-, Miet- und Grundstückskosten,
3. hohe Transportkosten,
5. hohe Steuern.

Ungeeigneter Standort

4. Mangel an geeignetem Gelände für Fabrikanlagen, die modernisiert werden können,
6. technologischer Wandel, der zu Modernisierungen zwingt,
8. Umzug von Geschäftspartnern in die Vororte,
7. neue Zentren im Südwesten und Westen der Stadt.

Vermutlich will der Verfasser also folgendes sagen:

Die Gründe für den Niedergang New Yorks sind zum Teil auf das Entstehen neuer Geschäftszentren zurückzuführen.

- Es ist für Geschäftsleute schon immer eine sehr teure Stadt gewesen.
- Im Südwesten und Westen entstehen attraktivere Zentren.
- Wenn Firmen umziehen müssen, entscheiden sie sich daher für den Süden.

Möglicherweise ist das ganz und gar nicht das, was der Verfasser zum Ausdruck bringen wollte, aber es ist das, was ein interessierter Leser seiner Auflistung entnehmen kann. Indem Sie dem Verfasser sagen, was sein Text zu vermitteln scheint, geben Sie ihm die Möglichkeit, den Text neu zu formulieren und deutlicher zu machen, was er eigentlich meint.

Lassen Sie mich noch ein weiteres Beispiel anführen. Es handelt sich um ein sehr schwieriges, denn der Text entspricht einer fast freien Assoziation von Einzelpunkten. Mit Hilfe unserer Methode können wir jedoch relativ einfach eine Ordnung herstellen. Außerdem zeigt dieses Beispiel, daß dem Verfasser durchaus eine Struktur vorschwebte, bevor er zu schreiben begann. Nur hat er diese Struktur ungenügend reflektiert.

Geschrieben wurde der Text von einem Mitarbeiter einer Getränkefirma, die sich entschieden hatte, ihr Produkt statt in Glas- in Plastikflaschen zu vertreiben. Hier geht es um die Frage, ob sie diese Plastikflaschen kaufen oder selbst herstellen soll. Schauen Sie sich folgende Auflistung an.

Aufgrund einer Reihe von internen/externen Risiken und Auflagen sind Investitionen in eine eigene Anlage zur Herstellung von Plastikflaschen abzulehnen:

1. Technisches Risiko - ungelöste Designprobleme.
2. Umweltrisiko - nichtrückgabefähige Flaschen sind gesetzlich verboten.
3. Zugaberisiko - Ablehnung von Packung als Zugabe durch den Verbraucher während einer Inflation.
4. Nichtexklusivität: (a) Zusatzverkäufe an andere Getränkehersteller verringern Marketingeffekt, (b) Verkauf an andere könnte sich aufgrund unseres eigenen Besitzes schwierig gestalten.
5. Kapitalintensives Projekt - mit extrem hoher Rentabilitätsschwelle.
6. Negativer Einfluß auf Gewinn je Aktie (bedingt durch Kreditaufnahme).
7. Kurzfristig erforderlich: F&E-Aufwendungen.
8. Betriebliche Cash-flow-Probleme - Mittel werden zur Expansion des jetzigen Unternehmens benötigt.
9. Preisabstriche bei Glasherstellern beziehungsweise niedrigere als geplante Inflationsrate für Glas im Vergleich zu Plastik.
10. Andere Plastikhersteller könnten drastische Preissenkungen bei eigener Produktionsaufnahme aufgrund niedrigerer Zielsetzungen hinsichtlich der Kapitalrentabilität vornehmen.
11. Eintritt in die Containerbranche, die sich durch niedrige Gewinnspannen auszeichnet und in der niedrigste Produktionskosten ausschlaggebend sind. Unser Eintritt in diese Branche würde voraussichtlich zu einer schlechteren Bewertung unseres Preis-Gewinn-Verhältnisses führen.

Dies sieht ausgesprochen chaotisch aus. Trotzdem läßt sich auch hier bei näherem Hinsehen eine gewisse Ordnung erkennen. Gehen Sie zunächst einmal die Liste durch, und sehen Sie sich an, welche Vorbehalte der Verfasser bei den einzelnen Punkten macht. Warum stellt er alle Punkte negativ dar? Hier zeichnen sich einige Muster ab:

1. hohe Kosten,
2. gesetzlich verboten,
3. zwangsläufige Folge: weniger Umsatz oder niedrigerer Preis,
4. niedriger Umsatz,
5. hohe Investitionen, niedrige Rentabilität,
6. weniger Gewinn je Aktie,
7. hohe Kosten,
8. Kreditaufnahme erforderlich,
9. zwangsläufig niedrigerer Preis,
10. zwangsläufig niedrigerer Preis,
11. kleine Gewinnspannen, schlechteres Preis-Gewinn-Verhältnis.

Immer wenn man im Geschäftsleben über Kosten, Umsätze, Preise, Investitionen und so weiter spricht, wird dabei die Kenntnis der Beziehungen zwischen diesen Elementen, wie sie in einem Standard-RoI-Baum angezeigt werden können, stillschweigend vorausgesetzt. Wenn Sie die relevanten Punkte in Form eines sol-

Abbildung 7.8

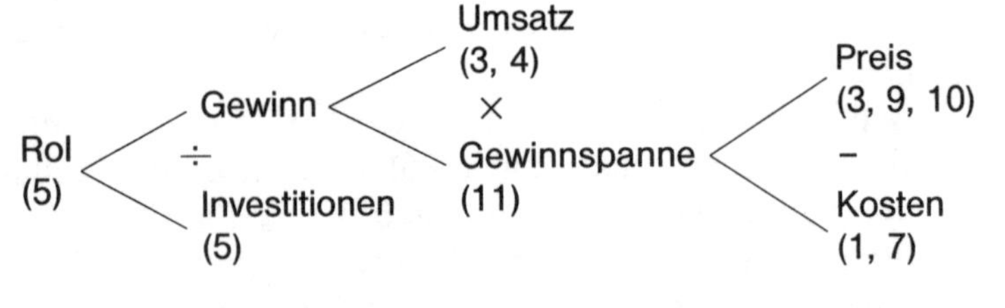

chen Baums darstellen, läßt sich relativ leicht erkennen, was der Verfasser mitteilen will.

Die Punkte zum Thema »Gewinn je Aktie« und »Preis-Gewinn-Verhältnis« verweisen auf ein anderes Chart.

Bleiben zwei Punkte übrig: Punkt 8, »Wir müssen Kredite aufnehmen«, und Punkt 2, »Wir gehen das Risiko ein, nicht verkaufen zu können, weil nichtrückgabefähige Flaschen gesetzlich verboten sind«. Den Punkt »Kreditaufnahme« kann man in den Baum einbringen, wenn man unter »Gewinn« eine weitere Ebene einfügt, so daß Steuern und Zinsen mit berücksichtigt werden. Ich habe hier darauf verzichtet, damit die Methode leichter begreiflich wird.

Versuchen wir nun, alles zusammenzufügen, dann scheint der Verfasser folgendes sagen zu wollen:

> Wir sollten gründliche Überlegungen anstellen, bevor wir uns entschließen, Plastikflaschen selbst herzustellen:
> - Wenn nichtrückgabefähige Flaschen gesetzlich verboten sind, könnte sich die eigene Herstellung von vornherein verbieten.
> - Selbst wenn es dieses Verbot nicht gibt, würde sich unsere Rentabilitätslage verschlechtern.
>   - kurzfristig: niedrigerer Gewinn je Aktie,
>   - langfristig: niedrigere Rentabilität.

Jetzt, nachdem klar ist, wie die Botschaft lautet, kann man die einzelnen Punkte genau unter die Lupe nehmen, um sicherzustel-

Abbildung 7.9

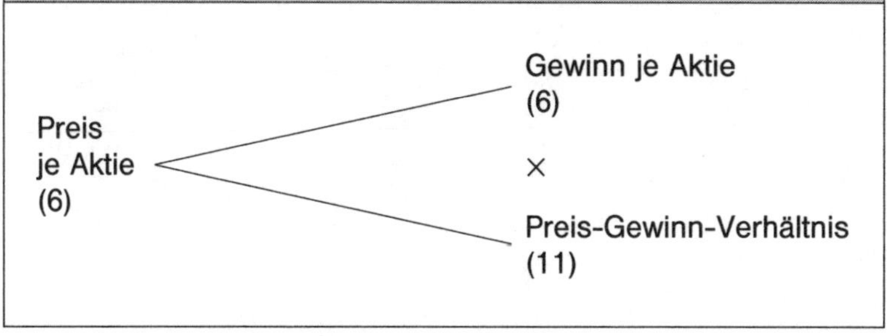

len, daß sie durch die richtigen Argumente abgesichert sind. Ich nehme an, sie sind es nicht, denn ich weiß, daß diese Firma doch in die Fertigung von Plastikflaschen eingestiegen und damit immens erfolgreich gewesen ist. Was der Verfasser offensichtlich vergessen hatte zu bedenken, war eine Einschätzung der Auswirkung von Plastikbehältern auf den Produktumsatz.
Einen Punkt möchte ich wiederholen: Man kann nicht einfach behaupten, ein Text wäre reiner Unsinn, wenn man nicht zunächst eine Struktur für diesen Text findet. Erst bei Einordnung in eine Struktur können Sie Fehler und Auslassungen identifizieren.

Ich habe mit all diesen Beispielen zu zeigen versucht, daß die Überprüfung der Einordnungen ein wesentliches Hilfsmittel zur Überprüfung der Gültigkeit einer Gruppierung ist. Beginnen Sie bei jeder Gruppierung induktiver Ideen, und überprüfen Sie deren Sinn. Damit verschaffen Sie sich einen raschen Überblick über die einzelnen Punkte. Stammen alle Ideen tatsächlich aus einer Quelle, das heißt aus einem Prozeß, einer Struktur, einer Klasse? Sind sie alle logisch geordnet: in zeitlicher Ordnung, wenn die Quelle ein Prozeß ist, in struktureller Ordnung, wenn es sich um eine Struktur handelt, und geordnet nach Bedeutung, wenn die Quelle eine Klasse ist?
Sobald Sie sicher sind, daß Ihre Gruppierung richtig ist, können Sie einen logischen Schluß aus ihr ziehen. Hierzu erfahren Sie Näheres in Kapitel 9.

Kapitel 8:

Den Problemlösungsprozeß hinterfragen

Wie Sie in Kapitel 7 gesehen haben, werden beim Schreiben häufig verschiedene Ideen zu einer Gruppe zusammengefaßt, obwohl zwischen ihnen keine klare logische Beziehung besteht. Das liegt daran, daß man sie unbewußt und willkürlich aus einer a priori vorgestellten Struktur bezieht. Wenn man sich jedoch zu einer bildlichen Vorstellung dieser Struktur zwingt, kann man die einzelnen Ideen entsprechend der Struktur bewerten. Außerdem kann man so Ordnung und Vollständigkeit aller Punkte prüfen.

In einem der von mir genannten Beispiele ging es um die Struktur einer Abteilung, die für den Bau und die Wartung von Schnellstraßen zuständig ist. Sobald hier der Zusammenhang zwischen den Tätigkeitsbereichen und den Ideen in der Gruppierung erkannt war, zeichnete sich auch die entsprechende Ordnung ab.

Der Text, dem die Gruppierung entnommen war, stammt aus dem Angebot eines Beratungsunternehmens. Solche Angebote definieren für einen prospektiven Kunden, worin sein Problem besteht und welche Lösungsmöglichkeiten die Unternehmensberatung vorschlägt. Wird das Angebot angenommen, führt das Beratungsunternehmen die notwendigen Untersuchungen durch und legt über seine Untersuchungsergebnisse, Schlußfolgerungen und Empfehlungen einen Bericht vor.

Zur Erarbeitung solcher Untersuchungsergebnisse ist es erforderlich, eine Reihe analytischer Strukturen zu entwickeln und anzuwenden. Auf diese Struktur muß man sich wiederum beziehen, wenn man die einzelnen Ideen im Hinblick auf ihre Ordnung und Vollständigkeit überprüft.

Wenn Sie einen Text für eine Problemlösung schreiben wollen, müssen einige Grundlagen beachtet werden.

Der Problemlösungsprozeß

Im Idealfall beginnt die Suche nach einer Problemlösung mit der Definition des Problems selbst. Das heißt mit der genauen Beschreibung dessen, was Sie unter dem Problem verstehen und wie Sie es lösen wollen. Bei der Problemdefinition erkennen Sie im wesentlichen nur, daß eine bestimmte Situation ein spezifisches Ergebnis bewirkt.
Das *Problem* besteht entweder darin, daß:

- ein negativer Tatbestand vorherrscht (Beispiel: Der Umsatz ist um 10 Prozent gesunken) oder
- Sie sich diesen nicht erklären können (Beispiel: Was bestimmt unser Denken? Liegt es an der Struktur unseres Gehirns? Oder sind es genetische Faktoren?).

Um den Tatbestand zu ändern, müssen bei der Problemlösung Routinefertigkeiten angewendet werden. Für eine Erklärung ist in einem zweiten Schritt eher die kreative Bildung von Hypothesen erforderlich.
Da es im Geschäftsleben im allgemeinen eher um die Änderung eines Tatbestandes geht, beschränke ich mich hier auf eine Diskussion der routinemäßigen Problemlösung. Die routinemäßige Problemlösung ist oft und ausführlich, gelegentlich auch sehr widersprüchlich beschrieben worden. Eine einfache und doch praktische Beschreibung hat P. Robert Holland in dem 1972 von McKinsey & Company erstellten Handbuch *Sequential Analysis* veröffentlicht. Laut Holland besteht der Problemlösungsprozeß darin, eine Reihe von Fragen in logischer Folge zu beantworten:

1. Worin besteht das Problem?
2. Wo liegt das Problem?
3. Warum besteht es?
4. Was könnten wir zu seiner Lösung tun?
5. Was sollten wir zu seiner Lösung tun?

Alle Antworten müssen visuell dargestellt werden, bevor sich behaupten läßt, man hätte die Problemlösung vollkommen verstanden. Lassen Sie mich die einzelnen Schritte anhand eines einfachen Beispiels erklären und Ihnen dann zeigen, wie man durch eine konsequente Strukturierung seine Ergebnisse klar und deutlich formulieren kann.

Natürlich lösen Sie Ihre Probleme im Alltag nicht in dieser schematischen Art und Weise. Ihre Problemlösung kann unter Umständen sehr nebulös sein. Die nötigen Informationen erreichen Sie vielleicht nur mehr oder weniger zufällig; zudem können Sie auch irreführend sein. Darüber hinaus müssen Sie auch die Eigenarten Ihrer Mitarbeiter berücksichtigen. Wofür ich jedoch *auf jeden Fall* plädiere: Wenn Sie vor dem Schreiben Ihre Gedanken zu ordnen versuchen, sollten Sie sich bemühen, Ihre Ergebnisse und Schlußfolgerungen in einer analytischen Struktur zu verankern.

Nehmen Sie an, Sie produzieren Zigaretten und stellen fest, daß die Produktivität der Maschinen in Abteilung A niedriger ist als die Produktivität der Maschinen in allen anderen Abteilungen. Das heißt: Abteilung A produziert pro Maschine weniger Zigaretten als die anderen.

Worin besteht das Problem?

Das Problem besteht darin, daß Sie mit diesem Tatbestand nicht zufrieden sind. Das ist jedoch keine erschöpfende Definition. Wie sehen Ihre Einwände exakt aus? Wie wollen Sie beurteilen, wann das Problem gelöst ist? Worauf soll Ihre Analyse effektiv eine Antwort geben?

Verschaffen Sie sich ein klares Bild von dem, worum es Ihnen wirklich geht. Vielleicht müssen Sie einige Daten zusammentragen, um diese Frage zu beantworten, was Ihnen jedoch nicht schwerfallen dürfte. Das hier zitierte Unternehmen beurteilte beispielsweise die Leistung seiner Maschinen in produktiven Stunden pro Tag, wobei die entsprechenden Daten für jede einzelne Maschine vorlagen. Ein hilfreiches Bild würde vermutlich den Unterschied zwischen den leistungsstarken und den leistungsschwachen Anlagen visualisieren:

Abbildung 8.1

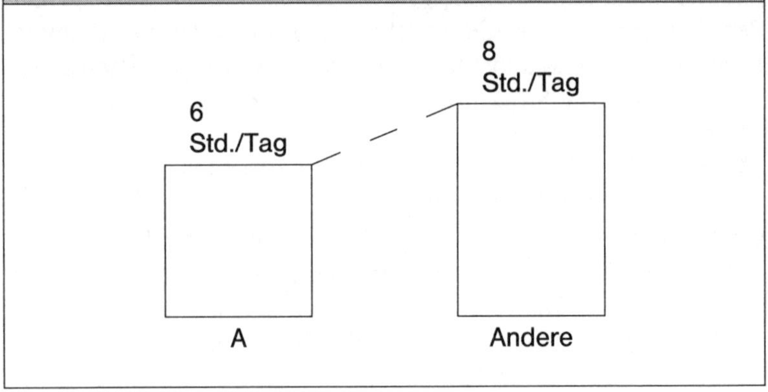

Jetzt können Sie genau sagen: »Wir verlieren pro Tag zwei Stunden an Produktivität. Ich möchte wissen, warum wir diese zwei Stunden verlieren. Beziehungsweise noch genauer: Wie läßt sich die Ursache für diesen Produktivitätsverlust beheben?«

Wo liegt das Problem?

Als nächstes sammeln Sie die Daten, mit deren Hilfe Sie sich ein Bild von der Situation machen können, in der das Problem aufgetreten ist – das heißt ein Bild von den Ursachen für diese verlorenen Stunden. Damit sind Sie in der Lage, alle Möglichkeiten zu bestim-

Abbildung 8.2

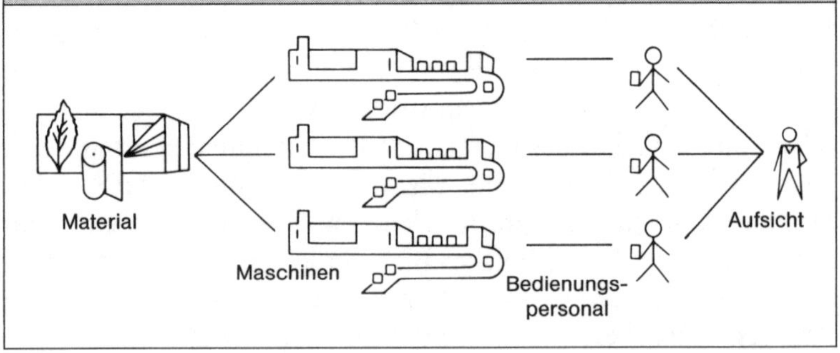

men, die als Ursache für die verlorenen produktiven Stunden in Frage kommen könnten.
Im vorliegenden Fall sind es fünf Dinge, die eventuell nicht in Ordnung sind:

- fehlendes Material,
- funktionsuntüchtige Maschinen,
- kein beziehungsweise
- unqualifiziertes Bedienungspersonal,
- mangelhafte Aufsicht.

Diese Möglichkeiten müssen Sie nun prüfen.
Anhand einer Struktur versuchen Sie zu zeigen, wie die einzelnen Elemente in der vorhandenen Situation funktional miteinander verbunden sind und als System interagieren. In manchen Fällen sind diese Zusammenhänge äußerst verworren. Für ein anschauliches Diagramm müssen Sie zunächst eine ganze Reihe von Recherchen anstellen, bis Sie

- alle Teile im System identifiziert haben,
- eine logische Ordnung aufgestellt haben und
- ein klares Input und Output aufzeigen können.

Warum besteht das Problem?
Die allgemeine Struktur der Situation wird auf verschiedene Richtungen, in die Ihre Analyse gehen kann, hinweisen. Im vorliegenden Beispiel wissen wir: Wir können Fakten sammeln, anhand derer wir beurteilen können, ob das Rohmaterial für die Maschinen fehlte, ob sie nicht gewartet wurden und so weiter - eine relativ einfache Übung.
In komplexeren Situationen werden Sie sich allerdings mit den Elementen und Prozessen, die der Struktur zugrunde liegen, gründlicher beschäftigen müssen. Sie müssen dabei versuchen, die Einzelkomponenten und deren Bedeutung untereinander sowie ihre Veränderung im Laufe der Zeit aufzuzeigen. (Es gibt eine Reihe von analytischen Strukturen, die für eine gründlichere Be-

schäftigung mit einer Problemsituation äußerst hilfreich sind. Einige davon werde ich im nächsten Abschnitt vorstellen.)
In komplexeren Situationen müssen Sie selbstverständlich selektiv vorgehen. Es dürfte unwahrscheinlich sein, daß alle Möglichkeiten für den Problemlösungsprozeß gleich wichtig sind. Daher müssen Sie bereits zu einem frühen Zeitpunkt entscheiden, auf welche Bereiche Sie Ihre Bemühungen konzentrieren wollen. Derartige Entscheidungen können nur aufgrund von Branchenkenntnissen oder aufgrund von Erfahrungen bei der Lösung ähnlicher Probleme getroffen werden. Sie fallen daher im allgemeinen in die Zuständigkeit von älteren und erfahreneren Mitarbeitern eines Beratungsteams.

Was könnten wir zur Lösung des Problems tun?
Haben Sie die Problemsituation visuell dargestellt und analysiert, dann wissen Sie bereits genau, was geändert werden muß. Allerdings kann es auch verschiedene Möglichkeiten geben, wobei sich jede logisch von der Struktur der untersuchten Tätigkeit ableiten läßt. Sie müssen nun prüfen und entscheiden, mit welcher von ihnen das gewünschte Ergebnis am ehesten erzielt werden kann.
In unserem Beispiel des Zigarettenherstellers ergab sich als Problem, daß die Maschinenbediener ihre Anlagen nicht richtig eingestellt hatten, was wiederum auf ein ungenügendes Training durch Vorgesetzte zurückzuführen war. Wie sollte man nun die Aufsichtsfunktion verbessern?
Man könnte die Aufgabe, neue Maschinenbediener anzulernen, zu einer Zielsetzung machen, die die Leistungsbeurteilung der Aufsichtsperson beeinflußt. Man könnte eine Aufsichtsperson aus einem produktiveren Bereich in diese Abteilung versetzen. Oder man könnte die Zahl der Aufsichtspersonen erhöhen. Welche Möglichkeit am sinnvollsten ist, hängt davon ab, welche am ehesten machbar ist und welche am ehesten den gewünschten Erfolg verspricht (oder, wenn Sie so wollen, von ihren Vorteilen und Risiken). Sie müssen zu einer wohldurchdachten Einschätzung der verschiedenen Möglichkeiten kommen, bevor Sie sich entscheiden.

Was sollten wir zur Lösung des Problems tun?

Wenn Sie sich für eine bestimmte Möglichkeit entscheiden, müssen Sie die neue Situation visuell darstellen können. Dabei sollte Ihnen klarwerden, welche zusätzlichen Änderungen erforderlich sind, um sich der neuen Situation anzupassen. Diese Punkte sollten analysiert und verifiziert werden, bevor Sie eine endgültige Empfehlung aussprechen. Sind Ihnen dann die rein quantitativen Auswirkungen klar, werden Sie als nächstes die Risiken untersuchen, die Sie möglicherweise während des Problemlösungsprozesses eingehen. Risiken in diesem Zusammenhang können dreierlei Form annehmen:

- Es kann Ihnen bei Ihren Annahmen ein Fehler unterlaufen sein.
- Sie erreichen möglicherweise nicht Ihr Ziel.
- Sie provozieren vielleicht eine negative Reaktion.

Sollte Ihre Entscheidung zu risikoreich sein, nehmen Sie besser Abstand von Ihrer zunächst gewählten Änderungsmöglichkeit. Fassen wir zusammen: Bevor Sie eine Empfehlung zur Änderung eines unerwünschten Tatbestands abgeben, sollten Sie fünf Dinge eindeutig definieren:

- den Unterschied zwischen der jetzigen und der gewünschten Situation,
- die Struktur der Situation, die diesen Unterschied entstehen ließ,
- die Struktur der zugrundeliegenden Prozesse,
- die verschiedenen Möglichkeiten, diese Struktur zu ändern,
- die erforderlichen Änderungen zur Anpassung an die von Ihnen gewählte Alternative.

Zuerst analysieren Sie also Ihr Problem und erhalten damit Anhaltspunkte für die Ausformulierung Ihrer Texteinleitung. Sie stellt die Frage heraus, auf die Ihr Bericht - richtig strukturiert - eine Antwort liefern muß. Als zweiten und dritten Schritt beschreiben Sie die wichtigsten Aspekte Ihrer Analysen, bevor Sie zum Schluß

Abbildung 8.3
DFD: Ein System zur Digitalisierung und Fernübertragung von Dokumenten

Einleitung

Begründung unserer Studie

Im August vergangenen Jahres erhielten wir von Ihnen den Auftrag, für Sie eine Studie über die »Digitalisierung und Fernübertragung von Dokumenten« durchzuführen. Es sollten Mechanismen identifiziert und analysiert werden, die einen Übergang zu digitaler Speicherung und Übertragung ermöglichen, wie er zur kostengünstigen Übermittlung von Dokumenten erforderlich wäre.
Die »Probleme der Dokumentenlieferung für Euronet-Benutzer« sind in einem im letzten Jahr vom Forschungsinstitut erarbeiteten technischen Bericht erörtert worden. Über On-line-Suchdienste nach wissenschaftlich-technischen Informationen wird es dem Benutzer ermöglicht, ihn interessierende bibliographische Angaben in der vorliegenden Literatur schnell und mühelos aufzufinden. Allerdings wird den Bedürfnissen des Benutzers erst entsprochen, wenn er eine Kopie des gesamten Textes eines gewünschten Artikels erhält. Daher ist ein schneller, umfassender und wirtschaftlicher Dokumenten-Liefer-Service gefordert.
Die vom Forschungsinstitut vorgelegte Planungsstudie gibt Auskunft über die Erfordernisse, Probleme und möglichen Lösungen bei der Bestellung und Lieferung von Dokumenten über Euronet/DIANE.
DIANE arbeitet bereits. Die Abkürzung steht für Direct Information Access Network for Europe (Europäisches Netz für direkten Informationszugriff). Dieses Netzwerk stellt das Ensemble an Informationsdiensten dar, die über das Euronet-Fernübertragungssystem verfügbar gemacht werden. Euronet selbst ist eine Datenübertragungseinrichtung, kein Informationsdienst.
DIANE liefert den Rahmen für Dienstleistungen, die große europäische zentrale Systeme über Euronet anbieten. Diese zentra-

len Systeme sind im typischen Fall Computer-Service-Büros, die Datenbanken mit bibliographischen Informationen unterhalten. Dadurch, daß DIANE ein Instrumentarium für die Einführung gemeinsamer Merkmale bereitstellt, so etwa eine Standardbefehlssprache, Referenzdienst und Anleitungen für den Benutzer, präsentiert dieses System dem Benutzer ein klareres Bild der umfangreichen Skala an Informationsdiensten, die über das Netz zur Verfügung stehen.

Das Komitee für Information und Dokumentation in Wissenschaft und Technik (CIDST) der EG hat den Bericht des Forschungsinstituts sowie Kommentare und Empfehlungen anderer, die diesen Bericht geprüft haben, in Erwägung gezogen und weitere technische Studien empfohlen.

Wir haben zwei dieser technischen Studien durchgeführt und dabei die eng miteinander verknüpften technologischen, wirtschaftlichen und verwaltungstechnischen Fragen geprüft, die bei der Digitalisierung von Dokumenten und ihrer Übermittlung per Datenfernübertragung auftreten. Den Hintergrund der Studie bildet die rasche Entwicklung der DV- und DÜ-Technologie, die schon jetzt – oder zumindest in naher Zukunft – die elektronische Lieferung von Dokumenten ermöglichen wird. Das könnte die Übermittlung per Papier, wie sie gegenwärtig noch von einem Dokumenten-Liefer-Center praktiziert wird, überflüssig machen oder zumindest wesentlich reduzieren.

Schlußfolgerungen

Unsere Studie hat bestätigt, daß es technisch möglich ist, ein Dokument in digitaler Form in einer Datenbank zu speichern und über digitale Fernübertragung an Drucker zu senden, die in der Nähe derjenigen installiert sind, über die diese Dokumente gelesen werden sollen.

Die Kosten für Digitalisierung und Fernübertragung sinken weiterhin. Allerdings ist zu diesem Zweck die Anschaffung teurer Geräte erforderlich, und es müssen große Mengen an Dokumen-

ten anfallen, um die Dienstleistungskosten niedrig halten zu können. Bei einer flächendeckenden europaweiten Bedienung könnten solche Dokumente über Nacht zu minimalen Preisen pro Seite geliefert werden. Diese Preise sind den Gebühren vergleichbar, die heute Dokumenten-Liefer-Center für ihren Dienst (Kopieren und Postversand von Dokumenten) berechnen.
Wir haben ein Konzept mit dem Namen DFD entwickelt, mit dessen Hilfe die heute vorhandene Technologie in neuer Art und Weise genutzt würde. Außerdem haben wir die organisatorischen, rechtlichen, regulatorischen und Managementfragen untersucht, die die Einrichtung einer europaweiten Operation mit sich bringen würde. Das DFD-System würde auf den mit DIANE gemachten Erfahrungen aufbauen und DIANE gleichzeitig ergänzen. Es würde ein schneller, umfangreicher und wirtschaftlicher Dokumenten-Liefer-Service sein, der Anfragen in Form von bibliographischen Angaben entgegennimmt und sie mittels Datenfernübertragung aus Datenbanken mit gespeicherten digitalisierten Dokumenten beantwortet.
Wir sind jedoch überzeugt, daß die im Markt wirkenden Kräfte allein ein solches System nicht hervorbringen können. Wenn die Nachfrage nach einem schnellen Zugriff auf ungekürzte Texte befriedigt werden soll, dann müßte dafür ein Pilotprojekt durchgeführt werden.
DFD muß sich als ein offenes System entwickeln, über das jeder Anbieter von Informationen Dokumente an jeden beliebigen Anwender liefern kann. Aus diesem Grund muß es internationalen Standards entsprechen.
Es bedarf jedoch weiterer technischer Studien, um festzustellen, wie die heute verfügbare Technologie innerhalb des DFD-Systems eingesetzt werden kann.
Bevor das DFD-System gewinnbringend arbeiten kann, sind allerdings auch noch nichttechnische Fragen zu klären.

zu Ihrer Empfehlung kommen, die ja eine Antwort geben soll auf die eingangs aufgeworfene Frage.
Die Einleitung muß unbedingt eine klare Definition des Problems enthalten, und die anschließenden Untersuchungsergebnisse und Schlußfolgerungen müssen sich aus relevanten analytischen Strukturen herleiten. Prüfen Sie Ihren Entwurf kritisch - Sie werden sicher eklatante Punkte in beiden Fällen übersehen haben.

Definition des Problems

Aufgrund des systematischen Verfahrens steht Ihnen am Ende Ihres Lösungsprozesses eine Reihe von Daten zur Verfügung. Sie können mit Hilfe dieser Daten neue Strukturen erstellen. Dabei zeigt sich:

- wo Sie heute stehen,
- wo Sie stehen wollen,
- der Unterschied zwischen beiden Standpunkten.

Die Leichtigkeit, mit der Sie nach Neuschaffung dieser Strukturen darüber entscheiden können, was Sie in der Einleitung sagen und wie Sie Ihre Pyramide aufbauen sollten, wird Sie vielleicht überraschen. Um dies zu demonstrieren, lassen Sie uns die Einleitung des in Abbildung 8.3 gezeigten Textes anschauen.

Hier haben wir es mit einem extrem dicht geschriebenen Text zu tun, dessen ungefähre Aussage lautet:

S = Wir haben eine Studie darüber durchgeführt, wie Dokumente per Computer gespeichert und übertragen werden können. Außerdem wurde von einem Forschungsinstitut eine Studie über die Probleme der Fernübertragung von Dokumenten über Euronet/DIANE durchgeführt.
K = Sie haben weitere technische Studien empfohlen. Wir haben die bei einer Digitalisierung und Fernübertragung anfallenden technologischen, wirtschaftlichen und verwaltungstech-

nischen Probleme geprüft. Der Grund: Die Technik, mit deren Hilfe eine Fernübertragung möglich wäre, ist einer raschen Entwicklung unterworfen.

F =

A = Das Projekt ist technisch und wirtschaftlich auf Europaebene machbar.

- Wir haben ein System entwickelt, das auf DIANE aufbaut, Name: DFD.
- Die im Markt wirkenden Kräfte allein werden nicht zur Realisierung eines solchen Systems führen. Dazu bedarf es eines Pilotprojekts.
- DFD muß ein offenes System sein, das auf internationalen Standards basiert.
- Es sind weitere technische Studien erforderlich.
- Wichtige nichttechnische Fragen sind ebenfalls noch zu klären.

Einmal abgesehen von dem häßlichen Titel, läßt der Text eigentlich wenig von dem Problem erkennen, um das es hier eigentlich geht. Wo liegt denn das Problem tatsächlich, und wie lautet die entsprechende Frage? »Technologische, wirtschaftliche und verwaltungstechnische Fragen prüfen, die bei der Digitalisierung von

Abbildung 8.4

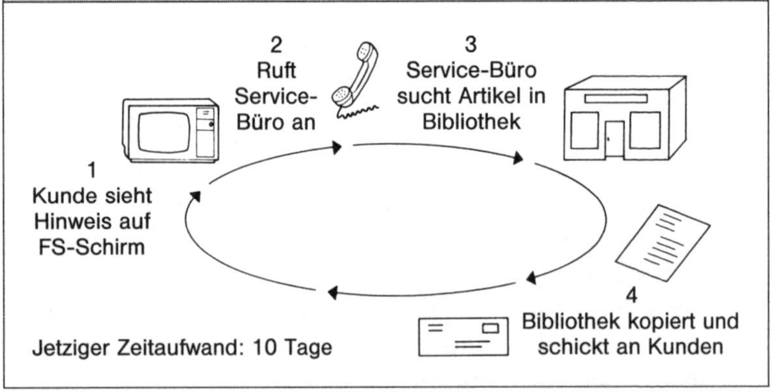

Dokumenten und ihrer Übermittlung per Datenfernübertragung auftreten«, hört sich nicht eben sehr spezifisch an. Man müßte fragen, wie die Situation heute aussieht und wie man sie ändern will - das wäre spezifisch.

Die jetzige Situation sieht offensichtlich so aus, daß jemand eine Videoliste auf ein bestimmtes Dokument hin prüft und dann mit einer Bibliothek telefoniert und um Zusendung bittet. Die Bibliothek sucht das Dokument heraus, kopiert es und schickt es an die Adresse des Auskunftsuchenden. Zeitbedarf insgesamt: 7 bis 10 Tage.

Statt dessen hätte man gern ein System, in dem eine Videoliste gescannt, dann das Dokument telefonisch angefordert und innerhalb einer Stunde auf dem Bildschirm angezeigt wird.

Hat man die gegebene Situation verstanden, kann man die Frage zu dem Problem präzise formulieren: Läßt sich die Zeit der Abfrage von zehn Tagen auf eine Stunde verkürzen, wenn man das Dokument elektronisch übermittelt?

Schon nach einem kurzen Blick auf das erste Bild erkennen Sie, was sich strukturell ändern muß, damit dies geschehen kann:

1. Können gedruckte Texte digitalisiert werden?
2. Können sie zentral an einem Ort gespeichert werden?
3. Können sie zu einem niedrigen Preis übermittelt werden?

Abbildung 8.5

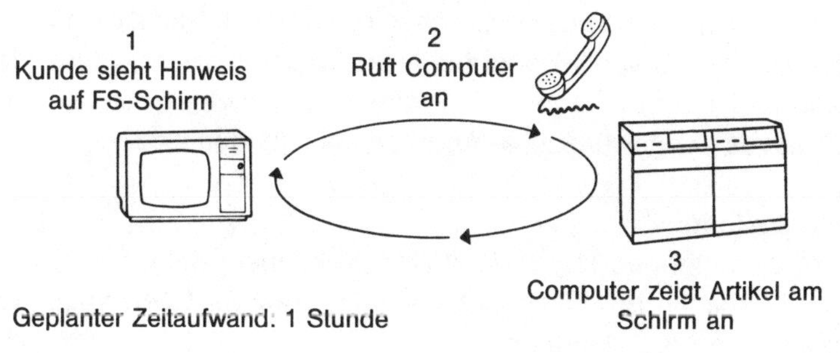

Es sieht also so aus, als hätte die Analyse sich direkt mit der Beantwortung dieser drei Fragen beschäftigen wollen. Die Antworten (Ja, Ja und Nein) hätten Sie dann vermutlich direkt zu einer deduktiven Struktur Ihrer Pyramide geführt:

Abbildung 8.6

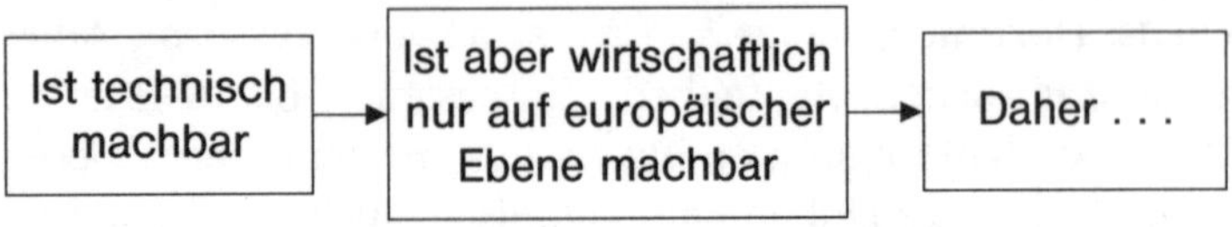

Dies war eine Situation, in der der Leser das Problem übrigens kannte. Der Verfasser schrieb seinen Text nur, um eine Lösung vorzustellen. Sehr häufig bieten Sie jedoch eine Lösung an in Fällen, in denen der Leser das Problem nicht kennt. Es muß daher in Einzelheiten erklärt werden. Eine solche Situation liegt in Abbildung 8.7 vor.

Abbildung 8.7

An:
Von:
Thema: **Graphik-Handbücher**

Wie Sie wissen, ist die Abteilung Finanzanalyse und nicht mehr die Planungsabteilung des Konzerns seit der Periode 5 für die Herstellung der vier Graphik-Handbücher zuständig. In dieser Aktennotiz sollen einige der Fragen und Probleme skizziert werden, die als Ergebnis der gewünschten Änderung entstanden sind.

Herstellung
Um diese Fragen klarer darstellen zu können, will ich kurz die heute übliche Produktionsphase skizzieren. Es fallen folgende spezifische Aktivitäten an:

1. Datensammlung – die wichtigsten Informationsquellen sind externe Berichte (z. B. »P«-Formulare), interne Unterlagen des Konzernbereichs und Informationen, die mündlich per Telefon vom Konzernbereich mitgeteilt werden.
2. Spezifische Erzeugung von Datenelementen – dazu gehören manuelle oder computerisierte Kalkulationen. Zum Beispiel das Rolling von 13 Erträgen, Kosten und Prozentanteilen.
3. Transkription von Datenelementen auf Eingabeblätter – der Bereich A liefert Computerausdrucke von Datenelementen, und die Analytiker bringen sie dann für die letzte Periode auf den neuesten Stand. Es gibt für jede Graphik eine Computerseite, und in der Regel erfordert jede Graphik zwei neue Datenelemente – das aktuelle und das fortlaufende. Die Eingabeblätter werden nach Fertigstellung zur Fortschreibung an die Datenbank »Farbgraphiken« zurückgegeben.
4. Validierung der Daten – Prüfung auf Richtigkeit und Sicherstellung der einheitlichen Durchführung der Kalkulationen.

Fragen

Die grundsätzliche Frage betrifft die übergreifende Kontrolle, angefangen bei der Lieferung von Informationen durch den Konzernbereich bis zur tatsächlichen Erstellung der Graphiken. Hinsichtlich der vier Handbücher, die in den Verantwortungsbereich der Analysegruppe des Konzerns übergegangen sind, ist diese Kontrolle nochmals erschwert worden, nachdem jetzt noch ein weiterer Mitarbeiter am Gesamtprozeß beteiligt ist, was zur weiteren Fragmentierung eines bereits ineffizienten Ablaufs beiträgt. Um dies zu verdeutlichen, werde ich den Prozeß, den das Graphik-Handbuch durchläuft, sowie einige damit zusammenhängende Probleme skizzieren. Der überwiegende Teil der Kalkulationen für das Handbuch wird mit Hilfe eines internen Softwaresystems, das speziell für das Graphik-Handbuch entwickelt wurde, auf dem Computer durchgeführt.

Die primäre Datenquelle zur Eingabe in dieses Graphik-Hand-

buch-Softwaresystem sind interne Unterlagen des Unternehmensbereichs in Form von Computerausgaben. Diese Informationen werden wiederum in das zentrale System des Konzerns eingegeben, das dann die aktuellen und fortlaufenden Dateneintragungen für die Graphiken kalkuliert. Dieser Computerausdruck wird dann zur Erstellung von Datenelementen für die Eingabeblätter der Farbgraphiken verwendet. Die Abteilung Farbgraphiken gibt dann wiederum diese Daten in ihre Datenbank ein und generiert schließlich die Graphiken.
Wie bereits dargestellt, sind an dieser Aufgabe Mitarbeiter des Bereichs sowie drei Konzernabteilungen beteiligt – Planungsabteilung, Abteilung Finanzanalyse und die Abteilung Systeme. Die Daten einer Periode werden in der einen oder anderen Form mindestens *dreimal* in den Computer eingegeben. Wir haben damit ein sehr ineffizientes System geschaffen und das Fehlerpotential dadurch erhöht, daß so viele Mitarbeiter bei entsprechender Fragmentierung beteiligt sind.
Einige der Probleme, die in den bisher sieben behandelten Perioden aufgetreten sind:

- Mangelnde Einheitlichkeit der Dateneingabe von Periode zu Periode und von Region zu Region.
- Fehlerhafte Berechnung der variablen Kosten aufgrund des Entwurfs des ursprünglichen Computerprogramms.
- Unerklärliche Änderungen bei Datenelementen, die ursprünglich korrekt waren.
- Datenbank für die Information der Vorperiode ist nicht auf den neuesten Stand gebracht worden, so daß diese Informationen auf den Eingabeblättern nochmals festgehalten werden mußten.

Gesamtbeurteilung
Die meisten dieser Probleme haben sich aufgrund der Umständlichkeit und Ineffizienz des Prozesses selbst ergeben. Die Aufsplitterung des Herstellungsprozesses hat dazu geführt, daß niemand die absolute Kontrolle über die Daten besitzt. Es sind

»Grauzonen« entstanden, in denen die Zuständigkeiten unklar sind. Damit hat sich das Risiko potentieller Fehler erhöht, denn es besteht die Möglichkeit, daß Daten einfach untergehen.
Der Herstellungsprozeß bedarf dringend einer Vereinfachung, und zwar sowohl hinsichtlich der einzelnen Handbücher als auch hinsichtlich der Basis-Software, die alle allgemeinen Kalkulationen des Unternehmensbereichs effizient ausführen muß. Bei der heutigen Mitarbeiterbesetzung sind Vereinfachung der Herstellung und die Gesamtkontrolle über die Graphik-Handbücher nicht gewährleistet.
Können wir zu einem Ihnen passenden Termin darüber sprechen, wie hier am besten vorgegangen werden sollte?

Diese Aktennotiz wurde unterschriftsreif für den Leiter der Abteilung verfaßt, die die Graphik-Handbücher herstellt. Es handelt sich um Bücher mit Graphiken, in denen die Leistung des Unternehmens hinsichtlich Verkauf, Kosten, Profit und so weiter für eine Vorperiode dargestellt ist. Sie wird von der Graphikabteilung denjenigen Managern zur Verfügung gestellt, die Präsentationen für das Topmanagement vorzubereiten haben.
Die Situation, in der diese Aktennotiz entstand, sah folgendermaßen aus: Der Abteilungsleiter war unzufrieden, weil die Graphiken voller Fehler waren. Diese Fehler werden teilweise durch das System verursacht, mit dessen Hilfe die Graphiken erstellt werden:

Abbildung 8.8
Allgemeine Vorgehensweise

1 →	2 →	3 →	4 →	5 →	6 →	7 →	8
Daten sammeln	Datenelemente für Graphik generieren	Auf das Eingabeblatt geben	Einlesen in Computer	Computer fertigt Graphik an	Graphikelemente validieren	In Graphik-Handbuch einordnen zur Verwendung bei Präsentation	Datei

Abbildung 8.9
Graphik-Handbuch-System

1 →	2 →	3 →	4 →	5 →
Interne Eingabeblätter in den Computer einlesen	Computer berechnet Datenelemente	Farbgraphikabteilung gibt auf Eingabeblätter ein	Liest in Computer ein	Computer erzeugt Graphiken

Häufige Fehlerquellen sind:

- Eingeben und Sammeln von Daten.
- Zahlen liegen häufig zu spät oder unvollständig vor.
- Computer erstellt die Graphiken zu spät, Fehler können nicht mehr korrigiert werden.

Doch selbst wenn die Graphiken beim Einordnen in die Bücher korrekt sind, verursacht derjenige, der die Präsentation gibt, ein weiteres Problem. Er könnte beispielsweise ganz willkürlich entscheiden, eine Graphik zu ändern, um einen Trend besser oder in wünschenswerter Weise darzustellen. In solchen Fällen wird die Graphikabteilung nicht über die Änderung informiert.
Die Abteilung ist zuständig für die Herstellung von vier derartigen Handbüchern. Das System zur Herstellung eines dieser Bücher verwendet den Computer zur Sammlung von Daten (siehe dazu Abbildung 8.9). Der Abteilungsleiter setzt den gleichen Computer auch zur Sammlung von Daten für die übrigen Bücher ein.
Der Abteilungsleiter hat sich daher für ein System entschlossen, das aussehen würde wie das in Abbildung 8.10.
Er bat seinen Assistenten, für den Geschäftsführer, der das Problem kennt, eine Aktennotiz zu verfassen, um die erforderlichen Änderungen zu erklären. Das Ergebnis ist der Text in Abbildung 8.7.
Im wesentlichen lautet die Aussage dieses Textes wie folgt:

Abbildung 8.10
Vorschlag für das neue System

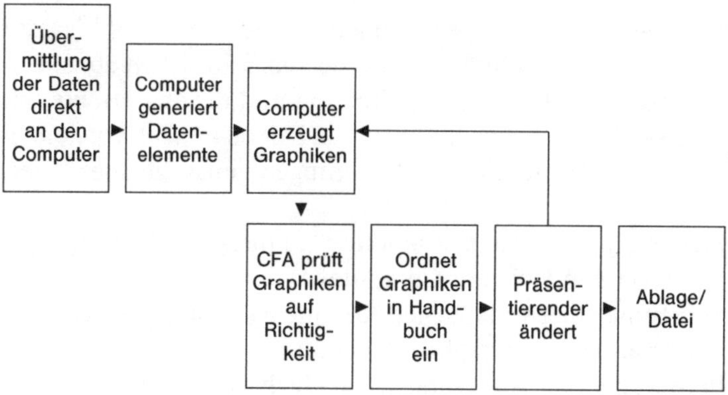

S = Wir sind jetzt zuständig für die Herstellung der Graphik-Handbücher.

K = Aufgrund der gewünschten Änderung sind einige Fragen und Probleme entstanden.

F =

A = So sieht der jetzige Herstellungsprozeß aus.
So sieht der Prozeß für das geplante Graphik-Handbuch aus, bei dem folgende Probleme auftreten. Sie resultieren aus der Ineffizienz des gegenwärtigen Herstellungsprozesses, der besser zu organisieren wäre. Können wir uns zu einem Ihnen genehmen Zeitpunkt über die bestmögliche Vorgehensweise unterhalten?

Dies bringt der Verfasser des Textes aus Abbildung 8.7 jedoch nicht klar zum Ausdruck. Die einzelnen Schritte im allgemeinen Herstellungsprozeß sind nicht vollständig aufgelistet, die Probleme mit dem Graphik-Handbuch-System sind nicht ohne weiteres ersichtlich. Die Änderungen, die zur Einrichtung des neuen Systems erforderlich wären, sind nicht erwähnt.

Trotzdem: Wenn man die Probleme in einem System beschreibt, macht man zwangsläufig auch eine Aussage über die Maßnahmen, die zur Korrektur des Problems erforderlich sind. Daher sollten Sie sich grundsätzlich in einem solchen Text auf die erforderlichen Änderungen konzentrieren und jeden Änderungsvorschlag durch eine Erörterung des Systems und dessen Schwächen abstützen. Wenn man sich die Ausgangssituation und die angestrebte Situation sowie die Unterschiede zwischen beiden bildlich vorstellt, fällt es leicht, die erforderlichen Änderungen genau zu spezifizieren:

- Herstellung der Datenverbindung zur direkten Übertragung von Daten an den Konzern-Computer,
- Schaffung einer verläßlichen Routine zur Computerisierung der Generierung von Graphikelementen,
- Forderung, daß Änderungen anläßlich von Präsentationen vor der Weiterverwendung neu validiert werden.

Wenn dies die wichtigsten relevanten Punkte sind, können diese die Ebene der Schlüsselaussagen in Ihrer Pyramide bilden (siehe Abbildung 8.11). Sie dienen der Beantwortung der Frage: »Welche Änderungen sind nötig, um Fehler auszuschließen?« Damit wissen Sie auch, welche Informationen in der Einleitung enthalten sein müssen, damit sich der Leser genau diese Frage stellt. Im vorliegenden Fall muß er lediglich daran erinnert werden, daß er das Problem kennt, daß er um einen schriftlichen Lösungsvorschlag gebeten hat und daß die Aktennotiz ihm nun die Lösung anbietet. In den meisten Fällen können Sie sich die Situation, in der das Problem auftritt, und die anschließende Lösung relativ leicht bildlich vorstellen. Sie brauchen diese zwei »Bilder«, um eine Linie für die Einleitung und die Untersuchung des Problems zu finden.
Bei der Durchführung Ihrer Analyse werden Sie allerdings zusätzliche Strukturen schaffen. Ich möchte nun einige der am häufigsten verwendeten Strukturen vorstellen und Ihnen zeigen, wie Sie in Kenntnis dieser Strukturen Fehler in Ihren Gruppierungen vermeiden können.

Abbildung 8.11

S = Wie Sie wissen, hatten wir seit einiger Zeit Anlaß, die Ineffizienz des Systems zur Herstellung von Präsentations-Graphiken zu kritisieren

K = Sie baten uns, das System zu überprüfen und Empfehlungen zu erforderlichen Änderungen vorzulegen

F = (Welche Änderungen sind erforderlich?)

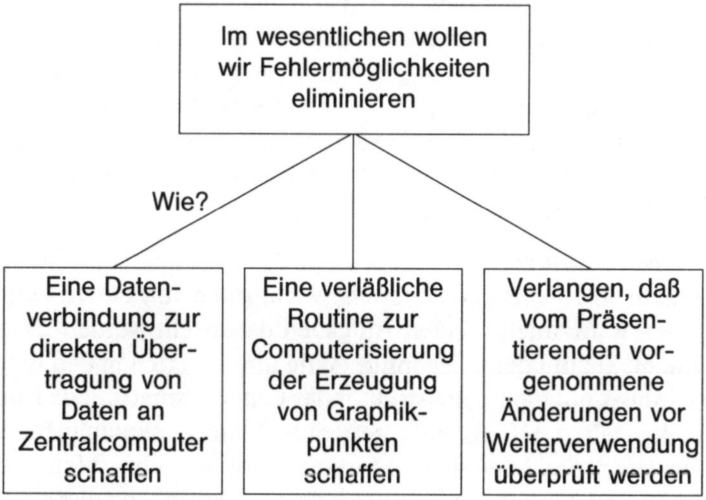

Strukturierung der Problemanalyse

Die Beziehungen, die Sie analysieren müssen, sind nicht auf den ersten Blick zu erkennen. Daher ist es immer sinnvoll, sich die logische Struktur eines Textes durch graphische Hilfsmittel zu verdeutlichen.
Eine ausgezeichnete Methode ist die Erstellung logischer Bäume, von denen es verschiedene Variationen gibt. Ich werde Ihnen fünf vorstellen und zeigen, wie Sie das Konzept der logischen Bäume einsetzen können, um in Ihren Texten Lücken und Ungereimtheiten aufzuspüren.

Die fünf Logik-Bäume

Der große Wert der Logik-Bäume besteht darin, daß sie einem helfen zu erkennen, wo das Problem liegt, warum es überhaupt existiert und was sich dagegen tun läßt. Alle Baumgraphen beginnen bei den Endergebnissen und verzweigen sich hin zu den Ursachen.

① *Finanzstruktur*
Abbildung 8.12 zeigt einen ROI-Baum, der einen Teil der Finanzstruktur eines Unternehmens darstellt. Er erlaubt Ihnen, Fragen zu stellen wie etwa: »Was mögen die Gründe dafür sein, daß der Umsatz zurückgegangen ist?« oder »Was könnte diese Situation verursacht haben?« Es geht nun darum, bei jeder Verzweigung eine insgesamt vollständige Gruppe von Ursachen, die sich jedoch gegenseitig ausschließen, zu bilden.

② *Aufgabenstruktur*
In einem solchen Baum sollen die wichtigsten von einem Unternehmen wahrzunehmenden Aufgaben dargestellt werden. Dabei beginnen Sie mit dem Gewinn je Aktie und unterteilen den Baum im Hinblick auf die Finanzstruktur des Unternehmens. Jede Komponente geben Sie als eine getrennte Managementaufgabe an. Dann legen Sie über diese Struktur quasi wie eine Matrix die Gewinn-und-Verlust-Rechnung sowie die Jahresbilanz und stellen wiederum jede Komponente als eine Aufgabe dar.

Abbildung 8.12
Finanzstruktur

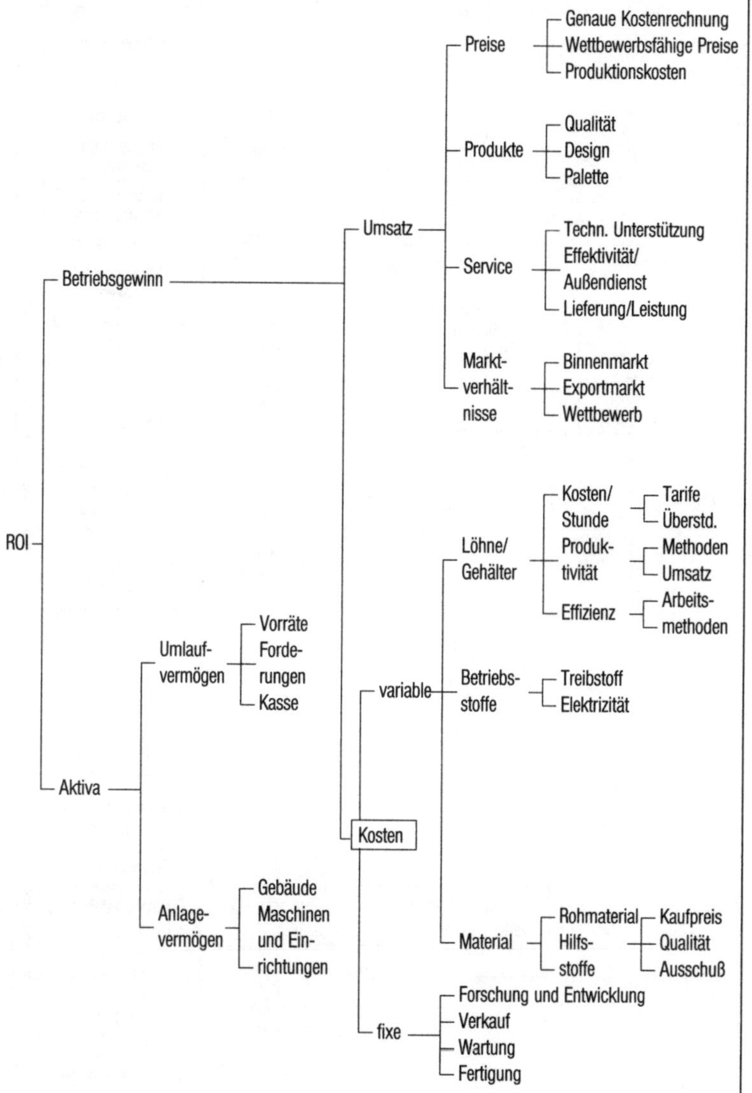

Abbildung 8.13
Aufgaben-Struktur

(Aus: Task Analysis, McKinsey & Company, 1972)

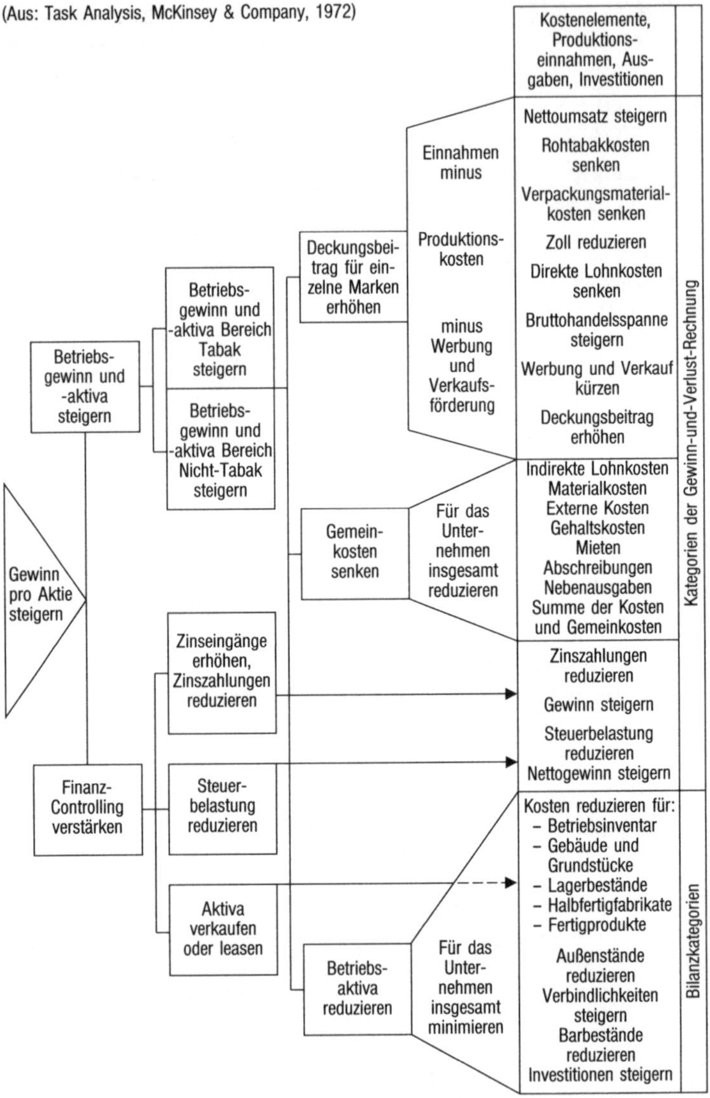

Der Reingewinn bei einem Tabakhersteller beispielsweise setzt sich zusammen aus dem Nettoumsatz minus Produktionskosten (Rohtabak, Verpackungsmaterial, Zoll, direkte Lohn- und Gehaltskosten) minus Werbung und Verkaufsförderung. Diese Kategorien werden dann als Aufgaben definiert (Nettoumsatz steigern, Kosten für Rohtabak senken und so weiter). Sie kennen damit die Hauptaufgaben des Unternehmens und können die Daten im Aufgaben-Baum analysieren (Trends, empfindliche Bereiche, Branchenvergleich, Vergleich mit Konkurrenzunternehmen), um dann Prioritäten bei der Aufgabenerfüllung setzen zu können. Betrachten Sie dazu die Abbildung auf der linken Seite.

③ *Struktur der Aktivitäten*
Mit dieser Methode kann man diejenigen Aktivitäten nachzeichnen, die zu einem negativen Ergebnis geführt haben. Zum Beispiel hohe Kosten oder zu lange Installationszeiten. In diesem Fall geht es darum, bildlich alle Ursachen darzustellen, die eine derartige Wirkung möglicherweise hervorbringen könnten, und sie dann auf den richtigen Ebenen in Beziehung zueinander zu setzen. Zum Beispiel fallen beim Einbau einer Telefonnebenstellenanlage teils Arbeiten im Werk des Lieferanten an, teils Arbeiten beim Kunden selbst. Zu den Arbeitskomponenten beim Kunden zählen:

- die Mitarbeiter, die den Einbau vornehmen,
- die zur Verfügung stehenden Einrichtungen,
- die zu installierenden Geräte,
- das Testpersonal,
- der Kunde, der den Arbeitsablauf in bestimmten Zeitabständen prüfen beziehungsweise genehmigen muß.

Welche Beziehungen bestehen zwischen diesen verschiedenen Komponenten?
Wie Sie in Abbildung 8.14 sehen, beginnen Sie Ihren Baum mit der Angabe der Auswirkung, deren Ursache Sie zu ergründen versuchen. In diesem Beispiel: Einbauten nehmen längere Zeit in Anspruch als erwartet. Auf der nächsten Stufe stellen Sie alle sich

Abbildung 8.14
Struktur der Aktivitäten

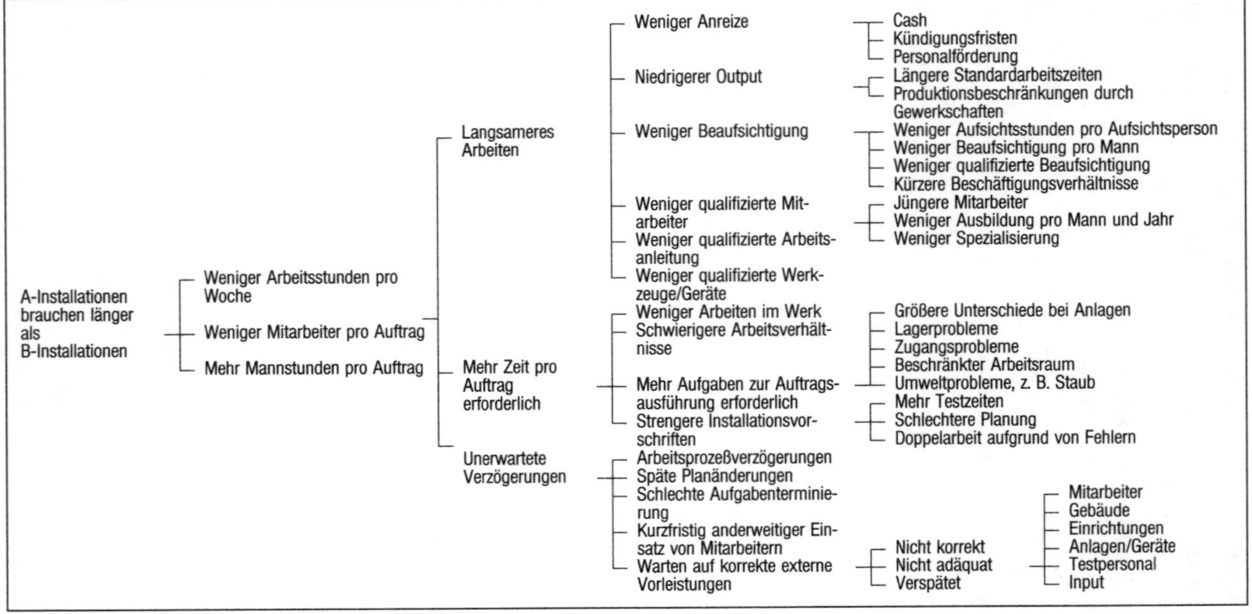

gegenseitig ausschließenden Gründe für den konstatierten Mißstand zusammen:

- weniger Mitarbeiter pro Auftrag,
- weniger Wochenstunden im Einsatz.

Abbildung 8.15
Entscheidungs-Struktur

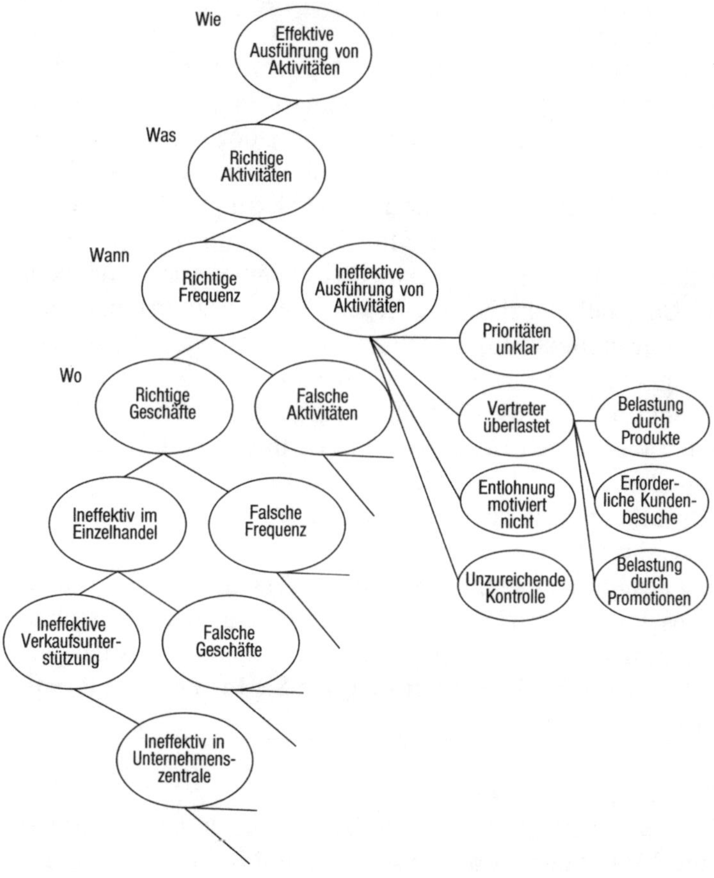

Dann konzentrieren Sie sich auf jeden einzelnen der möglichen Gründe und schlüsseln sie weiter auf. Was könnte die Ursache dafür sein, daß pro Mann und Auftrag mehr Stunden anfallen? Entweder wird langsamer gearbeitet, oder der Job erfordert mehr Zeit, oder es kommt zu unerwarteten Verzögerungen. Dann konzentrieren Sie sich wiederum auf jede einzelne dieser Möglichkeiten und fragen sich, wodurch ihr Auftreten bedingt ist. Als Ergebnis haben Sie dann eine Liste der Bereiche, in denen Fakten zu sammeln und zu analysieren sind (Abbildung 8.15).

Entscheidungsstruktur

Dieser Logik-Baum ähnelt dem der Aktivitätsstruktur. Auch hier wird versucht, die Ursachen für ein unerwünschtes Ergebnis aufzudecken. In diesem Fall »klettern« Sie jedoch einfach zweiästige Entscheidungsstränge hinauf, bis Sie schließlich eine Ebene erreicht haben, auf der Sie eine genauere Kenntnis der vermutlichen Ursachen besitzen. Wenn zum Beispiel Ihre Verkaufsförderung ineffektiv ist, kann die Ursache dafür beim Einzelhandel oder bei der Unternehmensführung liegen. Siehe dazu Abbildung 8.16. Wenn sie ineffektiv im Einzelhandel ist, kann das daran liegen, daß Sie entweder in den richtigen oder in den falschen Geschäften präsent sind. Sind Sie es in den falschen, dann ist das das Problem. Sind Sie es in den richtigen, dann ist Ihre Verkaufsfrequenz dort entweder richtig oder falsch. Ist sie richtig, dann sind entweder die Aktivitäten richtig oder falsch und so weiter.
Das Geheimnis dieses Entscheidungsdiagramms ist die Visualisierung des Reihenfolgeprozesses beim Verkauf und die Wiedergabe dieses Prozesses in den Zweierverästelungen. Das Ergebnis ist wiederum eine Liste der im weiteren erforderlichen Analysen. Am Ende der Analysekette zeigt sich, wie Sie Ihr Problem lösen können.

⑤ *Reihenfolgestruktur*

Sie ist eine verfeinerte Version der Entscheidungsstruktur (Abbildung 8.16). Auch dieses Beispiel stammt übrigens von B. Robert Holland. Der Wert dieser Struktur liegt sowohl in ihrer Vollständig-

Abbildung 8.16
Reihenfolgestruktur

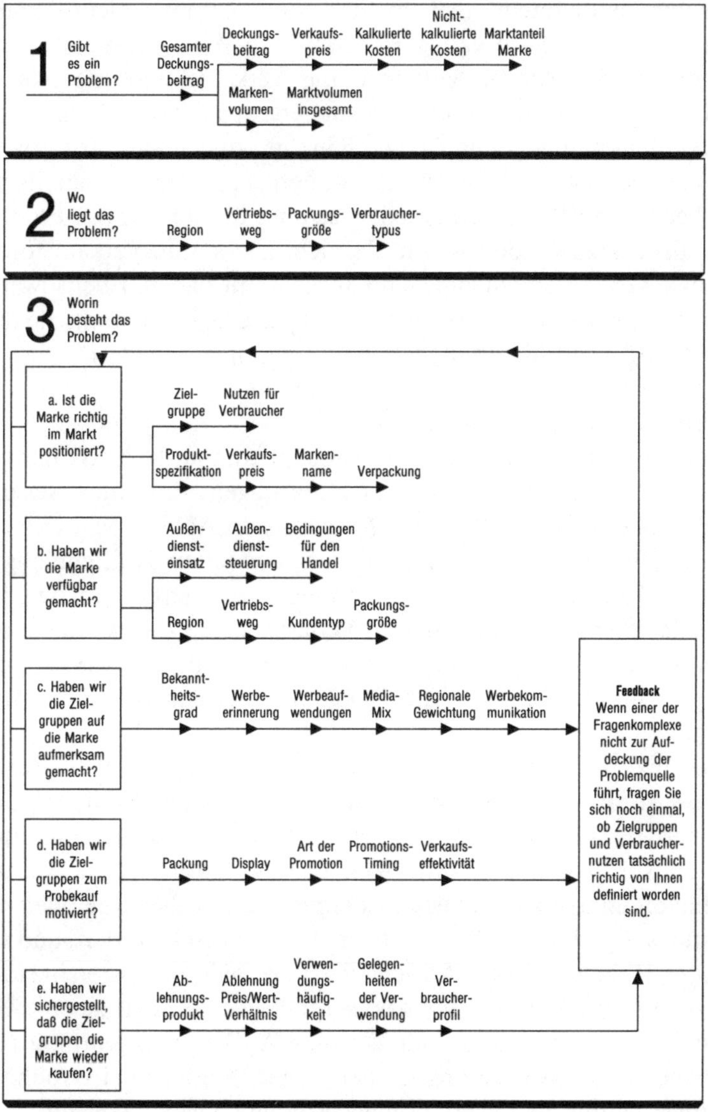

keit als auch in der Reihenfolge, in der die einzelnen Elemente analysiert werden.
Sie könnten beispielsweise in einer Untersuchung mehrere Anzeichen dafür finden, daß Ihr Marketingprogramm nicht stimmt: Sagen wir, die Verpackung ist falsch, die Werbung nicht an die richtigen Zielgruppen gerichtet, die Verkaufsförderung läßt zu wünschen übrig, und Ihre Verbrauchergruppe verwendet das Produkt nicht häufig genug. Schwächen, die »oben« identifiziert werden, müssen vor den Schwächen »unten« korrigiert werden. Es hat daher keinen Sinn, Verbraucher dazu zu überreden, das Produkt häufiger anzuwenden, wenn Sie nicht zuvor Ihre Verkaufsförderungs-Aktivitäten entsprechend abgestimmt haben. Ebensowenig hat es Sinn, Geld für Verkaufsförderung auszugeben, wenn Sie Ihre Werbung weiterhin an die falschen Zielgruppen richten.

Verwendung der Logik-Bäume
Nutzen Sie die Methode der Baumgraphen, um die Logik dessen, was Sie geschrieben haben, zu hinterfragen. Ein gutes Beispiel dafür ist eine Analyse der *Schlüsselfragen* in Abbildung 8.17.
Hier haben wir es wieder mit einer langatmigen und mittelmäßigen Geschäftsmitteilung zu tun. Und wieder resultiert die mangelnde Verständlichkeit daraus, daß der Verfasser keine klaren Vorstellungen darüber hatte, was genau er eigentlich mitteilen wollte. Dies wiederum ist auf einen wirren Problemlösungsansatz zurückzuführen.
Der Text wurde für ein Unternehmen geschrieben, das verschiedene Arten von Röhren und Armaturen an Bauplätze liefert. Das Unternehmen selbst kauft die Produkte von Großlieferanten und lagert sie in einem Zentrallager. Dieses Zentrallager wiederum beliefert ungefähr ein Dutzend kleiner Lager in allen Regionen des Landes. Das Unternehmen ist gerade aufgekauft worden, und die neuen Besitzer sind der Ansicht, daß Lagerhaltungskosten in Höhe von 48 Millionen DM für das Zentrallager zu hoch seien. Weil dieses Lager außerdem häufig einige Artikel nicht vorrätig hat, bestellen die kleineren regionalen Lager ebenfalls bei Großlieferanten, womit die Lagerhaltungskosten noch weiter steigen.

Abbildung 8.17
Schlüsselfragen

Aufgrund unserer Diskussion haben sich verschiedene Fragen ergeben, die beantwortet werden müssen, um Verbesserungsmöglichkeiten im Hinblick auf die zukünftige Unternehmensstrategie zu finden. Es handelt sich um eine vorläufige Liste von Punkten, von der wir erwarten, daß sie noch weiter ergänzt wird.

① *Ist das System der jetzigen Lagerverwaltung für alle Teile des Unternehmens geeignet?* Soweit wir informiert sind, wird in diesem Bereich ein computerisiertes System des Typs »IMPACT« eingesetzt. Systeme dieses Typs sind bestens geeignet für Großhandelsunternehmen, die Tausende relativ haltbarer Wareneinheiten umschlagen. Zur Bestimmung von Lagerbeständen und zur zentralen und regionalen Auftragserteilung, sind sie jedoch nicht zu empfehlen.

② *Wie hoch müßten bei den jetzigen Systemen, Prozeduren und den organisatorischen Verhältnissen die Lagerinvestitionen zur Deckung der Zielsetzungen im Kundenservice sein?* Es sollte eine Entscheidung hinsichtlich der Investitionen getroffen werden, die zur Bedienung der gegenwärtigen Märkte mit den derzeitigen Produkten und unter Einsatz der verfügbaren Prozeduren erforderlich sind. Diese Entscheidung soll als Ausgangsbasis dafür dienen, Verbesserungsmöglichkeiten durch Änderungen zu erreichen, statt durch mehr Kontrolle oder Disziplin beim Einsatz der jetzigen Systeme und Methoden.

③ *Sind Zentrallager für Sie kostengünstig?* In der Unternehmensgruppe Röhren werden zwei zentrale Warenlager für Röhren sowie für Ventile und Armaturen unterhalten. Diese Lager wurden eingerichtet, als das Unternehmen noch in den Anfängen steckte und das Betriebskapital extrem knapp war. Mit dem Zentrallager verfolgte man das Ziel, niedrigere Lagerbestände, niedrigere Kosten und einen besseren Service, insbesondere bei großen Bauprojekten, zu erreichen. Das Management steht dieser Politik heute skeptisch gegenüber.

④ *Wie hoch sind die derzeitigen Lagerbestände an veralteten Artikeln beziehungsweise Artikeln mit niedriger Umschlaghäufigkeit?* Zu hohe Lagerbestände sind häufig das Ergebnis von Problemen in diesen beiden Bereichen. Unsere Analyse sollte sich daher ganz wesentlich darauf konzentrieren herauszufinden, wo zur Zeit überhöhte Lagerbestände vorhanden sind. Noch wichtiger wird es sein, die Ursachen zu bestimmen, damit Empfehlungen erarbeitet werden können und eine Wiederholung derselben Fehler vermieden wird.

⑤ *Welche Verbesserungen des Lagerumschlags können mit Änderungen in der Lagerhaltung, den Organisationsstrukturen und Systemen erreicht werden?* Das ist der Kernpunkt mit möglichen Auswirkungen auf die langfristige Unternehmensstrategie. Das Management ist bereit, Änderungen in seit langer Zeit praktizierten Betriebsprozeduren in Aussicht zu stellen, wenn derartige Änderungen dazu beitragen, den Bedarf an Betriebskapital zu senken.

Sind im Text in Abbildung 8.17 die sogenannten Schlüsselfragen angesichts dieser Situation vernünftig dargestellt? Eine Schlüsselfrage muß so formuliert sein, daß man darauf nur mit Ja oder Nein antworten kann. Diese Art der Formulierung erlaubt es, eine Analyse auf ein bestimmtes Endergebnis hin auszurichten. Anhand des Endergebnisses zeigt sich, ob Sie die Ursache eines Problems erkannt haben oder nicht.

Abbildung 8.18

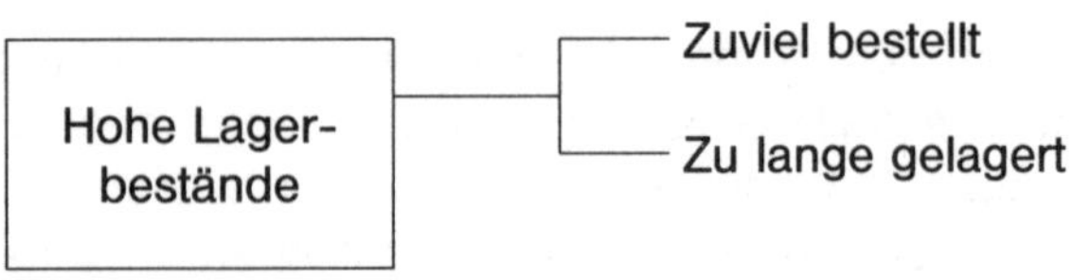

Die zweite Frage beispielsweise: »Wie hoch müßten bei den jetzigen Systemen, Prozeduren und den organisatorischen Verhältnissen die Lagerinvestitionen zur Deckung der Zielsetzungen im Kundenservice sein?« ist entsprechend dieser Definition keine Schlüsselfrage. Als Frage formuliert, müßte es heißen: »Ist der gegenwärtige Lagerbestand zu hoch?« oder »Benötigen wir einen so hohen Lagerbestand wie im Augenblick?«
Die ursprünglich formulierte Frage basiert auf dem Wunsch, gleichsam zu definieren, wann das Problem gelöst sein wird. Das Ausgangsproblem besteht darin, daß die Lagerhaltungskosten 48 Millionen DM betragen. Man möchte jedoch die Kosten geringer halten. Als erstes muß nun ein idealer Kostenfaktor, der beweisen soll, daß die jetzigen Bestände tatsächlich zu hoch sind, bestimmt werden.
In der Annahme, daß die Zahl *tatsächlich* zu hoch ist, können wir ein Baumdiagramm wie in Abbildung 8.18 benutzen, um die möglichen Ursachen der überhöhten Kosten zu bestimmen. Zum Beispiel: Welches sind die Ursachen für zu hohe Lagerbestände?

Abbildung 8.19

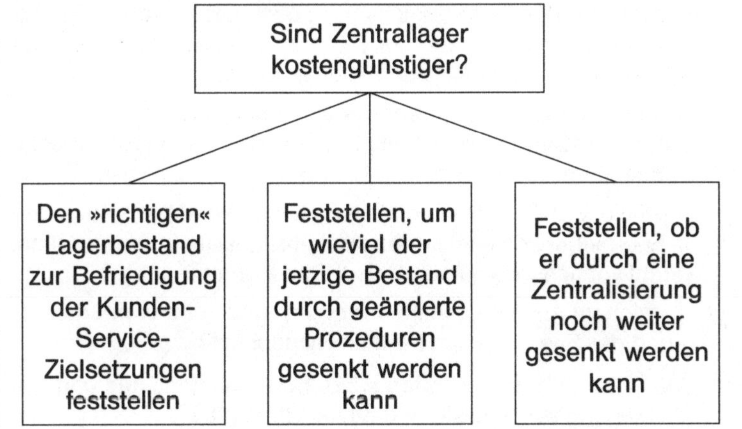

Abbildung 8.20
Schlüsselfragen

① Wieweit können wir die Energiekosten in den einzelnen Hauptwerken durch Verbesserung der Betriebsablaufpraktiken und Realisierung einfacher, nicht kapitalintensiver Ingenieurprojekte senken?

② Unter der Voraussetzung, daß die genannten Energiekosten in den bestehenden Anlagen erheblich gesenkt werden können: Wie hoch ist unser Kostenvorteil beziehungsweise -nachteil im Vergleich zur Konkurrenz? Kann er aufrechterhalten werden?

③ Wie hoch könnte unser Konkurrenzvorteil bei niedrigeren Energiekosten und einem sehr zielgerichteten Kapitalanlageprogramm sein?

④ Welches sind die richtigen Möglichkeiten zur Entwicklung von alternativen Energiequellen (z. B. Forschung, Engineering), mit denen wir unsere Wettbewerbsposition entscheidend verbessern können?

⑤ Mit welchen Kraftstoffen beziehungsweise Mischungen müssen wir arbeiten, um die Kosten kontrollieren und die Versorgung sicherstellen zu können – und dies sowohl kurz- als auch langfristig?

⑥ Stellt unser Vorgehen bei der Bewertung und Genehmigung von Kapitalprojekten sicher, daß sich die besten Energieprojekte zur Sicherstellung maximaler Vorteile in allen relevanten Betrieben schnell abzeichnen und auch realisiert werden?

⑦ Welche Programme sind erforderlich, um am wirksamsten Einfluß auf Regierungssubventionen, Steuern und regulatorische Maßnahmen zu nehmen?

⑧ Wie viele Mitarbeiter sind erforderlich, um die nötigen Aufgaben im Energiebereich effektiv abzuwickeln – das heißt Organisation, Verantwortlichkeiten, Fertigkeiten, Ressourcen?

⑨ In welchem Ausmaß schaffen Produkt- und Fabrikaufträge aufgrund der Energie einen Konkurrenznachteil?

⑩ Wie sieht die Energiestrategie des Unternehmens aus und wie die Planung zur Realisierung dieser Strategie?

Jetzt können wir richtige Fragen formulieren, die sich, wie sich herausstellt, auf die Punkte 1 und 4 in Abbildung 8.17 beziehen:

- Ist das Managementsystem zur Auftragserteilung in Ordnung?
- Gibt es zu viele veraltete und umschlagniedrige Bestände?

Was können wir dem entnehmen? Erstens, daß es irreführend ist, hier von Fragen zu sprechen. Worum es statt dessen geht, das ist der *Prozeß*, den der Unternehmensberater zur Lösung des Kundenproblems verfolgt. Wie sieht dieses Problem aus? Die zentrale Lagerhaltung ist möglicherweise nicht kostengünstig. Seine Argumentation hätte also aussehen müssen wie in Abbildung 8.19 dargestellt.

Schlüsselfragen leiten sich immer aus dem analytischen Prozeß her. Sie werden niemals als »Schlüsselfragen« extra gekennzeichnet. Schlüsselfragen, der aufgezeigte Prozeß und die Endergebnisse verschmelzen zu einem zusammenhängenden Text. Vergleichen Sie dazu auch Kapitel 9.
Abbildung 8.20 enthält eine weitere Reihe von Schlüsselfragen, deren Zusammenstellung noch chaotischer ist als in dem vorangegangenen Beispiel. Hier sollen die verfügbaren Alternativen bestimmt werden, mit denen die Energiekosten einer Fabrik gesenkt werden könnten.
Die grafische Darstellung für die Alternativen zur Senkung der Energiekosten ergibt das Entscheidungsdiagramm von Abbildung 8.21.
Mit Hilfe dieses Diagramms erkennen Sie, daß die Punkte 7, 8 und 9 in Abbildung 8.20 gar nichts mit dem Thema zu tun haben. Die Punkte 1, 2 und 6 beziehen sich auf eine Änderung der gegenwärtigen Anlagen mit dem Ziel eines niedrigeren Verbrauchs. Die Punkte 3 und 4 beziehen sich auf die Einrichtung neuer Anlagen. Punkt 5 spricht vom Einsatz billiger Kraftstoffe bei vorhandenen Anlagen. Auch die in Punkt 3 angeführte Errichtung neuer Anlagen zielt auf die Verwendung preiswerterer Kraftstoffe. Punkt 10 schließlich bezieht sich darauf, daß die Energiekosten insgesamt gesenkt werden müssen.

Abbildung 8.21

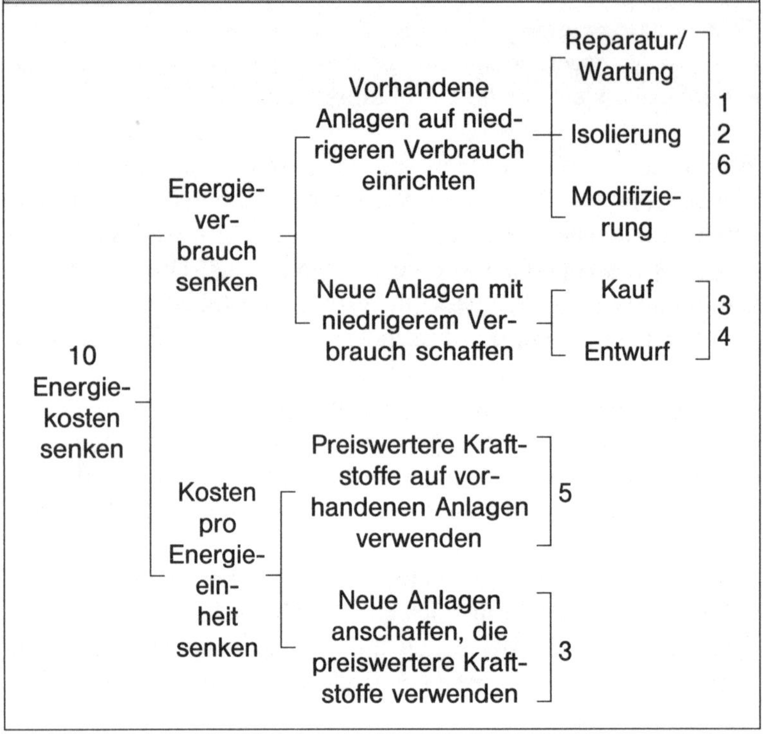

Bedenken Sie, daß alle Ideengruppierungen Ergebnis einer analytischen geistigen Tätigkeit sein müssen. Sie leiten Ihre Gruppierungen vermutlich von verschiedenen Strukturen ab, die Sie als richtungweisend für Ihre Analyse gewählt haben. Die Strukturen tragen dazu bei, die logische Gültigkeit Ihrer Ideen zu verifizieren. Übrigens nennt man diesen Prozeß der Problemlösung - im Unterschied zu Induktion und Deduktion - Abduktion. Eine ausführliche Erörterung zur Abduktion, insbesondere im Zusammenhang mit wissenschaftlichen Problemlösungen, finden Sie im Anhang zu diesem Buch.

Kapitel 9:

Die zusammenfassende Idee hinterfragen

Wir kommen nun zur Diskussion der ersten Pyramidenregel: Die Ideen auf jeder Ebene der Pyramide müssen sich immer von den Ideen der darunterliegenden Ebene herleiten lassen und diese in gewisser Weise zusammenfassen.

Bei einer deduktiven Argumentationsweise entspricht die übergeordnete Idee im Grunde genommen einer Zusammenfassung der einzelnen in der Gruppierung aufgeführten Ideen. Bei einer induktiven Argumentationsweise jedoch muß die übergeordnete Idee etwas über die Gemeinsamkeit der in der Gruppierung miteinander verbundenen Ideen aussagen.

Meistens machen die Verfasser keine Aussage über die logische Verknüpfung ihrer Gruppierungen. Wie wir gesehen haben, neigen sie dazu, Ideen miteinander zu verbinden, die eher in einem allgemeinen als in einem spezifischen Zusammenhang stehen. Sie sind deshalb gezwungen, sie mit inhaltlich nichtssagenden Titeln zu versehen. Zum Beispiel:

- Das Unternehmen sollte drei Zielsetzungen haben.
- Die Organisation hat zwei Probleme.
- Wir empfehlen fünf Änderungen.

Diese Aussagen sind nichtssagend, weil sie in Wirklichkeit nicht die Essenz der darunter zusammengefaßten Ideen wiedergeben. Sie machen lediglich eine Aussage über die *Art* der Idee, die erörtert werden soll. Sie geben keinerlei Anregungen zum weiteren Nachdenken.

Der Hauptzweck einer Zusammenfassung besteht allerdings gerade darin, den Leser zum Weiterdenken zu bewegen. Sie werden dann, ausgehend von diesem einen zusammenfassenden Punkt, entweder weitere Punkte finden (Induktion) oder ihn weiter kommentieren (Deduktion). Auf jeden Fall brauchen Sie eine wirkliche Zusammenfassung, bevor der analytische Prozeß weitergehen kann.

Ich habe beispielsweise einmal mit jemandem zusammengearbeitet, der in einer Empfehlung schrieb: »Das Unternehmen hat zwei Organisationsprobleme« und dann diese Probleme aufführte. Als man ihn drängte zu erklären, inwiefern sie sich ähnelten, damit man eine richtige zusammenfassende Aussage formulieren könne, stellte er fest, daß er in Wirklichkeit nicht allgemein »Organisationsprobleme« meinte, sondern ganz spezifisch »Organisationsbereiche, in denen mehr delegiert werden sollte«. Nachdem er das erfaßt hatte, wurde ihm klar, daß es nicht nur zwei Probleme gab, sondern vier, von denen er nur eins richtig identifiziert hatte. Außerdem erkannte er, daß das wichtigste organisatorische Problem des Unternehmens in seiner Unfähigkeit bestand, Verantwortung zu delegieren. Nachdem er jedoch dieses Problem klar formuliert hatte, konnte er sich darauf konzentrieren, Lösungen dafür zu finden.

Zusammenfassende Aussagen sollten dem Leser auch einige Erleichterungen bringen. Ein Text voll nichtssagender Erklärungen ist schließlich todlangweilig. Man merkt, daß sich der Verfasser nicht sonderlich bemüht hat, um die Aufmerksamkeit seines Lesers zu fesseln. Außerdem werden solche Texte häufig mißverstanden. Zur Illustration hier eine Unterhaltung aus einer Rundfunkübertragung.

Sprecher 1:
John Wain sagt, er sei in der Lage, diese Biographie Samuel Johnsons zu schreiben, und zwar aus drei Gründen:
- Auch er käme aus dem armen Staffordshire,
- hätte dieselbe Ausbildung in Oxford genossen,
- hätte dieselben literarischen Neigungen.

Dem kann ich nicht beipflichten. In Staffordshire findet man keine Wahrheit.

Das ist ein glänzendes Beispiel dafür, daß der zweite Sprecher nicht begriffen hat, was der erste meinte. In der Tat hat der Sprecher 1 auch nicht genau das gesagt, was er vermitteln wollte. Sprecher 2 sitzt gelassen und erwartungsvoll da und wartet darauf, daß Sprecher 1 ihm seine Botschaft mitteilt. Das tut er jedoch nicht, sondern er macht eine Aussage über »drei Gründe«. Offenbar hat Sprecher 2 also als Hauptpunkt die Aussage, auch John Wain käme aus dem armen Staffordshire, angesehen, während die zwei anderen Gründe von ihm unbeachtet blieben. Und so reagiert er in seiner Antwort nur auf diesen einen von ihm wahrgenommenen Aspekt. In der Folge redeten die zwei Sprecher komplett aneinander vorbei. Hätte Sprecher 1 statt dessen gesagt: »John Wain meint, er wäre sehr gut dafür geeignet, diese Biographie Samuel Johnsons zu schreiben, weil er und Johnson im wesentlichen Menschen desselben Schlags seien«, dann hätte Sprecher 2 sich zwar immer noch die drei unterstützenden Aussagen anhören müssen, seine Antwort hätte jedoch nur auf den übergeordneten Punkt Bezug genommen.

Wie geht man nun vor, wenn man eine richtige Zusammenfassung schreiben will? Als erstes müssen Sie, wie die beiden vorangegangenen Kapitel gezeigt haben, den Ursprung der Gruppierung über-

Abbildung 9.1

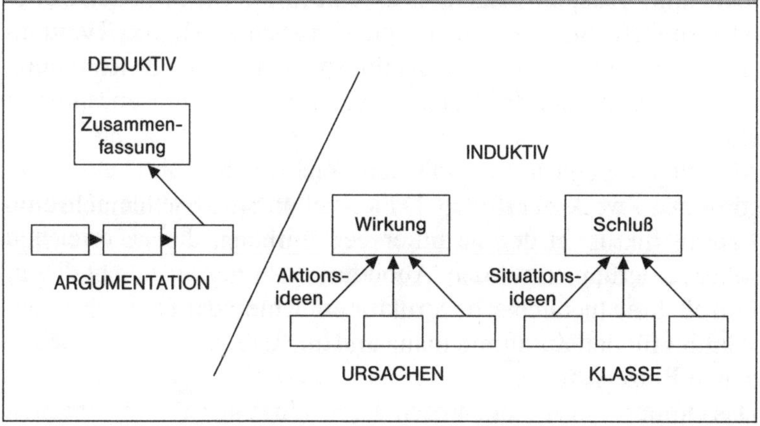

prüfen, um sicherzustellen, daß seine Ordnung einen Prozeß, eine Struktur oder eine Klassifizierung wiedergibt. Dann überlegen Sie sich, welche *Art Aussage* Sie machen wollen. Unabhängig von dem Ursprung der Idee ist sie entweder eine Aktionsaussage, das heißt, der Leser erfährt, daß er etwas tun muß, oder eine Situationsaussage, das heißt, dem Leser wird eine Mitteilung *über* etwas gemacht.

- Fassen Sie die Aktionsideen zusammen, indem Sie eine Aussage über die Wirkung der ausgeführten Aktionen machen.
- Fassen Sie die Situationsideen zusammen, indem Sie eine Aussage darüber treffen, worin ihre Gemeinsamkeit besteht.

Wie Abbildung 9.1 zeigt, verlangt die Zusammenfassung induktiver Gruppierungen, daß man entweder die Wirkung von Aktionen bestimmt oder aus verschiedenen Ideen eine Schlußfolgerung zieht.

Zusammenfassung von Aktionsideen

Der überwiegende Teil der Ideen und Vorstellungen in Geschäftsdokumenten besteht in Aussagen über Aktionen – das heißt Aussagen, die mit einem Substantiv im Plural bezeichnet werden können: zum Beispiel Stufen, Empfehlungen, Zielsetzungen oder Änderungen. Sie verwenden sie beim Schreiben von Handbüchern, der Formulierung von Aktionsplänen, bei der Beschreibung von Systemen oder der Darstellung eines Problemlösungsprozesses.

Aktionen werden immer mit dem Ziel durchgeführt, einen bestimmten Zweck zu erfüllen. Daher stellen Sie diese Ideen in eine Kausalstruktur, in der sie unter der Wirkung, die sie erreichen sollen, eingruppiert werden. Abbildung 9.2 veranschaulicht diesen Prozeß. Eine hierarchische Struktur erleichtert dem Leser das Verständnis für den Zusammenhang und die Reihenfolge der verschiedenen Einzelschritte.

Das Ordnen von Aktionen nach deren Wirkung ist für die meisten

Abbildung 9.2
Aktionsaussagen sollten in eine Kausalstruktur eingeordnet werden

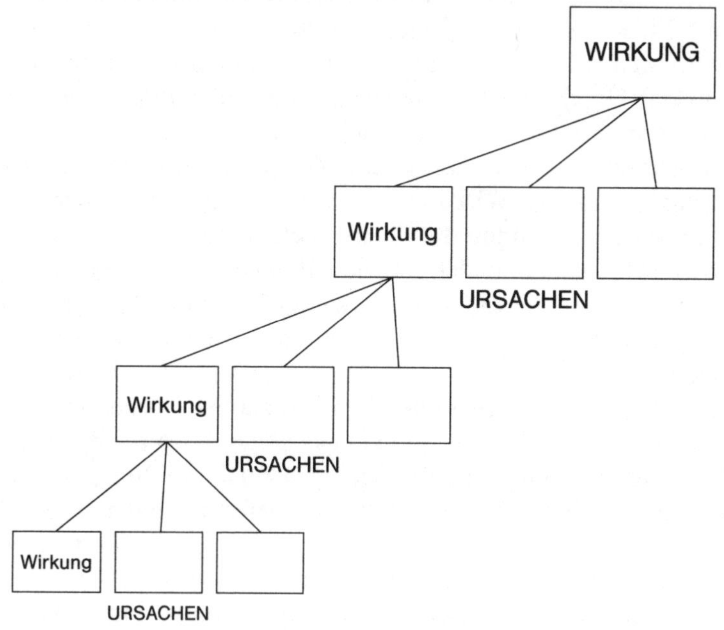

Menschen eine höchst ungewohnte Tätigkeit. Das Trennen verschiedener Ursachen von verschiedenen Wirkungen auf den unterschiedlichsten Abstraktionsebenen stürzt sie, von der Logik her gesehen, geradezu in ein Chaos. Dafür gibt es viele Gründe: Meistens liegt das daran, daß der Schreibende gewöhnlich seine Aktionen so vage formuliert, daß es ihm schwerfällt, ihre genaue Wirkung zu bestimmen. Außerdem ist der Unterschied zwischen Ursache und Wirkung nicht immer ganz klar. Davon abgesehen neigen die meisten Menschen ohnehin dazu, Gruppen aufgrund von Ähnlichkeiten zu bilden. Es gibt jedoch Methoden, mit deren Hilfe man diese Schwierigkeiten überwinden kann.

Klare Wortwahl

Wenn Sie eine richtige Kausalstruktur bilden, werden Sie von jeder Ideengruppierung, und zwar auf der untersten Ebene angefangen, sagen können: »Ich tue diese drei Dinge, um den obigen Effekt zu erzielen, ich tue die nächsthöheren drei Dinge, um den nächsthöheren Effekt zu erreichen« und so weiter.

Jeder Punkt muß dabei den nächsten ausschließen - das heißt, es darf keine Überschneidungen geben -, und jede Gruppierung von Punkten muß insgesamt vollständig sein.

Um beurteilen zu können, ob eine Gruppierung insgesamt vollständig ist, muß die Wirkung so deutlich angegeben werden, daß sie ein konkretes Endprodukt beinhaltet. Anders gesagt, Sie können nicht formulieren: »Ich tue diese drei Dinge, um den Gewinn zu verbessern«, weil Sie damit in keiner Weise deutlich gemacht haben, um wieviel Prozent Sie Ihren Gewinn überhaupt erhöhen wollen.

Um sowohl deutlich gegenüber dem Leser als auch gegenüber sich selbst zu sein, sollte dieser Punkt etwa lauten: »Ich tue diese drei Dinge, um den Gewinn bis zum 15. Januar um 10 Prozent zu steigern.« Diese Art Aussage gestattet Ihnen ein Urteil darüber, ob die Schritte, die Sie unterhalb dieser Zielsetzung aufgeführt haben, dieses Endergebnis auch tatsächlich bewirken werden.

Selbstverständlich wird sich Ihr Endprodukt nicht immer als ein klares, in Zahlen fixierbares Ziel ausdrücken lassen. Das ist nicht nötig. Es wird jedoch immer eine ganz konkrete Möglichkeit zur Beurteilung dafür geben, ob ein Schritt vollständig ausgeführt wurde.

Eine gute Methode dabei ist, sich eine reale Person bildlich vorzustellen, die diese Schritte tatsächlich ausführt. Sie können so besser entscheiden, wie diese Person wissen wird, wann sie ihr Ziel erreicht hat. Gemessen an diesem Kriterium, ist der folgende Satz praktisch hohles Geschwätz:

> Es muß ein Weltbewußtsein geschaffen werden, über das jeder einzelne seine Rolle als Mitglied der Weltgemeinschaft realisieren kann.

Was sollen Sie demnach tun? Wie sollen Sie erkennen, wann Sie Ihre Rolle realisiert haben? Können Sie sich jemanden beim »Realisieren seiner Rolle« vorstellen? Wenn Sie es nicht können, wissen Sie auch nicht, was der Autor im Grunde meint. Hier ein weiteres Beispiel, bei dem man es genausowenig weiß:

> Um die Möglichkeit zu beschränken, daß aus einem Konflikt eine Konfrontation statt einer vernünftigen Debatte und sachlichen Berücksichtigung der Streitfragen entsteht, muß die Projektgruppe in der Lage sein,
> - eine Reihe persönlicher Eigenarten zu berücksichtigen,
> - einen guten Kontakt mit dem Personal des Kunden aufzubauen,
> - gute Interviewfertigkeiten zu entwickeln,
> - Interviews effektiv zu planen und durchzuführen,
> - zu lernen, die Zustimmung für Vorschläge zu bekommen und gleichzeitig objektiv zu bleiben.

Was mag der Verfasser hier im Sinn gehabt haben? Was genau soll die Projektgruppe überhaupt tun? Und mit welchem Ziel? Wenn sie etwas tut, was wird sie damit erreichen? Erst wenn Ihnen die endgültige Zielsetzung klar ist, können Sie beurteilen, ob Sie mit den angeführten Schritten dieses Ziel tatsächlich erreichen werden.

Einige Ausschnitte aus verschiedenen Geschäftsdokumenten als typische Beispiele für vage Aussagen, die weder das Endprodukt noch das Zwischenziel klar definieren, finden Sie in Abbildung 9.3. Wie Sie sehen, ist die jeweilige Umformulierung leichter zu begreifen, weil sie dem Leser ein klares Bild vor Augen führt. Das macht den Text selbstverständlich auch sehr viel interessanter. Und bedenken Sie vor allen Dingen, daß Sie ohne diese Orientierung am Endprodukt nicht mit Gewißheit sagen können, worin der nächste Schritt bestehen sollte.

So bin ich in Punkt 1 des obigen Beispiels zu dem Gedanken angeregt, ob, abgesehen von der genannten Maßnahme, noch etwas Weiteres getan werden könnte. So kann es über die Zuweisung

Abbildung 9.3	
Vage Formulierung	**Tatsächliche Zielsetzung**
1. Regionale Effektivität stärken	1. Zuständigkeit für Planung stärker den Regionen übertragen
2. Außenstände reduzieren	2. System zur Bearbeitung überfälliger Konten einführen
3. Strategiefragen anschneiden	3. Eine klare, langfristige Strategie entwickeln

von Verantwortlichkeiten hinaus erforderlich sein, ein System zur Überprüfung der Planungen einzuführen, um die Aktivitäten der Regionen zu steuern.
Im Gegensatz dazu kann ich mir von dem Punkt »Regionale Effektivität stärken« keine konkreten und folglich auch keine weiteren Schritte mehr vorstellen.
Die Idee in einer Struktur kann sowohl Ursache wie Wirkung darstellen. Daher sollten alle Schritte so formuliert werden, daß sie an einem Endprodukt orientiert sind. Wird diese Regel nicht eingehalten, fällt es anschließend schwer, die Zusammenhänge zwischen Ursache und Wirkung richtig zu erkennen. Schauen Sie sich als extremes Beispiel hierzu den folgenden Maßnahmenkatalog an:

Identifizierung opitmaler Projekte zur Gewinnverbesserung

1. Überprüfung von Hintergrunddaten:
   a) Definition der Hauptaufgabe,
   b) Sammlung von Daten für Hauptaufgabe,
   c) Überprüfung von Tatbeständen und Trends, die die Hauptaufgabe beeinflussen.

2. Identifizierung möglicher Projekte:
   a) Messung der Auswirkung verbesserter Leistung auf den Gewinn,
   b) Bewertung des möglichen Grads an Verbesserung und der Auswirkung auf den Gewinn,
   c) Erarbeitung eines Entwurfs für einen Projektplan zur Gewinnverbesserung.

Der erste Punkt - »Überprüfung von Hintergrunddaten« - stellt eine im wesentlichen sinnlose Richtlinie für Aktionen dar. Wie soll man wissen, wann diese Datenüberprüfung beendet ist? Ist das Endergebnis der Überprüfung eine Beurteilung oder ein Aktionsplan? Bedeutet »prüfen« hier einfach lesen oder beurteilen? Wenn Sie sich die darunter aufgeführten Schritte anschauen, um herauszufinden, was hier mit »prüfen« gemeint ist, stellen Sie fest, daß dies effektiv nicht das sein kann, was hier als Aktion gefordert wird.

Zweck der untergeordneten Schritte (Definition der Hauptaufgabe, Sammlung von Daten und so weiter) muß sein, den darüber angeführten Punkt erfüllen zu können. Entsprechend müssen Sie in der Lage sein zu sagen: »Ich tue diese drei Dinge, damit was geschieht.« Das »was« kann hier nicht bedeuten: »Damit man Hintergrunddaten überprüfen kann.« Dieselbe Kritik gilt für die drei untergeordneten Schritte bei Punkt 2: »Identifizierung möglicher Projekte.«

Der Fehler des Verfassers besteht größtenteils darin, daß er die verschiedenen Schritte sehr ungenau formuliert. Abbildung 9.4 zeigt in der rechten Spalte das, was der Verfasser mit seiner Wortwahl in der linken Spalte gemeint hat.

Diese Analyse zeigt einige sehr verbreitete Fehler auf, auf die man bei der Gruppierung von Schritten zu einem System achten sollte. Fragen Sie sich bei jeder Gruppierung:

① Erscheint derselbe Schritt an mehr als einer Stelle?

In der ursprünglichen Auflistung sind beispielsweise der Hauptschritt »Identifizierung optimaler Projekte zur Gewinnverbesserung« und Schritt 2 »Identifizierung möglicher Projekte« im wesentlichen dasselbe.

Abbildung 9.4

Ursprüngliche Aussage	Klare Aussage
1. Überprüfung von Hintergrunddaten:	
a) Definition der Hauptaufgabe.	a) Auswahl einer betrieblichen Tätigkeit, die mit hohen Kosten und Investitionen verbunden ist.
b) Sammlung von Daten für die Hauptaufgabe.	b) Suche nach Hinweisen auf schlechte Leistung.
c) Überprüfung von Tatbeständen und Trends.	c) Auflistung vermutlicher zukünftiger Änderungen der Betriebsbedingungen, die eine Leistungskorrektur wertlos machen würden.
2. Identifizierung möglicher Projekte:	
a) Messung der Auswirkung verbesserter Leistung auf den Gewinn.	a) Messung der Auswirkung auf den Gewinn durch Korrektur schlechter Leistung.
b) Bewertung des möglichen Grads an Verbesserung und der Auswirkung auf den Gewinn.	b) Beurteilung des vermutlich erreichbaren Grads an Gewinnverbesserung.
c) Erarbeitung eines Entwurfs für einen Projektplan zur Gewinnverbesserung.	c) Schätzung der erforderlichen Analysen und Mitarbeiter zur Durchführung des Projekts.
	d) Erarbeitung eines Zeitplans für entsprechende Aktivitäten.

② **Kann ich mir eine bestimmte Person vorstellen, die diese Aktionen ausführt?**

Wenn nicht, dann bedeutet das, daß Sie das Endergebnis nicht klar formuliert haben. Es wird somit schwierig sein, genau zu bestimmen, was der Leser als nächstes erfahren muß. Der Leser sollte stets in der Lage sein, Ihre verschiedenen Schritte nachzuvollziehen. Dazu müssen Sie Ihre Aktionen logisch voneinander ableiten.

Der Schritt »Überprüfung von Tatbeständen und Trends«, Punkt 1 c, ist beispielsweise eine Aussage, die dieser Regel nicht gehorcht. Was mit der Information über Tatbestände und Trends geschehen soll, ist unklar, denn sie schließt sich logisch nicht an die in den vorherigen beiden Schritten gesammelten Informationen an. Stellen Sie sich also immer jemanden vor, der das Endergebnis benutzen wird. Es wird Ihnen helfen, diese Art Unbestimmtheit zu vermeiden.

Abbildung 9.5
Genaue Formulierung der einzelnen Schritte
Erarbeitung eines Entwurfs für einen Gewinnverbesserungsplan

1. *Identifizierung eines möglichen Projekts:*
   a) Auswahl einer betrieblichen Tätigkeit, die mit hohen Kosten und Investitionen verbunden ist.
   b) Suche nach Hinweisen auf schlechte Leistung.
   c) Messung der Auswirkung auf den Gewinn durch Korrektur schlechter Leistung.
2. *Aussage über Auswirkungen der Projektdurchführung:*
   a) Feststellung des vermutlich erreichbaren Grads an Gewinnverbesserung.
   b) Schätzung der erforderlichen Analysen und Mitarbeiter zur Durchführung des Projekts.
   c) Erarbeitung eines Zeitplans für entsprechende Aktivitäten.

③ Werden die subsumierten Schritte den übergeordneten Schritt realisieren?

Achten Sie immer darauf, daß die von Ihnen vorgeschlagenen Aktionen für das angestrebte Projekt überhaupt von Nutzen sind. Und so gehört beispielsweise Punkt 1 c aus der ursprünglichen Auflistung nunmehr als Unterschritt unter 2 a in der neuen Auflistung als etwas, das bei der Beurteilung der vermutlich erreichbaren Gewinnverbesserung in Erwägung gezogen werden muß.

④ Bin ich immer beim Thema geblieben?

Wie schon früher erwähnt, beinhaltet eine Aktionsaussage immer, daß eine bestimmte Person die Aktion unternimmt. Wer auch immer nun diese Person ist, es muß während des ganzen Ablaufs immer dieselbe bleiben. Wenn nicht, werden Sie feststellen, daß Sie etwas ganz anderes sagen, als Sie eigentlich meinen. Schauen Sie sich die in Abbildung 9.6 aufgeführten Schritte an:

Abbildung 9.6

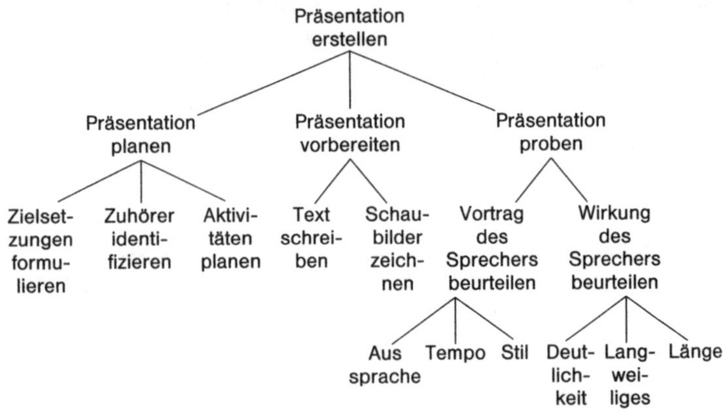

Unausgesprochen stehen hier vor jedem Punkt die Worte »Sie sollten«. Nun kann man sich bildlich vorstellen, was man zur Vorbereitung und Erarbeitung der Präsentation tun sollte. Prüfen

Sie jedoch die einzelnen Vorschläge unter dem Punkt »Präsentation proben« (rechter Teil der Abbildung). Ist es möglich, gleichzeitig in einer Person den Vortrag zu proben und zu beurteilen? Natürlich nicht. Das ist absurd. Folglich sollten die einzelnen Unterpunkte eher heißen:

- Präsentation zusammen mit einem Kollegen durchgehen.
- Kollegen auffordern, Vortrag und meine Wirkung als Sprecher zu beurteilen.
- Vorschläge des Kollegen bei Überarbeitung der Präsentation berücksichtigen.

Um zusammenzufassen: In manchen Fällen werden derartig viele Aktionen aufgeführt, daß sie in Gruppen zusammengefaßt werden müssen. Um Gültigkeit zu haben, müssen diese Gruppen nacheinander als Ursachen geordnet sein, die dieselbe Wirkung hervorbringen. Die Formulierung einer jeden Ursache oder Wirkung sollte so aussehen, daß sich aufgrund der Realisierung eines Schrittes ein klares Endergebnis ergibt. Ist dies nicht der Fall, bringen Sie nicht zum Ausdruck, was Sie wirklich meinen. Im besten Fall wird Ihr Text dadurch nur langweilig, im schlimmsten Fall ist er völlig unverständlich und damit wertlos.

Klare Unterscheidung zwischen verschiedenen Aktionsebenen
Selbst wenn Ihre Wortwahl richtig ist, sind Ursachen und Wirkungen nur schwer auseinanderzuhalten. Woher sollen Sie wissen, wo die Unterschiede liegen? Betrachten Sie nochmals die Kausalhierarchie in Abbildung 9.2: Eine Idee beschreibt dann eine Wirkung, wenn Sie vom Leser erwarten, daß er eine Maßnahme ausführt, *bevor* er zum nächsten Punkt auf derselben Ebene übergeht. Eine Ursache ist, daß Sie von ihm erwarten, daß er handelt, *damit* ein Endergebnis erzielt werden kann. Das klingt verwirrender, als es in Wirklichkeit ist. Im folgenden sehen Sie als Beispiel eine Reihe von Schritten, deren Ausführung dem Vorsitzenden eines Komitees vor der Einberufung einer Sitzung empfohlen wurde:

1. Definition der Zielsetzung der Sitzung.
2. Erarbeitung der Tagesordnung.
3. Entscheidung über Diskussionspunkte.
4. Entscheidung darüber, wer zur Diskussion beitragen kann.
5. Spezifizierung des gewünschten Endergebnisses der Diskussion.
6. Verteilung der für die Diskussion benötigten Informationen.
7. Sitzordnung.

Sind das sieben verschiedene Schritte, die der Reihe nach ausgeführt werden sollen, oder führt die Durchführung einiger Schritte vielleicht wiederum zu anderen?
Nehmen Sie den ersten: Definition der Zielsetzung. Definiere ich sie, bevor ich die Tagesordnung festlege, oder definiere ich sie im Rahmen der Ausarbeitung der Tagesordnung? Die einzige Möglichkeit zur Beantwortung dieser Frage besteht darin, sich buchstäblich bildlich vorzustellen, wie die Tagesordnung letztlich aussehen wird. Anschließend läßt sich entscheiden, welche Schritte jemand unternehmen müßte (angefangen bei Null), um diese Tagesordnung zu erstellen.
Meiner Meinung nach enthält die Tagesordnung, von der der Verfasser hier schreibt, drei Aussagen:

- Eine Definition der Zielsetzung.
- Eine Liste der Punkte, die diskutiert werden müssen, um dieses Ziel zu erreichen, wobei diese sich selbstverständlich aus der Definition der Zielsetzung herleiten.
- Definition des Endresultats, das sich aus der Diskussion der einzelnen Punkte ergeben soll.

Wenn meine Vorstellung richtig ist, dann sind die Punkte 1 und 5 Ursachen von Punkt 2. Punkt 2 liegt jedoch auf derselben Linie wie Punkt 4, denn bevor ich die entsprechenden Leute einlade, muß ich die Tagesordnung vor mir liegen haben. Dasselbe gilt für die Vorabinformationen an die jeweiligen Mitarbeiter. Und außerdem müßte ich wissen, was die einzelnen Leute sagen werden, bevor ich entscheiden kann, wo ich sie am besten am Tisch plaziere. Die wichtigsten Punkte sind demnach die Punkte 2, 4, 6 und 7.

Das war ein relativ einfaches Beispiel dafür, daß es sich eindeutig um Aktionsideen handelt. Gelegentlich werden Sie es jedoch mit Aktionen zu haben, die Sie als Schlußfolgerungen formuliert haben. In den meisten Fällen beinhaltet die Schlußfolgerung schon die spezielle Maßnahme zur Lösung des Problems. Da sich jedoch positive Empfehlungen für bestimmte Aktionen interessanter darstellen lassen als negative Schlußfolgerungen aus einem Problem, ist es sinnvoll, sie in eine Aktionsstruktur zu verwandeln. Nehmen Sie zum Beispiel einmal an, Sie wären zu folgenden »wichtigen Schlußfolgerungen« gekommen:

1. Obwohl der Außendienst des Unternehmens über bedeutende und ausbaufähige Stärken verfügt, werden kurzfristig enorme Anstrengungen nötig sein, um die Konkurrenzfähigkeit sicherzustellen.
2. Die Anzahl der Außendienstmitarbeiter muß erhöht werden, um mehr Kundenbesuche machen und der wachsenden Konkurrenz begegnen zu können.
3. Besondere Aufmerksamkeit ist erforderlich, um Ihre Wettbewerbsstellung beim Zentraleinkauf von Kettenläden zu verbessern.
4. Die Außendienstmitarbeiter teilen ihre Zeit möglicherweise nicht gut genug ein, um ein Maximum an Umsatzpotential zu erreichen.
5. Größere Erfordernisse im Merchandising-Bereich und die Notwendigkeit zusätzlicher Verkaufskapazitäten verlangen unbedingt die Schaffung spezieller Merchandising-Ressourcen.
6. Die Einstellung einer ganzen Reihe neuer Mitarbeiter wird die Bildung zusätzlicher Verkaufsbezirke und zusätzlicher Managementebenen nach sich ziehen.
7. Für den Außendienst ist eine formelle Verkaufsstrategie erforderlich, um den Mitarbeitern in diesem Bereich Richtlinien an die Hand geben zu können.
8. Außerdem sind grundsätzlich standardisierte quantitative Richtlinien zur Steuerung und Bewertung der Verkaufsressourcen erforderlich.

Die erste Verbesserung bestände in einer Neuformulierung aller Punkte, die Aktionen *als* Aktionen zu erkennen geben. Das hieße, daß mit Ausnahme des ersten Punktes alle wie folgt neu zu formulieren sind:

2. Weitere Verkäufer einstellen.
3. Abstellung spezialisierten Verkaufspersonals für Kunden in Unternehmenszentralen.
4. Strafferer Zeitplan für Kundenbesuche.
5. Einstellung von Merchandising-Personal.
6. Schaffung zusätzlicher Verkaufsdistrikte und Managementebenen.
7. Definition einer Verkaufsstrategie.
8. Standardisierung quantitativer Arbeitsrichtlinien.

In dieser Formulierung lassen sich die einzelnen Punkte natürlich noch nicht als Endergebnisse präsentieren. Doch ist dies in dem Stadium, in dem Sie erst einmal Ihre Gedanken ordnen, auch nicht erforderlich. Es geht ja vorerst darum, die einzelnen Punkte nach Ursache und Wirkung zu unterscheiden. Im Anschluß dann können Sie die Punkte neu formulieren, so daß sie nichts an Deutlichkeit zu wünschen übriglassen.
So werden Sie feststellen, daß es bei den Punkten 2, 3 und 5 immer um die Einstellung neuer Mitarbeiter geht. Das heißt, die Wirkung bestünde darin, den Außendienst zu verstärken. Die Punkte 4, 6 und 8 betreffen das Management des Außendienstes. Punkt 7 steht für sich allein, so daß insgesamt etwa folgendes ausgesagt wird:

- Entwicklung einer Verkaufsstrategie.
- Verstärkung des Außendienstes.
- Steuerung des Außendienstes.

Warum all diese Maßnahmen? Offensichtlich zur Erhaltung der führenden Wettbewerbsposition. Wenn wir die einzelnen Schritte nun alle ausführen, was wird dann effektiv geschehen? Im wesentlichen, so scheint es, werden wir mehr Vertreterbesuche machen als

Abbildung 9.7

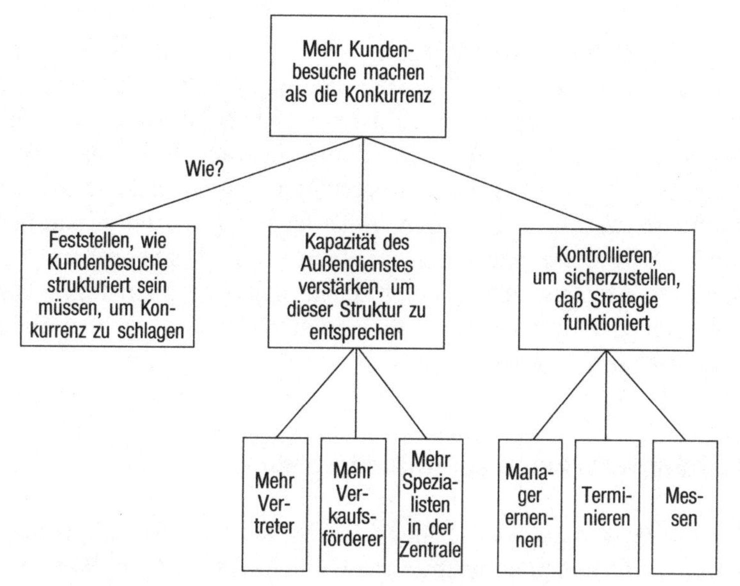

unsere Konkurrenz. Und damit gelangen Sie zu einer Struktur, die in ungefähr so aussieht wie die in Abbildung 9.7.

Zum Abschluß dieses Themas lassen Sie mich noch darauf hinweisen, daß Sie Aktionsideen nur aufgrund ihrer Wirkung, nicht aufgrund ihrer Ähnlichkeit zusammenschließen dürfen. Wenn Sie diese Regel vernachlässigen, werden sich einzelne Teile innerhalb Ihrer Gruppierungen nicht mehr gegenseitig ausschließen. Und dann wird es für Sie schwer werden zu prüfen, ob Sie alle Punkte Ihrer Aktion auch tatsächlich genannt haben.

Zum Beispiel sagte der Verfasser in dem Artikel über die Durchführung von Komiteesitzungen:

> Die Rolle des Vorsitzenden läßt sich in zwei vergleichbare Aufgabengebiete unterteilen:

- Behandlung des Themas.
- Behandlung der Teilnehmer.

Diese Anordnung von Punkten bedeutet, daß der Vorsitzende während der Sitzung zunächst das Thema und anschließend dann auch die Teilnehmer behandeln muß (was auch immer »behandeln« hier bedeuten soll). Ganz offensichtlich kann man diese Aufgabe nicht in dieser Weise unterteilen, schließlich kann es auch passieren, daß er sich beiden Teilaufgaben gleichzeitig widmen muß. Die Punkte, wie sie hier aufgeführt sind, stellen nicht die Wirkung der Ausführung einer zusammenhängenden Reihe von Aktionen dar und können daher auch nicht das Ergebnis eines analytischen Prozesses sein.

Zusammenfassung von Situationsideen

Im Gegensatz zu Aktionsideen lassen sich mit Situationsideen durchaus Gruppen aufgrund von Ähnlichkeiten bilden. Wenn die einzelnen Ideen ein gemeinsames Merkmal tragen, das mit einem Substantiv im Plural bezeichnet werden kann (Gründe, Probleme, Schlußfolgerungen), so können Sie diese Ideen zu einer Gruppe zusammenschließen.

Um noch einmal auf Kapitel 7 zurückzukommen: Wenn Sie etwa sagen: »Das Unternehmen hat drei organisatorische Probleme«, dann haben Sie effektiv die Gesamtheit der möglichen Organisationsprobleme jenes Unternehmens angesprochen und sie zu zwei Ästen verzweigt. Siehe dazu Abbildung 9.8.

Danach fragen Sie sich: »Warum diese drei und keine anderen? Woher soll ich wissen, daß diese zwei Unterteilungen sich gegenseitig ausschließen?«

Die einzige Möglichkeit, dies zu überprüfen, besteht in der Definition der im linken Oval befindlichen Probleme. Die Definition muß so spezifisch sein, daß nur die Probleme, die Sie in die Gruppe aufgenommen haben, auch wirklich der Beschreibung entsprechen. In diesem Fall etwa, »weil sie die einzigen Organisationspro-

Abbildung 9.8

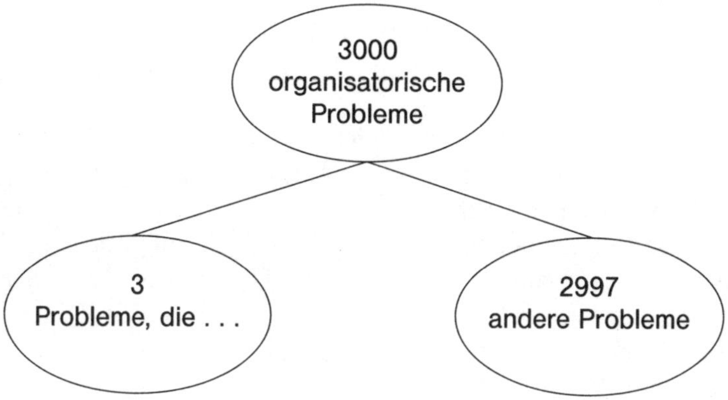

bleme sind, die aus einer falschen Zuteilung von Verantwortungsbereichen resultieren«. Damit treffen Sie eine präzise Aussage darüber, inwiefern sich diese besonderen Organisationsprobleme von allen anderen organisatorischen Problemen des Unternehmens unterscheiden. Formulieren Sie so exakt wie nur möglich, denn je eindeutiger Ihre Definition ausfällt, desto leichter findet man eine allgemeine Aussage, die auf alle Probleme zutrifft.

Es ist allerdings nicht immer einfach, genau zu sagen, was das Gemeinsame an einer Reihe von Ideen ist, denn das erfordert ein gewisses Maß an kreativem Denken. Es gibt jedoch eine Methode, die Sie hierfür benutzen können. Ich habe sie schon bei der Diskussion früherer Beispiele verwendet. Dabei geht es zunächst darum, die strukturellen Ähnlichkeiten in den Sätzen, in denen die Punkte angesprochen sind, zu entdecken. Anschließend stellen Sie sich die Zusammenhänge zwischen den Teilen bildlich vor.

Feststellung einer strukturellen Ähnlichkeit

Ideen werden immer in Sätzen formuliert, die sowohl über ein Subjekt als auch ein Prädikat verfügen. Die gemeinsame Eigenschaft, die diese Ideen verbindet, tritt insofern klar zum Vorschein, als sich alle Sätze

- mit derselben Art von Subjekt und/oder
- mit derselben Art von Aktion oder Objekt beschäftigen.

Wenn die Subjekte alle exakt gleich sind, dann brauchen Sie eine Ähnlichkeit, aufgrund derer Sie aus Aktionen oder Objekten Gruppen bilden können. Wenn die Aktionen oder Objekte alle exakt gleich sind, dann brauchen Sie eine Ähnlichkeit, aufgrund derer Sie aus Subjekten Gruppen bilden können. Die nachfolgenden Sätze sind beispielsweise alle kritische Anmerkungen zu den Zahlenangaben in einem Informationssystem. Sie lassen sich daher aufgrund ihrer Verbkonstruktionen miteinander verknüpfen.

1. Die Produktivitätsdaten für Rechnungswesen, Kalkulation und Rentabilität *sollten auf den neuesten Stand gebracht werden.*
2. Regelmäßige Angaben zur Personalfluktuation *sind jetzt* für alle Mitarbeitergruppen *erforderlich.*
3. Bei Ausschreibungen *sollten* die Informationen über Konkurrenzunternehmen *gesammelt werden*, damit eine Beobachtung der Position des Wettbewerbs in verschiedenen Märkten erfolgen kann.
4. Die zur Zeit verfügbaren Informationen über marktgängige Gehälter *sind inadäquat.*
5. Es *sind* Angaben zu festgelegtem Kapital in den Bereichen und Projekten *erforderlich.*

Ich werde Ihnen im nächsten Abschnitt zeigen, wie Sie diese Zusammenhänge visualisieren können. Im Moment lassen Sie uns die Struktur einer anderen Auflistung untersuchen. Es handelt sich um die wichtigsten Punkte in der Präsentation eines Unternehmensberaters. Sein Kunde interessierte sich für einen Einstieg ins Nachgeschäft für Automobile - Zündkerzen, Reifen und so weiter.

1. Der Markt ist *groß* und verfügt über attraktive *Zuwachsraten.*
2. Das Nachgeschäft ist *profitabel.*
3. Die wichtigsten Marktcharakteristika weisen auf große *Schwierigkeiten beim Markteintritt* hin.
4. Der Gesamttrend ist *günstig*, doch die Zukunftsaussichten einiger Marktsegmente sind von *Unsicherheiten* überschattet.
5. Insgesamt scheint dieser Markt *attraktiv* zu sein, gleichzeitig ist er jedoch auch stark *fragmentiert.*

Das Subjekt (hier das Nachgeschäft) ist in jedem Fall dasselbe, so daß die einzelnen Punkte durch das Prädikat verbunden sind. Sie passen jedoch nur dann zusammen, wenn die Prädikate in dieselbe Kategorie fallen. Wie Sie wahrscheinlich bemerkt haben, werden hier sowohl positive als auch negative Punkte angesprochen. Folglich sollte man meinen, es bestünden bestimmte Zusammenhänge. Diesbezüglich möchte ich Sie zu einer detaillierteren Analyse auf den nächsten Abschnitt verweisen. Vorerst geht es mir darum, den Prozeß der Gruppenbildung aufzuzeigen.
Es wird Ihnen des öfteren passieren, daß Sie Gruppen bilden, *ohne* überhaupt eine Beziehung zwischen den einzelnen Punkten zu entdecken. Das ist immer ein Hinweis darauf, daß an Ihrer Gruppierung etwas nicht stimmt und Sie Ihre Gruppierung noch einmal überdenken müssen. Schauen Sie sich diese Übersicht über die »Eigenschaften eines Planungs- und Kontrollsystems« an, das gerade in einem Verlag eingerichtet wird:

1. Der Planungszyklus und der dazugehörige Kontrollmechanismus sollten jeweils von einem *Zeitraum von einem Jahr* ausgehen.
2. Die Pläne sollten über ein *integriertes* System erstellt werden.
3. Die Pläne sollten im Rahmen einer starken Betonung der *Führungsautorität* des jeweiligen Unternehmensbereiches erstellt werden.
4. Das Planungssystem wird zwischen der heutigen Praxis und der geplanten Änderung *Unterschiede aufzeigen.*

Die kursiven Satzteile sind die besonderen Eigenschaften des Planungssystems: Es geht von einem einjährigen Planungszeitraum aus, ist integriert, wird von der obersten Unternehmensleitung bestimmt und wird Unterschiede zwischen heute und morgen aufzeigen. Na und? Das ist dasselbe, als würden Sie mir verraten, daß Ihre Frau 1,70 m groß ist, honigblondes Haar hat, die Farbe Grün bevorzugt und einen Volkswagen fährt. Ich kann diese vier Punkte nicht in einer übergreifenden Aussage zusammenfassen, die mir dann etwas Interessantes über Ihre Frau mitteilen würde.

Wenn Sie mir andererseits erzählen, daß Ihre Frau 1,70 groß ist, honigblondes Haar, bezaubernde Beine und die Maße 92/67/92 hat, dann kann ich sagen: »Oha, das muß eine umwerfende Frau sein.« Im ersteren Fall haben Sie über Ihre Frau vier gesonderte Aussagen gemacht. Im letzteren Fall haben Sie vier miteinander verbundene Aussagen gemacht, aus denen ich eine übergeordnete Idee ableiten und dann weiter über diese Idee reflektieren kann. Dieser Ansporn zum weiteren Nachdenken ist, wie bereits früher ausgeführt, der Hauptgrund dafür, daß man überhaupt Schlüsse zieht. Eine Ideengruppierung wie die oben genannten Eigenschaften eines Planungs- und Kontrollsystems motiviert nicht zum Abstrahieren und stellt damit keine Anleitung zur weiteren Beschäftigung mit dem Thema dar.

Visualisierung der Zusammenhänge

Nun geht es darum, aus einer richtigen Gruppierung tatsächlich einen Schluß zu ziehen. Sie haben in Ihrer Gruppierung eine insgesamt vollständige Klasse von Beobachtungen zu einem Thema versammelt und wollen nun eine Aussage über diese Klasse als Ganzes machen.

Die zusammenfassende Aussage sollte die tatsächliche Ähnlichkeit der einzelnen Ideengruppierungen zum Ausdruck bringen. Für die Erkenntnis dieser Gemeinsamkeiten ist eine sogenannte induktive Vorgehensweise erforderlich. Die Visualisierung der Quelle für die in der Gruppierung wiedergegebenen Zusammenhänge erweist sich dafür als ausgesprochen hilfreich.

Lassen Sie uns noch einmal die ersten zwei Beispiele aus dem vorangegangenen Abschnitt betrachten. In dem ersten Beispiel (»Zahlenangaben in einem Informationssystem«) hieß es, daß die Information:

1. auf den neuesten Stand gebracht werden sollte,
2. jetzt erforderlich ist,
3. gesammelt werden sollte,
4. nicht angemessen ist,
5. benötigt wird.

Ganz eindeutig fallen diese Aussagen in zwei unterschiedliche Gruppen: Zum einen wird ein Mangel an Information beklagt (Punkte 2, 3 und 5), zum anderen wird kritisiert, daß Informationen zwar vorhanden, aber nicht angemessen sind (Punkte 1 und 4). Es gibt in diesem Informationssystem also zwei Probleme.
Gut, doch wieso gerade diese zwei Probleme und keine anderen? Was haben sie gemeinsam? Was hat den Verfasser veranlaßt, sie als Probleme zu erkennen, die in dieselbe Gruppe gehören? Möglicherweise weisen die beschriebenen Mängel darauf hin, daß die Informationen für Planungszwecke ohne Nutzen sind. In dem Fall hätte man als übergeordneten Punkt formulieren müssen: »Das Planungssystem in seiner jetzigen Form produziert Informationen, die für Planungszwecke ungeeignet sind.« Warum? Weil die benötigten Informationen entweder nicht vorhanden oder eben nicht angemessen sind.
Das nächste Beispiel zum »Nachgeschäft für Kraftfahrzeuge« ist etwas schwieriger. Auch hier fallen Ideen in zwei Gruppen.

- Positive Punkte: groß, wachsend, attraktiv, profitabel, günstige Trends.
- Negative Punkte: Schwierigkeiten beim Markteintritt, Unsicherheiten, fragmentiert.

Der Markt zeichnet sich also durch Attraktivität und beständiges Wachstum aus, aber auch durch einige Unsicherheiten.

Abbildung 9.9

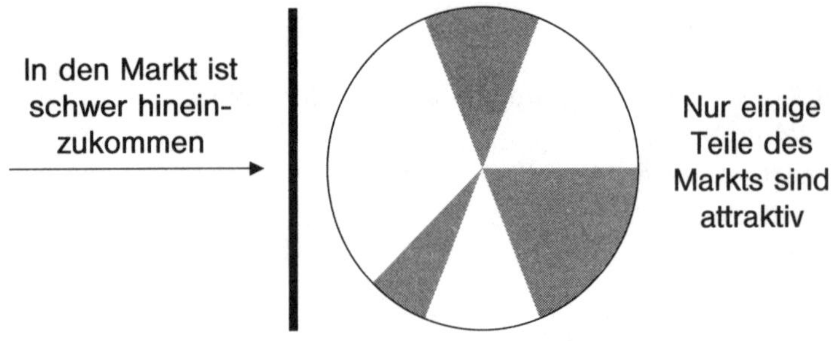

In Abbildung 9.9 sehen Sie, wie sich die negativen und positiven Momente zu verschiedenen Segmenten in einem Kreis zusammenschließen. Schließlich hat der Verfasser noch aufgeführt, daß dem Markteintritt Hindernisse im Weg stehen. Dies ist hier durch eine vertikale Linie angedeutet.
Zu welchen Schlußfolgerungen können wir nun aufgrund dieser grafischen Darstellung kommen?

- Nur einige Teile des Markts sind attraktiv.
- Es ist schwierig, in diese Teilmärkte hineinzukommen.

Das sieht fast so aus wie der Anfang einer deduktiven Argumentationskette. Was allerdings fehlt, ist der »Daher«-Punkt. Folglich hat der Verfasser dieses Textes seine Argumentation nicht bis zum Ende durchdacht. Und folglich war er nicht in der Lage, für seine Ausführungen eine zusammenfassende Aussage zu finden.
Gelegentlich werden Sie mit Gruppierungen konfrontiert werden, in denen Aktionsideen aussehen wie Situationsideen. Verfahren Sie mit solchen Ideen so, als seien sie aufgrund ihrer Ähnlichkeit in dieser Gruppe; also so, als wären sie tatsächlich Situationsideen. Versuchen Sie dann, sich bildlich vorzustellen, welche Wirkung Sie

mit diesen Ideen erreichen können. Auf diesem Weg wird Ihnen klarwerden, daß diese Ideen Aktionsideen sind.
Im folgenden sehen Sie ein Beispiel.

> Bei der Mittelverteilung müssen vier Punkte berücksichtigt werden:
> - Reihenfolge und Terminierung der Aktivitäten,
> - Definition der Aufgaben bestimmter Mitarbeiter,
> - Definition der Informationsbedürfnisse (Inhalt und Form),
> - Entscheidungsfindungsprozeß.

Warum diese vier Punkte und keine anderen? Was haben sie gemeinsam? Warum hat der Verfasser sie in einer Gruppe zusammengefaßt? Wenn man die einzelnen Punkte etwas genauer formuliert, wird man erkennen, daß der Verfasser vermutlich folgendes sagen wollte:

> Wir müssen vier Aspekte bedenken:
> - Definition der Reihenfolge und Terminierung von Projektplanungsaktivitäten,
> - genaue Angaben darüber, wo Entscheidungen erforderlich sind,
> - Angaben darüber, wer an diesen Entscheidungen beteiligt sein wird,
> - Definition der dafür erforderlichen Informationen.

Damit haben wir nun eine klare Reihe von Aktionen vor uns. Doch warum sollte ich diese vier Aktionen ausführen wollen? Was hätte das für Auswirkungen? Ich nehme mal an, es geht um eine Korrektur der Mittelvereinigung. Wichtig dabei ist, daß sich die richtigen Mitarbeiter zum richtigen Zeitpunkt daran beteiligen. Der zusammenfassende Punkt hieße dann:

> Die wichtigste Aufgabe des Managements bei der Mittelverteilung besteht darin, die rechtzeitige und substantielle Beteiligung der richtigen Mitarbeiter sicherzustellen.

Stellen Sie sich noch ein ähnliches Beispiel vor:

Die Definition von Inhalt und Form der Information ist oft von ausschlaggebender Bedeutung, denn sie

- bestimmt darüber, welche Information erzeugt und verwendet wird,
- erweitert die Perspektive der Teilnehmer,
- konzentriert die Aufmerksamkeit auf wesentliche Fragen,
- erleichtert die Zusammenarbeit über funktionale und Bereichsgrenzen hinweg.

Und wieder fragen Sie sich: Warum diese vier Gründe und keine anderen? Was ist gleich an ihnen, so daß der Verfasser sie zusammen in einer Gruppe aufführt? Sie werden bemerken, daß die letzten drei Punkte etwas mit dem Verhalten der Teilnehmer zu tun haben. Der erste Punkt hingegen sagt in gewisser Weise dasselbe aus wie der übergeordnete Punkt. Warum also die drei und keine anderen? Vielleicht will er folgendes zum Ausdruck bringen:

Die Definition dessen, was als Information benötigt wird und wie diese präsentiert werden sollte, kann entscheidend dafür sein, ob man auf Zustimmung und Verständnis trifft, denn sie

- konzentriert die Aufmerksamkeit der Beteiligten auf wesentliche Fragen,
- erweitert ihre Perspektive,
- erleichtert ihre Zusammenarbeit über funktionale und Bereichsgrenzen hinweg.

Bevor Sie nun Einwände erheben, lassen Sie mich einräumen, daß Sie sicherlich nicht bei all Ihren Texten diese Disziplin absolut kompromißlos anwenden werden. Sie benötigen ganz einfach nicht in allen Fällen diesen Grad an Genauigkeit.
Wie beurteilen Sie jedoch, ob Sie sich präzise genug ausdrücken? Sollten Ihnen noch viele Punkte *außerhalb* Ihrer Gruppe einfallen, die ebenfalls auf Ihre übergreifende Aussage zutreffen, wissen Sie, daß sie nicht präzise genug formuliert ist, um als gültiger Schluß für

diese Gruppierung zu dienen. Das folgende Beispiel aus dem dritten Kapitel gehört in diese Kategorie.

> Die Satzkosten bieten unter Umständen eine Chance zur Gewinnverbesserung:
> - niedrige Produktivität,
> - viele Überstunden,
> - keine konkurrenzfähigen Preise bei einfachen Aufträgen.

Bei einem Unternehmen, das gekennzeichnet ist durch niedrige Produktivität, viele Überstunden und nicht konkurrenzfähige Preise, kann ich den Schluß ziehen, daß es hier Möglichkeiten zur Gewinnverbesserung gibt. Ich kann dafür aber auch drei andere Punkte anführen (zum Beispiel Anfall von viel Altmaterial, kein fristgerechtes Arbeiten, mangelnde Disziplin in Systemen) und auch daraus schließen, daß Gewinnverbesserungen möglich sind. Das heißt, die übergeordnete Aussage betrifft nicht ausschließlich die drei genannten Punkte und ist folglich zu weit gefaßt.
Hier noch ein weiteres Beispiel für mangelnde Genauigkeit, in diesem Fall in induktiver Form:

> Die Japaner erobern jetzt mit ihren Unternehmen den chinesischen Markt.
> - Die Toyota Motor Company hat offizielle Vertreter zur Handelsmesse in Kanton entsandt.
> - Japan Air Lines verhandelt zur Zeit über Flüge nach China.

Wie steht es dann mit Misubishi oder Hitachi oder einem halben Dutzend anderer Unternehmen, die einem hierbei einfallen? Zwei Beispiele sind kein ausreichender Grund, um über *alle* japanischen Firmen eine generelle Aussage zu machen. Im Gegensatz dazu:

> Die doktrinären Auseinandersetzungen zwischen China und Rußland gehen immer noch lebhaft weiter.
> - Das Gespräch zwischen Peking und Moskau ist durch feindselige Äußerungen geprägt.

- Beide Länder haben entlang der Grenze Truppen zusammengezogen.

Hier besteht das klassifizierende Merkmal in »Hinweisen auf eine Auseinandersetzung«, und es fällt schwer, sich in diesem Zusammenhang noch etwas anderes als eine schwere Auseinandersetzung vorzustellen. Mögliche Fragen zu der übergeordneten Aussage werden von den zwei genannten Punkten ausreichend beantwortet.
Fassen wir noch einmal zusammen: Sie können nicht einfach eine Reihe von Ideen in einer Gruppe zusammenfassen in der Annahme, der Leser würde ihre Bedeutung schon verstehen. Jede Gruppierung braucht einen übergeordneten Punkt, der den Zusammenhang zwischen den einzelnen Ideen zum Ausdruck bringt. Sie sollten als erstes diesen Zusammenhang für sich selbst definieren, bevor Sie ihn für Ihren Leser formulieren.
Fragen Sie sich bei jeder Gruppe: »Warum habe ich gerade diese Ideen und keine anderen zusammengefaßt?« Die Antwort darauf kann lauten, daß sie die einzigen Ideen sind, die in dieselbe, genau definierte Kategorie gehören. In diesem Fall muß der übergeordnete Punkt eine Aussage über ihre Ähnlichkeit treffen. Oder Ihre Antwort lautet, daß es alles Aktionen sind, die zusammen ausgeführt werden müssen, um einen angestrebten Effekt zu erreichen. Der übergeordnete Punkt muß in diesem Fall eine Aussage über diese Wirkung treffen.
Sie sollten sich dazu zwingen, jede Gruppierung von Ideen in dieser Art und Weise zu rechtfertigen. Erst dann können Sie sicher sein, daß Ihre Gedanken absolut klar sind und dies auch in Ihren Formulierungen zum Ausdruck kommt.

Kapitel 10:

Verständlich formulieren

Sie werden sich erinnern, daß ich ganz am Anfang dieses Buches gesagt habe, jede klare Formulierung eines Textes bestünde aus zwei Schritten: Zuerst muß man sich entscheiden, was man aussagen will, dann muß diese Aussage formuliert werden. Haben Sie sich Ihre Pyramidenstruktur erarbeitet und Ihren Denkprozeß nochmals überprüft, kennen Sie genau die Punkte, die Sie vermitteln wollen. Sie kennen ebenso die Reihenfolge, in der Sie sie vorstellen wollen. Jetzt bleibt nur noch die schriftliche Ausformulierung übrig.

Theoretisch ist dies eine relativ einfache Aufgabe. Normalerweise sollte man erwarten, daß die in einer Pyramide geordneten Punkte in Sätze übertragen werden können, die eine lebendige Botschaft vermitteln und das Interesse des Lesers fesseln. Doch leider ist dies durchaus nicht immer der Fall. Die Sätze sind häufig langatmig und mit Fachwörtern überladen. Daraus entstehen schwerverständliche Absätze, und das Thema erscheint endlos langweilig. Hier eine kleine Kostprobe:

- Ein primärer Bereich potentieller Verbesserungen ist die Verbesserung der Kosteneffektivität des Außendiensteinsatzes (und seiner Organisation) in Reaktion auf die Notwendigkeit einer revidierten Verkaufsphilosophie im Einzelhandel und auf indirekten Verkaufsebenen, die aufgrund von Änderungen in der Verkaufsumwelt geboten sind.
- Vorgeplante Anpassungen können auf der Basis der von der Gruppe vorgelegten alternativen Übergangspläne entwickelt und in Form von skizzierten Krisenplänen und mit Prioritäten versehenen Anleitungen zu Anpassungen von Sonderpro-

grammen und anderen Aufwendungen, für die ein Ermessensspielraum existiert, formuliert werden.

- Die derzeitigen Bedürfnisse nach genauen Cash-flow-Analysen stellen an das existierende System ganz besonders hohe Ansprüche. Dieses ist nicht darauf eingerichtet, den strengen Forderungen nach Genauigkeit zu entsprechen. Verbesserungen stehen über die Integration von Informationen zur Verfügung, die bei der Erarbeitung von Projektionen nicht angemessen berücksichtigt wurden.

Diese Texte sind von intelligenten, sprachlich versierten Leuten mit ausgezeichneten Qualifikationen im Problemlösungsbereich geschrieben worden. Jeder der drei kann seine Vorstellungen mündlich erklären und dabei vollkommen verständlich bleiben. Im Schriftlichen jedoch - so scheint es - glauben sie, sich mehr Respekt durch einen technischen und trockenen Stil zu verschaffen.
Das ist Unsinn. Gute Ideen sollten nicht in schlechte Prosa verpackt werden. Arbeiten zu Fachthemen können gleichzeitig Arbeiten von literarischer Qualität sein, wie ein William James, Sigmund Freud, Alfred N. Whitehead und andere Autoren dieser Welt bewiesen haben. Selbstverständlich muß man bei fachlichen Mitteilungen unter Fachleuten auch Fachsprache anwenden. Aber eine Überfrachtung mit fachlichem Jargon und die Verwendung eines umständlichen und verkrampften Stils sind weitgehend eine Frage der Mode, keine Frage der Notwendigkeit.
Ihr Ziel sollte es sein, Ihre Ideen in eine Form zu kleiden, die nicht nur ihre klare Übermittlung sicherstellt, sondern bei der es dem anderen auch Spaß macht, sie zu lesen. Das ist natürlich ein Rat, den Sie in jedem Buch über die Kunst des Schreibens finden, und wenn es leicht wäre, würde sich jeder an diesen Rat halten. Aber es ist eben nicht leicht. Dennoch gibt es eine Methode, die Ihnen helfen kann: Rufen Sie sich die neutralen Bilder in Erinnerung, die Sie ursprünglich zur Bildung Ihrer Ideen verwendet haben. Wie inzwischen ersichtlich sein dürfte, spielt sich Ihr ganzes konzeptionelles Denken in mentalen Bildern, nicht in Worten ab. Das ist sehr

viel effizienter. Ein solches Bild kann eine große Menge an Fakten aufnehmen und sie zu einer einzigen abstrakten Anordnung zusammenstellen. Da wir unfähig sind, über mehr als sieben bis acht Dinge gleichzeitig nachzudenken, bedeutet es eine große Hilfe, die Welt in dieser Art komprimieren zu können. Ohne eine solche Hilfe müßten Sie sich immer darauf beschränken, Entscheidungen auf der Basis einiger weniger unbedeutender Fakten zu treffen.
Bringen Sie statt dessen sieben oder acht dieser abstrakten Konzepte zusammen. So haben Sie stets eine enorme Menge komplexer Einzelheiten zur Verfügung, die Sie ohne Mühe mental handhaben können. Schauen Sie zum Beispiel, wie schnell Sie das Verhältnis zwischen den drei Linien in Abbildung 10.1 begreifen. Um hingegen das Verhältnis in Worten beschrieben zu erfassen, brauchen Sie wesentlich mehr Zeit.
Um klare Sätze zu formulieren, müssen Sie folglich damit beginnen, das zu »sehen«, worüber Sie sprechen. Sobald Sie dieses Bild vor sich haben, übertragen Sie es einfach in Worte. Der Leser wird seinerseits dieses Bild aufgrund Ihrer Formulierungen neu schaffen und so nicht nur Ihre Gedanken verstehen, sondern diese Übung auch noch genießen.
Ich werde Ihnen diesen Prozeß demonstrieren, indem ich Ihnen zeige, wie leicht man sich bei gut geschriebenen Texten etwas bildlich vorstellen kann. Anschließend gebe ich Ihnen einige Tips, wie Sie Bilder, die in schlecht geschriebenen Texten lauern, entdekken und umschreiben können.

Abbildung 10.1

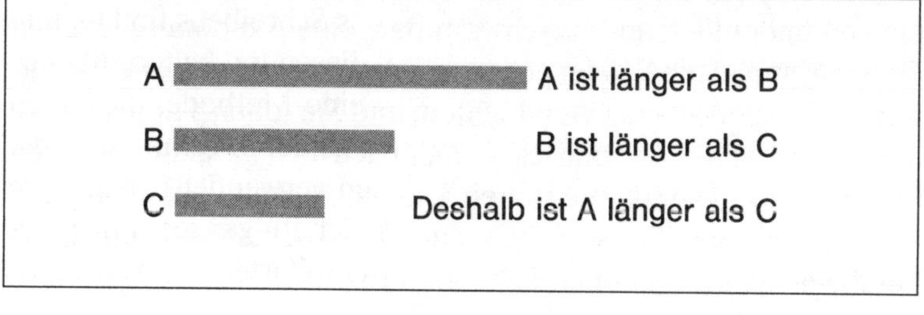

Das mentale Bild schaffen

Im folgenden eine Passage aus Thoreaus Buch »Walden«. Versuchen Sie, beim Lesen darauf zu achten, was sich in Ihrem Bewußtsein abspielt.

> Gegen Ende März 1845 borgte ich mir eine Axt und ging hinunter in die Wälder beim Walden-Teich, dort, wo ich mir ein Haus bauen wollte, und fing an, ein paar hohe, spitzgipfelige Fichten, die noch ganz jung waren, für Brennholz zu fällen . . . Es war ein schöner Berghang, an dem ich arbeitete, bedeckt mit Fichten, durch die ich auf den Teich sehen konnte und auf ein kleines offenes Feld im Wald, auf dem Fichten und Walnußbäume gerade zu wachsen begannen. Das Eis im Teich hatte sich noch nicht aufgelöst, auch wenn es schon offene Stellen gab, und alles war dunkelfarbig und mit Wasser gesättigt.

Haben Sie beim Lesen nicht nach und nach ein Bild vor Ihrem inneren Auge aufgebaut und durch immer mehr Worte und Sätze mit weiteren Details ergänzt? Das sind die mentalen Bilder, von denen ich spreche. Natürlich sind sie nicht zu vergleichen mit Fotografien. Dieses Bild, das Sie vor Ihrem inneren Auge aufgebaut haben, nennt George Miller, dem ich übrigens für obiges Beispiel danken möchte, »Gedächtnisbild«. Es ist ein Bild, das sich langsam im Zuge eines Prozesses entwickelt.
Mir ist beim Lesen der Testpassage als erstes das Datum aufgefallen: März 1845. Vielleicht geht es Ihnen wie mir, und Sie fühlen sich auch an einen grauen Tag in der Vergangenheit erinnert. Als nächstes sehen Sie, wie sich ein Mann von einem anderen, beide bleiben undeutlich und verschwommen, eine Axt borgt. Sie sehen diesen Mann in die Wälder gehen, die Axt in der Hand. Die Bäume werden zu schneebedeckten Fichten, und Sie sehen Thoreau diese Bäume mit seiner Axt behacken. Der nächste Satz stellt uns einen Berghang vor. Die Bäume stehen also plötzlich auf einem kleinen Berg. Dann sehen Sie, wie Thoreau sich aufrichtet und zum Teich hinübersieht, zum offenen Feld, zum Eis.

Es kommt letztlich gar nicht so darauf an, ob Sie den Text genauso gesehen haben. Wichtig allein ist, daß Sie ein *Bild dieser Textpassage aufgebaut haben.* Das Ergebnis dieser konstruktiven Tätigkeit ist ein Gedächtnisbild, das die präsentierten Informationen zusammenfaßt. Sie konstruieren dieses Bild als Teil Ihres Verständnisprozesses, und anschließend hilft Ihnen dieses Bild, sich an das Gelesene zu erinnern.

Wenn Sie das Buch aus der Hand legen und versuchen, sich den Text in Erinnerung zu rufen, werden Sie vermutlich feststellen, daß Sie ihn nicht wortwörtlich wiedergeben können. Doch wenn Sie sich an das Bild erinnern, können Sie von dem, was Sie sehen, sozusagen ablesen.

Daß mentale Bilder helfen, das Erinnerungsvermögen zu stärken, ist in speziellen Untersuchungen bewiesen worden. Allerdings zeigen diese Untersuchungen auch, daß man, je nach emotionalen Vorlieben, einige Details vergißt und andere in der Erinnerung verschönert. Trotzdem: Das Gedächtnisbild liefert einen Beleg der Textpassage und der ihr entnommenen Information - einen Beleg, den der Leser während seiner Lektüre Stück für Stück aufbaut.

Machen Sie von dieser Methode Gebrauch, wenn Sie einen Text verstehen und in Erinnerung behalten wollen. Einige Textstellen sind allerdings schwerer zu visualisieren als andere. Vor allem einen abstrakten Text werden Sie mental über skelettartige Strukturen und nicht über Bilder erfassen. Doch solange ein Text nicht in irgendeiner Form visuell verarbeitet wird, das heißt, solange der Leser nicht »sieht«, was er liest, muß vermutet werden, daß er das Gelesene nicht versteht.

Zur Demonstration hier eine Passage aus einem Dokument, in dem darüber diskutiert wurde, ob die Internationale Bank für Wiederaufbau und Entwicklung bei ihren Krediten von einem festen zu einem flexiblen Zinssatz übergehen sollte.

> Wenn sich der in der Zinsspanne übliche Risikospielraum als zu hoch erweisen sollte, wird das Einkommen der Bank an die Kreditnehmer als Gruppe über eine Senkung des Zinses in nachfolgenden Perioden zurückgegeben. Festverzinsliche Kre-

Abbildung 10.2

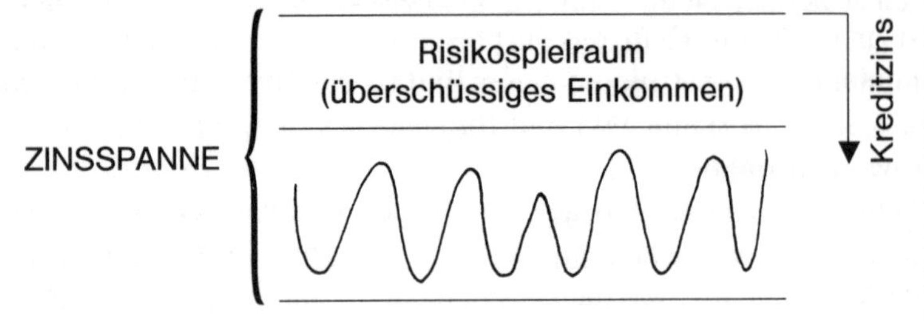

dite würden daher für die Kreditnehmer als Gruppe nur dann Extrakosten bedeuten, wenn die Bank Risiken systematisch überbewertete und damit mehr oder weniger permanent einen »überschüssigen« Gewinn erwirtschaftete. Das scheint eine nicht sehr naheliegende Möglichkeit zu sein.

Auch wenn die hier angesprochenen Konzepte recht abstrakt sind, erlauben Ihnen Wörter wie »Spanne«, »überschüssig« und »Senkung«, sich einige Zusammenhänge bildlich vorzustellen. Für eine grafische Darstellung bräuchten Sie nicht mehr als vier Linien und zwei Pfeile - ungefähr wie in Abbildung 10.2. Ich habe hier die Wörter hinzugefügt, was Sie für sich selbst nicht zu tun bräuchten. Beachten Sie die skelettartige Struktur dieses mentalen Bildes. Man braucht keine vollständige, detaillierte fotografische Reproduktion, sondern nur ein Gefühl für die Struktur der diskutierten Zusammenhänge. Diese bestehen in der Regel aus geometrischen Formen (zum Beispiel aus Kreisen, geraden Linien, Ovalen, Rechtecken), die in schematischer oder skizzenhafter Weise arrangiert werden, zum Beispiel zu einem Pfeil, um Richtung und Interaktion anzuzeigen.
Es mag fast kindlich anmuten, wenn Sie sich das anschauen. Aber alle großen »visuellen Denker« der Vergangenheit (angefangen bei Albert Einstein) haben diese unscharfe, abstrakte Eigenart ihrer bewußten visuellen Vorstellungen betont.

Das mentale Bild in Worte übertragen

Selbst bei der Neuformulierung schlecht geschriebener Texte erweisen sich die Grundregeln zur Erstellung mentaler Bilder als äußerst hilfreich. Lassen Sie mich dies anhand des ersten Beispiels in Kapitel 10 (Seite 225) demonstrieren. Bei der Lektüre dieses Textes entstehen keine mentalen Bilder. Deshalb tasten Sie im Geist vergeblich nach etwas, an dem Sie sich orientieren können. Schauen Sie sich noch einmal den Anfang des ersten Satzes an:

> Ein primärer Bereich potentieller Verbesserungen ist die Verbesserung der Kosteneffektivität des Außendiensteinsatzes (und seiner Organisation)

An dem Punkt, an dem der Außendienst auftritt, haben Sie den Rest schon vergessen. Aber der Satz geht weiter:

> in Reaktion auf die Notwendigkeit einer revidierten Verkaufsphilosophie im Einzelhandel und auf indirekten Verkaufsebenen, die aufgrund von Änderungen in der Verkaufsumwelt geboten sind.

Nun? Gibt es hier irgendwelche Hauptwörter, an die wir uns zunächst einmal halten könnten? Den Außendienst, den Einzelhan-

Abbildung 10.3

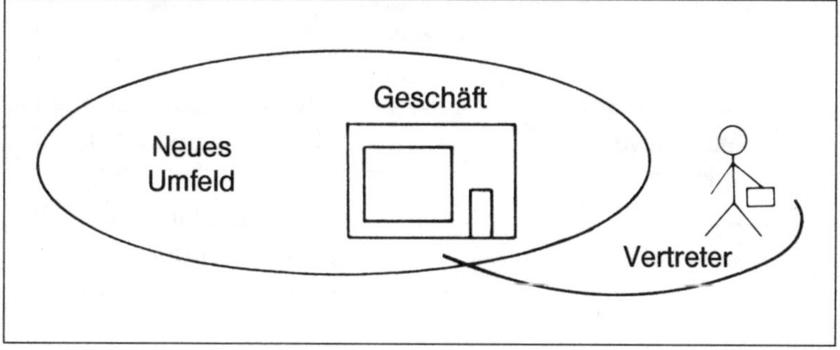

del, das veränderte Verkaufsumfeld vielleicht? Wie können wir uns nun die Zusammenhänge zwischen ihnen bildlich vorstellen? Wahrscheinlich in etwa so wie in Abbildung 10.3 dargestellt.
Das scheint darauf hinzuweisen, daß das wichtigste hier diskutierte Verhältnis das zwischen Außendienstmitarbeiter und Einzelhändler ist. Vielleicht wollte der Verfasser sagen:

- Wir müssen den Außendienst anders einsetzen, um uns dem neuen Umfeld im Handel anzupassen.

Wie Sie sehen, geht es darum, die Substantive zu finden und die Zusammenhänge zwischen ihnen zu erkennen, indem man sie sich bildlich vorstellt. Lassen Sie uns diese Methode auch auf die beiden nachfolgenden Beispielsätze anwenden.

- Vorgeplante Anpassungen können auf der Basis der von der Gruppe vorgelegten alternativen Übergangspläne entwickelt und in Form von skizzierten Krisenplänen und mit Prioritäten versehenen Anleitungen zu Anpassungen von Sonderprogrammen und anderen Aufwendungen, für die ein Ermessensspielraum existiert, formuliert werden.

Abbildung 10.4

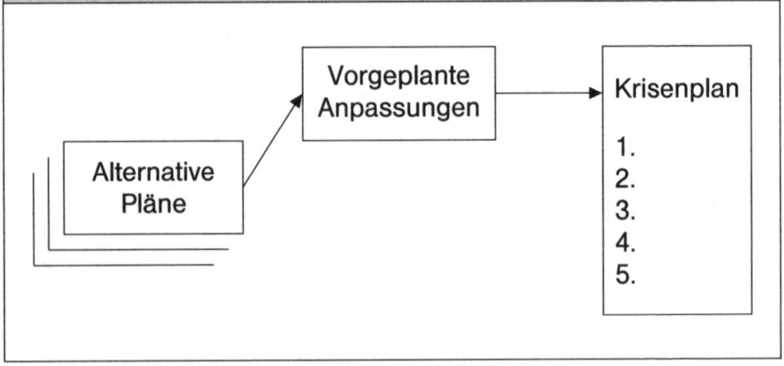

Hier scheinen die Substantive, an die man sich halten kann, folgende zu sein: »vorgeplante Anpassungen«, »alternative Übergangspläne«, »skizzierte Krisenpläne« sowie »mit Prioritäten versehene Anleitungen« (was auch immer das heißen soll). Was glaubte der Verfasser wohl, wie die Interaktion zwischen diesen Begriffen aussehen sollte? Wohl so wie in Abbildung 10.4.
Offensichtlich will der Autor, daß der Leser eine Art Krisenplan entwickelt. In diesem Fall hätte er seine Botschaft besser so formuliert:

- Skizzieren Sie die Reihenfolge, in der Aktivitäten beschnitten werden sollen, gesetzt den Fall, daß der Plan revidiert werden muß.

Noch ein weiteres Beispiel:

- Die derzeitigen Bedürfnisse nach genauen Cash-flow-Analysen stellen an das existierende System ganz besonders hohe Ansprüche. Dieses ist nicht darauf eingerichtet, den strengen Forderungen nach Genauigkeit zu entsprechen. Verbesserungen stehen über die Integration von Informationen zur Verfügung, die bei der Erstellung von Projektionen nicht angemessen berücksichtigt wurden.

Abbildung 10.5

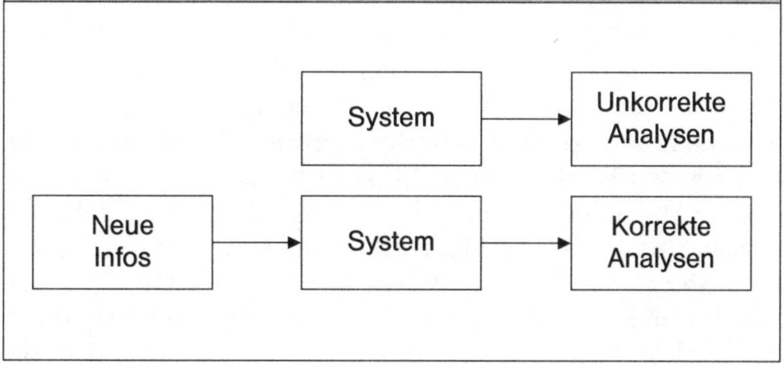

Zunächst einmal läßt sich natürlich kritisieren, daß es nicht das System sein kann, das den strengen Anforderungen an die Genauigkeit nicht genügt. Aber, um bei unserer Methode zu bleiben: Die Hauptwörter scheinen »ungenaue Cash-flow-Analysen«, »System«, »Verbesserungen« und »Informationen« zu sein. Vielleicht sind sie wie in Abbildung 10.5 miteinander verbunden?
Diesem Bild können wir im wesentlichen entnehmen, daß die Aufnahme der richtigen Informationen zu genauen Analysen führen wird. Damit kommen wir zu folgender Aussage:

- Das System kann genaue Cash-flow-Analysen liefern, wenn wir Informationen der Art X eingeben.

Ohne die Möglichkeit, den Autor zu befragen, können wir allerdings nicht beurteilen, was er mit »Informationen, die bei der Erstellung von Projektionen nicht angemessen berücksichtigt wurden« meint.

Um also zusammenzufassen: Versuchen Sie immer, sich die Zusammenhänge zwischen Ihren Ideen bildlich vorzustellen. Dies ist eine hilfreiche Methode und Voraussetzung für klare Formulierungen. Sobald Sie zu einem klaren mentalen Bild gelangt sind, können Sie es unmittelbar in einen klaren Satz übertragen. So helfen Sie dem Leser, Ihren Text schnell und direkt zu verstehen. Er verfügt dann außerdem über den Vorteil, dieses Wissen in seiner Erinnerung bildhaft festhalten zu können.
Wissen in bildhafter Form zu speichern ist selbstverständlich etwas ganz Wesentliches in Anbetracht der Tatsache, daß wir beim Lesen ein Wort nach dem anderen aufnehmen müssen und nur beschränkt in der Lage sind, Wörter zu speichern. Wenn das mentale Bild von den Wörtern befreit ist, kann der Leser sein Wissen in größere Abschnitte umwandeln. Durch die Bilder wird sein Wissen lebhafter, was ihm im nachhinein die Erinnerung daran erleichtert.
Zum Abschluß möchte ich meinen Angehörigen Herrn Professor William Minto zitieren, der noch in einer Ära mit mehr Muße lebte: »Beim Schreiben sind Sie wie ein Kommandeur, der sein

Bataillon durch eine enge Lücke, durch die jeweils nur ein Mann paßt, im Gänsemarsch passieren läßt; und Ihr Leser muß, wenn er die Truppen in Empfang nimmt, diese neu formieren und neu aufstellen. Ganz gleich, wie umfangreich und kompliziert Ihr Thema ist: Sie können es nur in dieser Art und Weise vermitteln. Sie sehen also, welche Verpflichtung wir dem Leser gegenüber hinsichtlich Ordnung und Arrangement haben - und warum, abgesehen von treffenden Formulierungen und einer gelungenen Diktion, der Rhetoriker in alter Zeit eine so große Betonung auf ebendiese Ordnung und dieses Arrangement als Pflichten legte, die wir denen gegenüber erfüllen müssen, die uns ihre Aufmerksamkeit schenken.«

Anhang

Die Problemlösung in unstrukturierten Situationen

Im Kapitel 8 wird die Problemlösung als ein unbedingt logischer Prozeß zur Auffindung und bildlichen Darstellung von Strukturen, die zu negativen Ergebnissen führen, dargestellt. Unsere Theorie lautete, daß die Lösung des Problems immer darin besteht, die zugrundeliegende Struktur zu verbessern. Solange es um die Verbesserung unerwünschter Ergebnisse geht, ist dies auch die richtige Vorgehensweise.

Doch wie gesagt, gibt es auch andere Problemsituationen. Was ist zum Beispiel, wenn das Problem darin besteht, daß man sich das konstatierte Ergebnis nicht erklären kann? Dafür kann es nur drei Gründe geben:

- Es ist noch keine Struktur vorhanden, zum Beispiel wenn Sie versuchen, etwas Neues zu erfinden.
- Die Struktur ist nicht sichtbar - wie etwa im Gehirn oder im genetischen Code, so daß man nur die Ergebnisse der Struktur analysieren kann.
- Die Struktur kann das Ergebnis nicht erklären - wie zum Beispiel im Fall von Aristoteles, mit dessen Definition der Kraft sich nicht die Schubkraft der Kanonenkugel erklären ließ.

Sie können im Verlauf eines ganz normalen Problemlösungsauftrags mit einer solchen umstrukturierten Situation konfrontiert werden. Obwohl nun derartige Situationen ein höheres Niveau an visuellem Denken erfordern, verläuft der dabei verwendete Argumentationsprozeß sehr ähnlich.

Es ist lediglich eine andere Form der Abduktion erforderlich - ein

Begriff, der 1890 von Charles Sanders Pierce zur Benennung des Problemlösungsprozesses geprägt wurde. Mit dieser Bezeichnung hoffte er, die Affinität des Denkens bei Problemlösungen zur Deduktion und Induktion betonen zu können. Es gibt zwei unterschiedliche Formen der Abduktion. Im folgenden werde ich Ihnen beide Formen vorstellen und zeigen, wie man die zweite Form einsetzt.

Analytische Abduktion

Die Erkenntnis von C. S. Pierce bezog sich darauf, daß man es bei jedem Argumentationsprozeß immer mit drei verschiedenen Aspekten zu tun hat:

- mit einer Regel (einer Überzeugung davon, wie die Welt strukturiert ist),
- mit einem Fall (einem beobachteten Faktum, das in der Welt existiert),
- mit einem Ergebnis (einem erwarteten Geschehnis unter der Voraussetzung der Anwendung der Regel in diesem Fall).

Ihre Argumentationsweise wird dadurch bestimmt, wo Sie innerhalb dieses Prozesses beginnen und welche zusätzliche Tatsache Ihnen bekannt ist. Abbildung A.1 macht die Unterschiede deutlich.
Wir haben immer wieder in diesem Buch gesagt, daß die analytische Problemlösung aus drei Schritten besteht:

- ein unerwünschtes Ergebnis festzustellen;
- nach seiner Ursache im Rahmen unserer Kenntnis der Struktur der Situation zu suchen (Regel);
- zu testen, ob wir sie gefunden haben (Fall).

Wie Sie sehen, entspricht dies exakt dem Abduktion genannten Argumentationsprozeß, wie er oben aufgeführt ist.
Doch obwohl sich die Abduktion von Induktion und Deduktion unterscheidet – und es ist wichtig, diesen Unterschied zu beachten –, sind sie auch eng miteinander verwandt. In jeder komplexen

Abbildung A.1

Deduktion		
Regel:	Wenn wir den Preis zu hoch ansetzen, geht der Umsatz zurück.	Wenn A, dann B
Fall:	Wir haben den Preis zu hoch angesetzt.	A
Ergebnis:	Deswegen wird der Umsatz zurückgehen.	Also B
Induktion		
Fall:	Wir haben den Preis erhöht.	A
Ergebnis:	Der Umsatz ist zurückgegangen.	B
Regel:	Der Grund für den Umsatzrückgang ist wahrscheinlich der zu hohe Preis.	Wenn A, dann vermutlich B
Abduktion		
Ergebnis:	Der Umsatz ist zurückgegangen.	B
Regel:	Ein Grund für den Umsatzrückgang ist der zu hohe Preis.	Wenn A, dann B
Fall:	Lassen Sie mich prüfen, ob der Preis tatsächlich zu hoch ist.	Möglicherweise A

Problemlösungssituation werden daher alle drei Formen der Argumentation abwechselnd verwendet. Wie bereits früher ausgeführt, sind die von Ihnen verwendete Form und die Ergebnisse, die Sie erwarten können, davon abhängig, an welchem Punkt des Prozesses Sie beginnen (siehe Abbildung A.2).

Wissenschaftliche Abduktion

Der wichtigste Unterschied zwischen der analytischen Problemlösung, wie in Kapitel 8 erörtert, und der sogenannten kreativen oder wissenschaftlichen Problemlösung, über die hier gesprochen wer-

Abbildung A.2
Ihre Argumentationsweise hängt davon ab, wo Sie beginnen

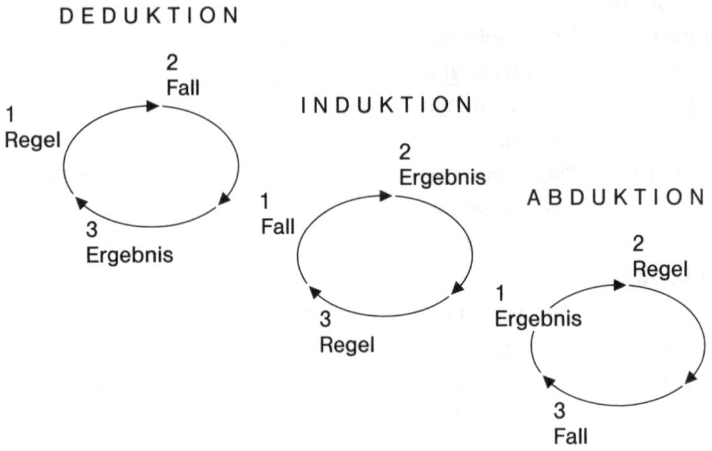

den soll, besteht darin, daß wir bei der erstgenannten, die Struktur, die ja ein bestimmtes Ergebnis hervorbringt, bereits kennen, bei letzterer hingegen nicht. Das heißt, im ersten Fall verfügt man bereits über zwei wesentliche Elemente, über die man dann auf ein drittes schließen kann. Bei der wissenschaftlichen Problemlösung jedoch muß auch das zweite erst gefunden werden. Auf dem Weg zum dritten Element folgt man in der Wissenschaft einer klassischen Methode:

- Bildung einer Hypothese über die Struktur, die das Ergebnis erklären könnte.
- Anlage eines Experiments, das diese Hypothese bestätigen oder widerlegen wird.
- Ausführung des Experiments, um als Antwort ein klares Ja oder Nein zu erhalten.
- Wiederholung der Prozedur durch Aufstellung von Unterhypothesen oder Folgehypothesen zur Definition der verbliebenen Möglichkeiten und so weiter.

Die wissenschaftliche Methode zeichnet sich dadurch aus, daß Hypothesen gebildet und Experimente entwickelt werden. Beide Aufgaben verlangen ein hohes Niveau an visuellem Denken.

Bildung von Hypothesen

Hypothesen werden nicht aus der Luft gegriffen, sondern sie bieten sich unmittelbar innerhalb der Untersuchung der Strukturelemente zu dem Problem an.
Wenn Ihr Problem beispielsweise in dem Versuch besteht, einen Weg zu finden, damit Menschen über große Entfernungen hinweg miteinander kommunizieren können, dann denken Sie über Möglichkeiten nach, wie man die Stimme verstärken oder das Gehör verbessern kann. Ihre Hypothesen werden Ausdruck der Ihnen vorstellbaren Möglichkeiten sein.
Leider gibt es kein Rezept dafür, *wie* man sich produktive Möglichkeiten überhaupt vorstellen kann. Dazu gehört einfach eine gewisse Begabung. Man muß in der Lage sein, zwischen dem, was man von dem Problem kennt, und dem, was man von der Welt kennt, Analogien zu ziehen. Und das ist wohl genau das, was Alexander Graham Bell tat, als er das Telefon erfand:

> »Es fiel mir plötzlich ein, daß die Knochen im menschlichen Ohr im Vergleich zu der empfindlichen, dünnen Membran, die sie bewegt, wirklich sehr massiv sind. Und ich dachte, daß wenn eine so zarte Membran so relativ massive Knochen bewegen könne, warum sollte dann nicht eine dickere und kräftigere Membran mein Stück Stahl bewegen können.«

Ganz eindeutig berühren wir hier die Spitze eines sehr großen Eisbergs. Niemand weiß, warum dem einen eine geeignete Analogie einfällt und einem anderen nicht. Sicherlich hilft es, wenn man die Problemsituation genauestens kennt. Und es hilft auch, alle Annahmen, die man dazu hat, deutlich zu formulieren und neu zu überprüfen. Was wir allerdings von allen Menschen mit genialen Einfällen wissen: Sie haben stets bildliche Vorstellungen von ihren Ideen gehabt.

Anlage von Experimenten

Ist eine Hypothese erst einmal formuliert, besteht der nächste Schritt darin, Experimente durchzuführen, in denen eine These bestätigt oder widerlegt wird. Auch hier ist wieder visuelles Denken erforderlich, um sagen zu können: »Wenn diese Struktur Gültigkeit besitzt, was würde sich daraus ganz selbstverständlich ergeben? Ich muß ein Experiment anlegen, um schlüssig zu beweisen, daß sie tatsächlich Gültigkeit besitzt.« Hier ein Beispiel für einen abduktiven Vorgang:

Ergebnis: Ich beobachte die unerwartete Tatsache A.
Regel: A ist vielleicht so, weil B der Fall ist.
Fall: Wenn B der Fall wäre, dann würde C sich ganz selbstverständlich ergeben. Ich muß prüfen, ob sich C tatsächlich ergibt.

Dieser Prozeß ist ganz einfach zu verstehen am Beispiel der Geschichte von Galileo Galilei und der Kanonenkugel.

Ergebnis: Aristoteles sagt, daß es die Kraft ist, die Geschwindigkeit erzeugt. Daraus folgt, daß, wenn eine Kraft aufhört, auf einen Körper einzuwirken, der Körper aufhören müßte, sich zu bewegen. Wenn ich jedoch eine Kugel aus einer Kanone abschieße, bewegt sich die Kugel weiter, obwohl die Kraft aufgehört hat zu wirken. Aristoteles muß sich in seiner Vorstellung von Kraft hinsichtlich der Bewegung geirrt haben.
Regel: Ich kann die Beziehung zwischen Bewegung und Kraft allein schon erkennen, wenn ich eine Kugel aus meiner Hand fallen lasse. Wenn ich das tue, stelle ich fest, daß die Situation drei Strukturelemente enthält:

- das Gewicht der Kugel,
- die Entfernung, die sie beim Fallen zurücklegt,
- die Zeit, die während ihres Falls vergeht.

Das legt drei verschiedene Hypothesen nahe:

- Kraft verhält sich proportional zum Gewicht des Körpers, auf den die Kraft wirkt.
- Kraft verhält sich proportional zu der Entfernung, die der Körper zurücklegt, wenn die Kraft auf ihn wirkt.
- Kraft verhält sich proportional zur Zeit, während der die Kraft wirkt.

Fall: Wenn Hypothese drei richtig ist, dann verhielte sich die zurückgelegte Entfernung proportional zum Quadrat der Zeit. Das bedeutet, daß, wenn ein Körper eine Entfernungseinheit in einer Zeiteinheit zurücklegt, er vier Entfernungseinheiten in zwei Zeiteinheiten, neun Entfernungseinheiten in drei Zeiteinheiten und so weiter zurücklegen muß.
Lassen Sie mich eine Kugel an einer schiefen Ebene hinunterrollen. Das wird ihren Fall so weit abbremsen, daß ich die Entfernung, die sie in verschiedenen Zeiteinheiten zurücklegt, messen und so bestimmen kann, ob die Beziehung zwischen Entfernung und Zeit tatsächlich die ist, die meine Hypothese nahelegt.

Neue Regel: Sie ist es tatsächlich. Daher ist Kraft das, was eine *Änderung* der Geschwindigkeit bewirkt.

Ziel der Strukturierung eines Experiments ist eine eindeutige Ja- oder Nein-Antwort. Es reicht allerdings nicht aus, »einmal zu sehen, was passiert«, wenn Sie die eine oder andere Bedingung in dieser Situation ändern. Das Ergebnis des Experiments muß Ihnen gestatten, unmißverständlich zu sagen, ob Sie bei Ihrer Hypothese bleiben können oder sie aufgeben müssen.
Die größten wissenschaftlichen Fortschritte in den letzten 50 Jahren sind gerade in den Bereichen erzielt worden, die diese besondere Forderung am konsequentesten befolgt haben. Um Charles Darwin zu zitieren: »Wie seltsam ist es, daß jemand nicht erkennen

Abbildung A.3
Methoden der Problemlösung

Grundprozeß	Analytische Problemlösung	Wissenschaftliche Problemlösung
1. *Worin besteht das Problem?*	Visualisieren Sie den Unterschied zwischen dem Ergebnis, das Sie jetzt erzielen, und dem von Ihnen gewünschten Ergebnis.	Definieren Sie die Abweichung zwischen dem von Ihnen erhaltenen Ereignis und dem Ergebnis, das Sie aufgrund Ihrer gegebenen Theorie erwartungsgemäß erhalten sollten.
2. *Wo liegt das Problem?*	Visualisieren Sie die Strukturelemente in der gegenwärtigen Situation, die Ursache des Ergebnisses sein könnten.	Treffen Sie eine Aussage über die traditionellen Annahmen der Theorie, die eventuell die Abweichung bewirken könnten.
3. *Warum existiert es?*	Analysieren Sie jedes Element, um zu bestimmen, ob es die Ursache ist und warum sie es ist.	Hypothesieren Sie alternative Strukturen, die die Abweichung beheben und das Ergebnis erklären könnten.
4. *Was könnten wir zu seiner Lösung tun?*	Formulieren Sie die logischen alternativen Änderungen, die das gewünschte Ergebnis bewirken könnten.	Entwickeln Sie Experimente, mit denen Sie eine oder mehrere Ihrer Hypothesen ausschalten können.

5. *Was sollten wir zu seiner Lösung tun?*	Schaffen Sie eine neue Struktur unter Aufnahme derjenigen Änderungen, die das gewünschte Ergebnis in der zufriedenstellendsten Weise bewirken werden.	Formulieren Sie Ihre Theorie neu auf der Grundlage der Ergebnisse Ihrer Experimente.

sollte, daß alle Beobachtungen für oder gegen eine Ansicht sprechen müssen, wenn sie irgendeinen Sinn haben sollen.«

Um zum Schluß dieser Diskussion zu kommen: In Abbildung A.3 finden Sie eine Übersicht über die zwei Formen der Abduktion. Wie Sie sehen, folgen sie einem gemeinsamen Muster. Sie können damit schnelle Erfolge beim Nachdenken und beim Lösen Ihrer Probleme erzielen. Der große Vorteil dieser Methode besteht darin, daß Sie in Ihrem Denken in einer minimalen Folge von Schritten fortschreiten, ohne dabei Zeit mit Nebensächlichkeiten zu vergeuden. Jeder Schritt verlangt nach einem klaren Endprodukt, das Sie buchstäblich *sehen* müssen. Jedes mentale Bild zeigt die Richtung an, in die Ihre folgenden Analysen führen sollten. Wenn das Problem gelöst ist, dienen die mentalen Bilder als Anker, die den Ablauf Ihrer Diskussion und die Wahl Ihrer Worte bestimmen werden.

Herb Simon sagt, daß das Lösen eines Problems lediglich bedeutet, es so darzustellen, daß die Lösung transparent wird. Ich habe versucht, Ihnen das Verständnis für diesen Prozeß zu vermitteln, über den solche Darstellungen am effizientesten geschaffen und genutzt werden können.

Wir sind vermutlich alle in der Lage, sehr viel kreativer und effizienter zu denken, als wir gemeinhin glauben. Eine klarere Kenntnis des zugrundeliegenden Prozesses kann uns dabei vielleicht ein paar Schritte weiterbringen.

Titel der englischen Originalausgabe: The Pyramid Principle. Originalverlag: Minto International Inc., London. Übersetzt von Barbara I. Hillgen unter fachlicher Mitarbeit von Klaus Behler, Senior Consultant »Diebold Deutschland GmbH«.

Wenn Sie Fragen, Anregungen oder Beschwerden haben, rufen Sie uns bitte an:
Wolfgang Drescher, ECON Verlagsgruppe, Telefon 0211/43 90 60,
Fax 0211/43 90 668.

Die Deutsche Bibliothek – CIP-Einheitsaufnahme

Minto, Barbara: Das Pyramiden-Prinzip: Logisches Denken und Formulieren / Barbara Minto. [Übers. von Barbara Hillgen]. – Düsseldorf; Wien; New York; Moskau: ECON Verl., 1993. Einheitssacht.: The pyramid principle ⟨dt.⟩. ISBN 3-430-16748-5.

 Lektorat: Katrin Fehlau. Gesetzt aus der Times, Berthold. Satz: Dörlemann-Satz, Lemförde. Papier: Papierfabrik Schleipen GmbH, Bad Dürkheim. Druck und Bindearbeiten: Ebner Ulm. Printed in Germany.
ISBN 3-430-16748-5.